| 生活技能 086 |

U0005169

開始在北歐
自助旅行

作者◎**武蕾**／Cherie Wu
攝影◎**盧奕男**／Evan Lu
修訂協力◎**陳昱綾**／Lillian Chen

圖片提供／Frank Lee

太雅

So Easy

北歐

「遊北歐鐵則」

☑ 來北歐一年四季都要帶外套！

理由：北歐寒冷的時間比較長，大約8個月；溫暖的時間比較短，大約4個月。而真正的夏天最熱也不過25℃左右，且早晚溫差頗大。所以建議無論何時來北歐玩，防風擋雨的外套都是必帶的基本配備。

☑ 一定要帶滋潤型的乳液！

理由：北歐不同於台灣的亞熱帶潮濕型氣候，這裡非常的乾燥。尤其是冬天長時間待在暖氣房裡，若是沒塗上乳液，皮膚一定會乾裂到奇癢無比。所以來北歐一定要帶大罐乳液，且最好是滋潤型而不僅是保濕型的。

☑ 禮讓嬰兒車和腳踏車！

理由：北歐的嬰兒車是推車界的坦克，體積相當龐大，又加上帶腳踏車出入火車的情況很頻繁，所以大眾交通工具上都有專門為他們規畫出來的空間。記得上車後注意標示，盡量往乘客區移動，禮讓出空間給嬰兒車和腳踏車停放。

☑ 注意不要行走在腳踏車道上！

理由：這裡腳踏車是一個很普遍被使用的交通工具，所以處處都有規畫腳踏車專用道，通常都緊臨於行人步道旁。而且這裡騎腳踏車的速度特別快，所以走路時千萬注意不要走到腳踏車道上去，以免發生危險。

☑ 自來水可以生飲！

理由：北歐的自來水都可以生飲，尤其以挪威的水質最好。雖然如此，還是要注意飛機上或火車上的自來水都是不能喝的。

☑ 三明治，請乖乖用刀叉！

理由：丹麥著名的開放式三明治(Open Sandwich)不只丹麥才有，在北歐其他國家也很常見。雖然它名為三明治，但是不能用手抓起來吃喔！北歐人的正統吃法是要以刀子切成一口一口的分量，再以叉子叉來吃。

☑ 飲料罐有空瓶費，用完別隨便丟！

理由：在北歐買飲料大多數會加收瓶罐費，而這些瓶罐千萬不要就這樣丟了。你可以在各大超市裡的回收機器做退瓶回收的動作，這樣就可以將瓶罐費用拿回來了。(見P.153)

☑ 冬天帶上大圍巾，就是最融入北歐的時尚裝扮！

理由：在北歐不管男男女女，到了冬天圍巾就是最時尚的點綴單品。這裡雖然天氣冷，但室內處處都有開放暖氣，所以在這兒緊緊勒住脖子的高領毛衣可不流行。大家都習慣在大衣外套外面圍上長長厚厚的圍巾來禦寒。

5 Traveling *So Easy!* in Scandinavia

開始在北歐自助旅行 全新第五版

作　　者	武蕾 / Cherie Wu
攝　　影	盧奕男 / Evan Lu

總 編 輯	張芳玲
發想企劃	taiya旅遊研究室
編輯主任	張焙宜
修訂協力	陳昱綾
企劃編輯	徐湘琪
主責編輯	徐湘琪
修訂主編	鄧鈺澐
封面設計	許志忠
美術設計	許志忠

國家圖書館出版品預行編目(CIP)資料

開始在北歐自助旅行／武蕾作.
——五版，——臺北市：太雅，2024. 05
面；　公分 . ——（So easy；086）
ISBN　978-986-336-503-7　（平裝）
1.自助旅行　2.北歐
747.09　　　　　　　　　　　　113002798

太雅出版社
TEL：(02)2368-7911　　FAX：(02)2368-1531
E-mail：taiya@morningstar.com.tw
太雅網址：http://taiya.morningstar.com.tw
購書網址：http://www.morningstar.com.tw
讀者專線：(02)2367-2044、(02)2367-2047

出 版 者　太雅出版有限公司
　　　　　106020台北市辛亥路一段30號9樓
　　　　　行政院新聞局局版台業字第五○○四號

讀者服務專線：(02)2367-2044 / (04)2359-5819#230
讀者傳真專線：(02)2363-5741 / (04)2359-5493
讀者專用信箱：service@morningstar.com.tw
網路書店：http://www.morningstar.com.tw
郵政劃撥：15060393(知己圖書股份有限公司)

法律顧問　　陳思成律師

印　　刷　上好印刷股份有限公司　TEL：(04)2315-0280
裝　　訂　大和精緻製訂股份有限公司　TEL：(04)2311-0221

五　　版　西元2024年05月10日
定　　價　500元

ISBN　978-986-336-503-7
Published by TAIYA Publishing Co.,Ltd.
Printed in Taiwan

填線上回函
開始在北歐自助旅行
全新第五版

t.cn/AilAZiGB

北歐，接近天堂的國度

這些年有幸因為先生工作的關係，開始了旅居丹麥的生涯，這是人生中一段奇妙又美好的體驗。北歐無論是居住環境、社會福利、人文風情、建築與自然景觀等，無一不是令人嚮往的理想生活地。北歐人熱愛這片土地，熱愛他們的國家，更滿足自己的生活。就是這一份熱情、這一股自信，讓這裡的氛圍瀰漫著歡樂、朝氣，與其他地方找不到的安定感受。

所以，撰寫這本書是希望能為自己旅居在北歐的歲月留下點紀錄，更可以將這接近天堂般美好的地方介紹給大家，讓想來北歐旅遊的旅人，能更全面、詳細的認識這塊土地和這裡的人們。並在最短的時間內藉由書中所提供的資訊，融入北歐的生活，不慌不忙地享受北歐的慢活步調。

另外，本書的誕生要感謝的人很多。首先是吳媽媽(魏桂香)對太雅的誠摯推薦，再來是先生的大力支持協助，還有家人們的鼓勵與照片的踴躍提供，最後是所有曾經在寫書這條路上給予我信心鼓舞的朋友們。當然，太雅出版社的工作團隊也給予了許多技術上的指導和經驗提供，才讓這本書可以順利的出版。一切感恩盡在不言中。

最後想說的是，本書分享了我們多年來的體會和記錄觀察，雖無法容納廣博的北歐全貌，但期望這本書能為讀者打開一扇認識北歐的窗，然後帶著本書走進北歐的大門，開啟每個旅人看北歐的不同角度。那將會是不一樣的視野，不一樣的精采故事。

武蕾

Scandinavia：北歐

BIRGER JARL

關於作者

武蕾 Cherie Wu

　　從15歲開始便隨
著全家一同移民到
紐西蘭，漸漸培養
了探索世界的好奇
心。由於對旅遊的
熱愛，除了畢業於
奧克蘭大學金融學士學位外，並擁有奧克蘭科技
大學觀光旅遊學位。結婚後因為先生工作的關
係，辭去外商銀行的工作，旅居在北歐。這段期
間讓熱愛旅遊的我們，足跡踏遍了20多個國
家、60多個大城小鎮。更深深地愛上了北歐這
片土地上的人文風情、自然美景和建築文化。期
望從這段特殊又難忘的美好時光中，將所觀察到
的北歐風情分享給所有讀者。

關於攝影

盧奕男 Evan Lu

　　澳洲墨爾本大學
通訊工程系碩士畢
業。有幸申請到丹
麥工作，開始了一
段無論是人生或是
工作上都全然不同
的體驗。因工作的需要常要到不同國家出差，挪
威和芬蘭是終年都需往返的國度。最遠也曾到過
格陵蘭，還在當地同事的安排下，跟著愛斯基摩
人一同蓋愛斯基摩冰屋，著實是段難能可貴的經
驗。這些年與北歐同事的交往互動，更加深了對
這片土地及其民族文化的熱愛。在工作出差之餘
也樂於旅遊，遊歷了大半部的歐洲國家，也滿足
了自己對攝影的喜愛。

目 錄

如何使用本書

　　本書是針對旅行北歐而設計的實用旅遊GUIDE。設身處地為讀者著想可能會面對的問題，將旅人會需要知道與注意的事情通盤整理。

　　北歐概況：帶你初步了解北歐外，還提醒你行前的各種準備功課，以及你需要準備的證件。

　　專治旅行疑難雜症：辦護照、機場入出境步驟、機場到市區往返交通、當地交通移動方式、機器購票詳細圖解教學、選擇住宿、如何辦理退稅、如何緊急求助等等。

　　提供實用資訊：各大城市熱門景點、飲食推薦、購物區推薦、交通票券介紹，所有你在北歐旅行可能遇到的問題，全都預先設想周到，讓你能放寬心、自由自在地享受美好旅行。

▲
篇章
以顏色區分各大篇章，讓你知道現在閱讀哪一篇。

旅行實用會話▶
模擬各種場合與情境的單字與對話，即使語言不通，用手指指點點也能暢遊北歐。

貼心小提醒
作者的玩樂提示、行程叮嚀、宛如貼身導遊。

行家祕技
內行人才知道的小撇步、玩樂攻略。

Step ② 購票進站

Step by Step 圖文解說

入出境、交通搭乘、機器操作、機器購票，均有文字與圖片搭配，清楚說明流程。

機器、看板資訊圖解

購票機、交通站內看板資訊，以圖文詳加說明，使用介面一目了然。

行程規畫

跨國行程如何安排？包含從10日濃縮精華，到25日深度全覽，提供各種天數行程安排範例

各國城市導覽

為你導覽各國首都城市的重要景點、玩樂資訊。

各國主題玩樂之旅

快速掌握北歐四國必訪焦點，以及精采的特色主題、前往的交通方式。

資訊符號解說

http	官方網站
✉	地址
📞	電話
🕐	開放、營業時間
休	休息
$	費用
➡	交通方式
i	重要資訊
MAP	地圖位置
APP	APP軟體

認識北歐
About Scandinavia

北歐，是個什麼樣的地區？

北歐包含了哪些國家？又處於什麼樣的地理位置？有著相同文化背景的丹麥、瑞典、挪威、芬蘭，卻有著什麼樣不同的語言、國旗、貨幣和文字符號呢？透過本篇簡潔的介紹，幫助你迅速揭開這些遙遠國度——斯堪地那維亞地區的神祕面紗！

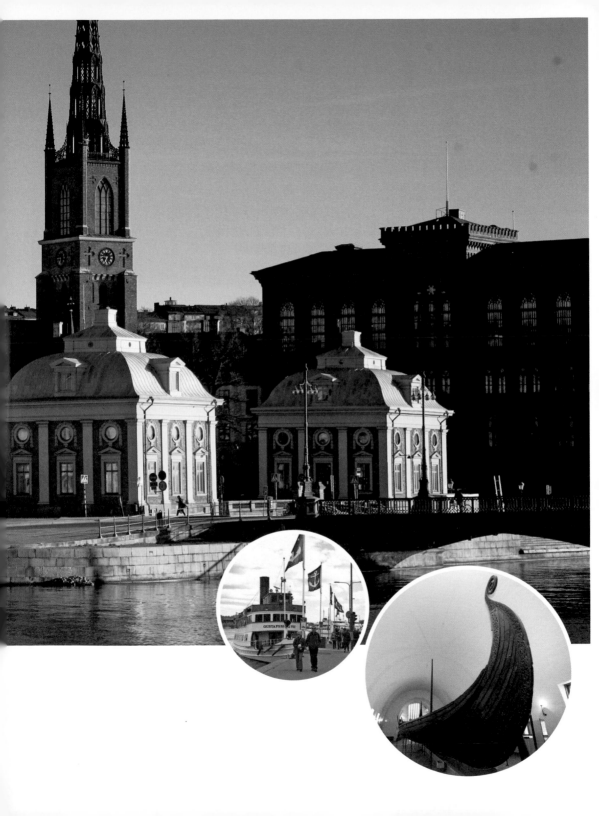

北歐速覽

北歐五國：丹麥、瑞典、挪威、芬蘭和冰島，是個什麼樣的國度？

地理

Scandinavia

歐洲大陸以北的5個國家

斯堪地那維亞地區（Scandinavia）就是俗稱的北歐，是由歐洲北部的5個國家，丹麥、挪威、瑞典、芬蘭和冰島組合而成。從地圖上不難看出五國面積大小，依序為：瑞典＞挪威＞芬蘭＞冰島

＞丹麥。

挪威、瑞典、芬蘭的國土是相連的，這三國北邊國土相連的地帶位於北極圈內，並共同命名為拉普蘭（Lapland）區。而處於斯堪地那維亞地區最南方的丹麥，則與挪威相隔著北海，與瑞典相隔著御勒森海峽。此外，與這四國相隔最遙遠的就屬冰島了，冰島位於挪威西邊，是一個獨立處在北大西洋的島嶼型國家。

北歐地理位置簡圖
地圖繪製／蔣文欣

冰島 Iceland
雷克雅維克 Reykjavik

挪威海 NORWEGIAN SEA

瑞典 Sweden

俄羅斯

芬蘭 Finland
赫爾辛基 Helsinki

奧勒森 Alesund

挪威 Norway

貝爾根 Bergen

奧斯陸 Oslo

斯德哥爾摩 Stockholm

愛沙尼亞

歌德堡 Goteborg

拉托維亞

英國

北海 NORTH SEA

丹麥 Denmark

波羅的海

立陶宛

阿胡斯 Arhus
烏丹斯 Odense
哥本哈根 Copenhagen

愛爾蘭

荷蘭 德國 波蘭

電壓

Scandinavia

都是220伏特，插座多數爲兩孔圓型

　　北歐五國電壓皆是220伏特、50HZ，插座以雙圓孔爲主。不過，丹麥除了雙圓孔外，還有另一種較爲特殊的插座爲斜扁式的（只有老房子還留有這類型的插座，較少見）。所以出國時一定要記得攜帶變壓器和插座轉接頭。現在的手提電腦和手機電壓都通用於110～240伏特之間，所以不用擔心電壓問題。但其他電子產品則要多加注意。

航程

Scandinavia

沒有直飛航班

　　目前台灣飛北歐各大城市的航線都還沒有直飛的班機，所以最少需要轉機1次，多則2次。所需飛行時間大約15～24個小時（依轉機點的多寡和轉機時間的長短而有所不同）。

社會

Scandinavia

高賦稅的福利國家

　　北歐是一個偏向社會主義，國人收入平均，貧富差異較小的地區，國民都享有極高的生活水準。同時也是高稅賦、高福利國家，無論是醫療制度、婦女孩童津貼、失業津貼、老人退休津貼、學生教育津貼等，都規畫得相當完善。

時差

Scandinavia

北歐五國分成3個不同時區

　　丹麥、挪威、瑞典之間沒有時差，比格林威治時間快1個小時（GMT+1）。而芬蘭比格林威治快2小時（GMT+2），所以比丹麥、挪威、瑞典快1小時。冰島爲格林威治時間（GMT+0），所以比丹麥、挪威、瑞典慢1小時，比芬蘭慢2小時。另外每年夏令（3～10月），除了冰島之外的北歐國家，都會調快1小時來配合日照時間，調整生活作息。

治安

Scandinavia

社會安定的地方

　　由於國民所得平均、福利制度完整，所以北歐國家的治安都還不錯，人民都很自律守法。不過，還是要比較注意皮膚黝黑、來自北非和西亞的移民。因爲近年來歐盟之間往來都已自由互通，擁有歐洲居留的人就可以自由居住在歐盟內任何國家，所以較爲複雜人種的區域，尤其在夏季旅遊旺季時，還是要多注意小心扒手。

時間對照表

節令	時間範圍	丹麥 / 瑞典 / 挪威		芬蘭		冰島	
		當地時間	台灣時間	當地時間	台灣時間	當地時間	台灣時間
夏令	3月最後一個週日～10月最後一個週日	早上 08:00 中午 12:00 晚上 18:00	下午 14:00 晚上 18:00 凌晨 24:00	早上 08:00 中午 12:00 晚上 18:00	下午 13:00 晚上 17:00 晚上 23:00	早上 08:00 中午 12:00 晚上 18:00	下午 15:00 晚上 19:00 凌晨 01:00
冬令	10月最後一個週日～3月最後一個週日	早上 08:00 中午 12:00 晚上 18:00	下午 15:00 晚上 19:00 凌晨 01:00	早上 08:00 中午 12:00 晚上 18:00	下午 14:00 晚上 18:00 凌晨 24:00	早上 08:00 中午 12:00 晚上 18:00	下午 16:00 晚上 20:00 凌晨 02:00

商家營業規範
Scandinavia

各國營業時間不同

　　北歐店家的營業時間受到法令的管制，除了挪威之外，其他國家週日商店大都營業。不過多數國家週四和週五的營業時間會拉長，週六則較平日短些。另外，越是大型的百貨公司或購物中心營業的時間越長。

　　以下商家時間僅供參考，每個國家的營業時間略有不同。國定假日或聖誕節前也都會有變動。

- ●**百貨公司**：10:00～20:00（部分店家週六、日提早結束營業）
- ●**超級市場**：08:00～
  20:00（週六、日到
  18:00），也有少數營
  業到凌晨24:00的超市

- ●**一般店家**：10:00～
  18:00（週六到16:00，
  週日部分店家休）
- ●**銀行**：10:00～15:00
  （週六、日休，實體銀行已漸縮減）

銀行
Scandinavia

也可善用跨國提款機

　　北歐著名的銀行有NORDEA、DANSKE BANK、SEB、DNB等。絕大多數ATM提款機可以接受國際信用卡提款服務，只要認明自己的信用卡是否為Visa、MasterCard、Cirrus、Plus、Maestro、Amex。

生活習慣大不同

　　北歐習慣與亞洲大不同，行前先熟悉就可避免不必要的誤會和尷尬。

1 單車道，請注意

　　北歐大多數的道路上都設有單車道，尤其是丹麥，幾乎全國80%的道路上都設有單車道，請務必注意行人必須走在人行道上。另外巴士停靠站也設在單車道旁，所以在下公車要走到人行道時，須特別注意單車道上是否有來車。

2 樓層標示法不同

　　通常北歐的0樓為亞洲的1樓，1樓則實質為亞洲的2樓……以此類推。飯店或百貨的大廳樓層則多以單一英文字母來代替，例如U、S等。

- 台灣的2樓
- 台灣的1樓
- 台灣的地下1樓
- 大廳或出入口

3 超酷的超市零錢結帳機

北歐少部分超市在付款的櫃檯前設有自動投幣機，這種機器僅適用於選擇零錢付款的人。商品先經由結帳員通過感應器計價，然後告知客人付款金額，若你選擇零錢付款，則將零錢投入結帳櫃檯前方的零錢機中，機器螢幕上會顯示應付金額與實際投幣的差數，投幣完成後機器會自動找零，結帳員則會將發票交給客人。

4 注意交通工具的車廂種類

北歐的大眾交通工具有特別為腳踏車、嬰兒車、輪椅設計的車廂空間，所以注意若是剛好進去的車廂有特別標示時，務必要禮讓空間給他們，盡量往其他乘客區移動。

▲ 火車車廂外會特別標示腳踏車、嬰兒車和輪椅專用車廂

▲ 火車車廂內腳踏車、嬰兒車和輪椅專用車廂的標示

5 拍人物照前先詢問

北歐人重視隱私權，請勿近距離對著人物或孩童拍照。若想拍照最好事先徵詢對方的意願。

6 數字比法不一樣

北歐人比數字的手勢與亞洲的習慣有些不同，請參照下列圖中的姿勢來比數字，否則容易引起誤會。1的比法有分兩種，若是在數數時1就是由大拇指開始，如果是要買1杯咖啡或1張票時，也可用食指比1來表示。

7 交談中所發出的聲音

北歐人在交談的時候，會自然地一直倒吸一口氣，發出類似吃到風的嗝聲，其實那是對於你的談話表示呼應的意思，就好像中文的「嗯」或「喔」的意思，非常另類有趣。千萬不要因此嚇到，誤以為是他的身體不舒服喔。

認識丹麥

人民

Denmark

　　丹麥人口大約有593.5萬（2023年）。丹麥的人種結構相較於歐洲其他國家來得單純，他們較少與外族通婚。目前全國人口比例最多為丹麥人，其次是斯堪地那維亞地區的人、愛斯基摩人、法羅群島人民和一小部分的德國人住在玉蘭島（Jutland）的南部。另外還有非常少數的土耳其人、伊朗人以及索馬里亞人。丹麥人天性善良熱情，雖然不開口說話時臉部表情讓人有距離感，但一旦你開口詢問，都會立即笑容滿面地熱心回答，算是一個愛說話的民族。

氣候

Denmark

　　丹麥屬於溫帶型氣候，溫和的原因主要是因為風向大多從西面吹來且三面環海。不過早晚還是有些溫差的，且溫度隨時會因為風向的不同而有明顯的改變。最冷的月分在2月，平均氣溫0℃。最溫暖的月分是7月，平均溫度17℃。

🌐 氣象局網站：www.dmi.dk

國旗

Denmark

　　丹麥國旗為紅底上面交叉著白色大十字，這是世界上最古老的國旗之一。據說是在戰爭中從天而降的旗幟，當時丹麥人認為這是上帝站在他們這邊的象徵，後來那場戰爭果然贏得了勝利，從此這面旗幟就成了他們的國旗。丹麥人都很相信這個傳說。

國定假日

Denmark

　　丹麥的國定假日除了聖誕節之外，全部都集中在6月分之前。國定假日除了觀光景點外，大部分商店會暫停營業。聖誕節前夕店家營業時間延長，且各地會有聖誕市集。哥本哈根的聖誕市集在新港邊（Nyhavn）和Strøget購物大街上。

新年	1月1日
復活節(聖週四)	每年不固定(大多在4月分)
復活節(耶穌受難日)	每年不固定(大多在4月分)
復活節(復活節後的星期一)	每年不固定(大多在4月分)
祈禱日	復活節後的第四個週五
耶穌升天日	耶穌受難日後40天
聖靈降臨節	復活節後的第七個週一
憲法紀念日	6月5日
聖誕節	12月25日
聖誕節翌日	12月26日

語言

Denmark

丹麥語是主要官方語言。丹麥語的拼音除了英語字母外還多加了Æ、Ø、Å這三種特有符號。其實北歐語系有些相近,例如:丹麥語和挪威語有70%的相似度,和瑞典語也有40%的相似度,加上電視台的節目又互有播放,所以一般北歐人都可以用彼此自己的語言互相溝通。丹麥人普遍英語能力良好(老人除外),所以在這開口說英語一樣暢通無阻。

貨幣

Denmark

丹麥貨幣稱為丹麥克朗(DKK),丹麥克朗對台幣的匯率大約為1DKK:4.5 TWD。紙鈔類有50、100、200、500、1,000元5種面額。硬幣類也有50分、1、5、10、20元5個種類。由於最小硬幣只有50分,所以找錢時以四捨五入來計算,例如:15.89就收取16 DKK,15.18就只收15 DKK。丹麥致力於從2016年起推行零現金政策,大多數店家購物付款方式將全面改由信用卡付款。醫院、郵局、藥局除外。

丹麥對於國外信用卡使用,部分店家會要求要輸入密碼,刷卡後不能只有簽名。所以出國前,記得先向發卡銀行申辦設定信用卡密碼,以便在丹麥消費付款時更便利。

認識瑞典

人民

Sweden

瑞典人口大約有1,056萬人(2023年),主要是斯堪地那維亞日耳曼血統,還有一小部分的薩米人(Sami)原住民。其餘大約有20%(2022年)在瑞典出生的外國人和移民,移民多數來自南斯拉夫、伊朗、伊拉克、丹麥、挪威、芬蘭、德國、波蘭、希臘和土耳其人。

瑞典人非常喜愛金頭髮,如果本身髮色不夠金的時髦男女,都會設法將頭髮染成金色,所以路上看到的瑞典人幾乎80%都是金髮碧眼。瑞典人是北歐國家中最注重打扮的,走在瑞典的街頭除了欣賞建築之外,時尚的俊男美女也是絕對不能錯過的美麗景色。

國旗

Sweden

瑞典國旗起源於14世紀,為藍底上面交叉著金黃色大十字。

語言

S w e d e n

　　瑞典語是主要的官方語言。住在瑞典北部北極圈地區的拉普人也有自己的語言。瑞典語的拼音除了英語字母外還多加了Å、Ä和Ö這三種特殊符號。多數的瑞典人也會說英語和德語，不過英語能力普遍沒有丹麥人和挪威人那麼好。

貨幣

S w e d e n

　　瑞典貨幣稱為瑞典克朗（SEK），瑞典克朗對台幣的匯率大約為1 SEK：3.4 TWD。紙鈔類有5、10、20、50、100、200、500、1,000元7種面額。硬幣類也有50分、1、2、5、10元5個種類。

　　瑞典的大型商家一般都接受國外信用卡，無論是Visa、MasterCard或是Diners Club Cards，且不需要多加收手續費。至於美國運通卡則不通用，因為要收取較高的手續費，所以一般店家會拒絕

接受。店家基本上都接受歐元，但是折算的匯率不好，而且找錢只找瑞典克朗。

氣候

S w e d e n

　　瑞典南部和北部之間的氣候有很大的不同，北部有7個多月的冬季和少於3個月的夏季。南部則約4個月的冬季和3個多月的夏季。夏季日照時間相當長，8月底夏末時是一年降雨量最多的季節。

`http` 氣象局網站：www.smhi.se/en/Weather

國定假日

S w e d e n

　　聖誕節前夕店家營業時間延長，且各地會有聖誕市集。斯德哥爾摩的聖誕市集分別在斯康森露天博物館（Skansen Open Air Museum）和舊城區（Gamla Stan）中都有。

　　仲夏節是瑞典重要節日，僅次於聖誕節和復活節，是慶祝一年之中日照最長的日子，也就是所謂的夏至。慶祝的方式是在仲夏節前夕立上一根五月柱（midsommarstång），然後圍繞著五月柱唱歌跳舞。五月柱的外型很像男性生殖器，象徵的意義就是使大地受孕，萬物生長。根據傳統，房屋跟農具都要用綠色植物來裝飾，這樣會帶來豐收與好運。女孩子要頭戴花草編織的花環，還要收集7種不同的花朵放在枕頭底下，據說這樣可以夢到未來的老公哨！不過仲夏節並不是國定假日，因為活動通常會選在週六、日舉行。

新年	1月1日
主顯節	1月6日
復活節(耶穌受難日)	每年不固定(大多在4月分)
復活節(復活節後的星期一)	每年不固定(大多在4月分)
勞動節	5月1日
仲夏節	接近6月中旬，每年不一樣
祈禱日	復活節後的第四個週五
耶穌升天日	耶穌受難日後40天
聖靈降臨節	復活節後的第七個週一
聖誕節	12月25日
聖誕節翌日	12月26日

認識挪威

語言
Norway

挪威語從19世紀開始,是由修改丹麥語而來的。單字拼音和丹麥語相同,在英語字母外都多加了Æ、Å、Ø三種特有符號。北部的拉普人保留自己的語言,也有小部分人講芬蘭語。挪威人普遍英文都相當好。

人民
Norway

挪威人口約553.4萬(2023年)。主要來自北歐、阿爾卑斯山和波羅的海的純日耳曼民族。另外還包括約2萬個來自北極圈拉普蘭的薩米人和約7千個芬蘭移民後裔。挪威人擁有高大身材、白皙皮膚和藍色眼睛,也是非常和善的民族,良好的治安讓當地民風純樸。挪威擁有絕美的自然景觀,挪威人個個愛好大自然,熱愛從事各種野外活動。登山、滑雪或氣筏漂流等極限運動都很常見,可從挪威人偏愛穿戶外運動服飾來證明。

貨幣
Norway

挪威貨幣稱為挪威克朗(NOK),對台幣的匯率約為1 NOK:3.5 TWD。紙鈔類有20、50、100、200、500元5種面額。硬幣類也有50分、1、5、10元4個種類。一般大型商家都接受國外信用卡,且不需加收手續費。但有部分小型超市和加油站不接受信用卡付款。店家基本上都接受歐元,但折算的匯率不好,且找錢只找挪威克朗。

氣候
Norway

挪威由於有來自北大西洋的暖流,加上也是靠海的國家,所以氣候比起內陸國家較為溫和。挪威北部的北角地區從5月中旬到7月,擁有24小時的日光,呈現永晝的情況。相反地,從11月底到1月底有漫長的冬夜,在此期間太陽不超越地平線,呈現永夜的奇觀。不過,與此同時有很大的機會可以看到北極光。 http 氣象局網站:www.yr.no

國定假日
Norway

聖誕節前夕店家營業時間延長,且各地會有聖誕市集。奧斯陸的聖誕市集在市政廳廣場。

新年	1月1日
復活節(聖週四)	1月6日
復活節(耶穌受難日)	每年不固定(大多在4月分)
復活節(復活節後的星期一)	每年不固定(大多在4月份)
勞動節	5月1日
國家獨立日(國慶日)	5月17日
耶穌升天日	耶穌受難日後40天
聖靈降臨節	復活節後的第七個週一
聖誕節	12月25日
聖誕節翌日	12月26日

國旗

挪威國旗為紅底上面交叉著藍色的大十字。

認識芬蘭

國旗

芬蘭國旗為白底上交叉著藍色大十字，充分展現北歐清爽簡單的極簡風格。

人民

Finland

芬蘭人口約有560.3萬（2023年）。少數人口包括了薩米人、俄羅斯人、猶太人和韃靼族等。芬蘭人的樣貌非常多元化，身材不像北歐其他國家的人那般高大。芬蘭人不多話也不喜歡寒暄，容易給人冷漠的距離感，不過一旦去了酒吧喝完酒後，立刻就會像變了一個人似的，熱情多話了起來。芬蘭人說：如果在國外的酒吧警報器響起，會繼續留在位置上喝酒的一定就是芬蘭人了。

語言

Finland

芬蘭有兩種官方語言：88.3%的人母語為芬蘭語和5.3%的人母語為瑞典語。芬蘭語占主導地位，瑞典語則通行在西部和南部沿海地區及奧蘭自治區。但無論語言比例如何，芬蘭全國各處的標示或廣播都會以兩種語言來顯示和播報。

貨幣

Finland

1999年1月1日開始使用歐元貨幣和與歐元國家實施統一貨幣政策。2002年1月1日起，歐元紙幣和硬幣正式在芬蘭流通。

氣候

Finland

芬蘭地處北溫帶，北緯60度到70度之間，有四分之一的土地位於北極圈內，因此冬天嚴寒，夏天溫暖時間短。最北的地區夏天有73天太陽不落於地平線下，冬天則有51天不出太陽。每年10月開始到隔年4月間走訪位於芬蘭北部的拉普蘭地區，非常有機會觀賞到極光。

http 氣象局網站：en.ilmatieteenlaitos.fi

國定假日

Finland

北歐的國定假日都很相似，假日的景點開放和商店營業時間一般都會縮短，安排行程的時候需務必注意。

新年	1月1日
主顯節	1月6日
復活節(耶穌受難日)	每年不固定(大多在4月分)
復活節(復活節後的星期一)	每年不固定(大多在4月分)
勞動節	5月1日
耶穌升天日	耶穌受難日後40天
聖靈降臨節	復活節後的第七個週一
仲夏節	6月22日
獨立紀念日	12月6日
聖誕節	12月25日
聖誕節翌日	12月26日

北歐印象 | 你也認識的北歐名人名物代表與風俗

丹麥・最家喻戶曉的名人
安徒生童話大師

安徒生大師全名為漢斯・克里斯蒂安・安徒生（Hans Christian Andersen），生於1805年4月2日，逝世於1875年8月4日，享壽70歲。他最著名的童話故事有《醜小鴨》《賣火柴的小女孩》《拇指姑娘》《小錫兵》《紅鞋》和《小美人魚》等。雖然安徒生被譽為童話大師，卻沒有一段歡樂的童年時光。他從小在丹麥的小鎮烏丹斯（Odense）長大，做鞋匠的爸爸很早就因為生病死掉，家裡全靠媽媽辛苦地洗衣賺錢維持，另外他還有個堅強的外婆和弱智的外公。生活在這樣的環境裡，不難想見為何安徒生小小年紀就想要離家去闖蕩了。而他辛酸的童年也造就了他那一雙憂鬱的雙眼。

安徒生14歲的時候離開家鄉，獨自一人到哥本哈根打拼，離去時他的媽媽曾經期許他：「有一天讓烏丹斯因為你而榮耀」，結果他真的沒有辜負媽媽的期望，在哥本哈根闖出了名堂，甚至在國際間聲名大噪，成為了一代童話大師和丹麥最家喻戶曉的名人代表。如今他的作品已經被譯為150多種語言，成千上萬冊童話書在全球陸續發行出版。同時他的童話故事還激發了大量的電影、舞台劇、芭蕾舞劇以及電影動畫的創作。

瑞典・對全球做出偉大貢獻的名人
諾貝爾獎創始人

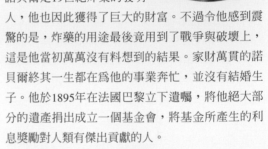

諾貝爾獎項設立的源起來自於瑞典化學家——阿爾弗雷德・諾貝爾（Alfred Bernhard Nobel）的遺囑。諾貝爾生於1833年10月21日，死於1896年12月10日，享年63歲。諾貝爾是19世紀炸藥的發明人，他也因此獲得了巨大的財富。不過令他感到震驚的是，炸藥的用途最後竟用到了戰爭與破壞上，這是他當初萬萬沒有料想到的結果。家財萬貫的諾貝爾終其一生都在為他的事業奔忙，並沒有結婚生子。他於1895年在法國巴黎立下遺囑，將他絕大部分的遺產捐出成立一個基金會，將基金所產生的利息獎勵對人類有傑出貢獻的人。

諾貝爾獎正式於1901年開始頒發，獎項分為6大領域：物理、化學、醫學、文學、和平與1969年成立的瑞典銀行經濟學。諾貝爾的得獎名單於每年的10月出爐，之後在12月10日諾貝爾逝世的這一天，舉行正式的頒獎典禮。五大獎的頒獎都是在瑞典首都斯德哥爾摩頒發。唯獨和平獎是在挪威首都奧斯陸頒發。

挪威・對歐洲藝術具有相當影響力的畫家
愛德華・孟克

挪威著名藝術家愛德華・孟克（Edvard Munch）生於1863年12月12日死於1944年1月23日，享壽80歲。他是挪威最有名氣的表現主義畫家和版畫複製匠工。他的作品蘊藏著強烈的苦悶和吶喊，這與他的童年遭遇有關。孟克的母親在他5歲時就死於肺結核，母親過世後，年幼的孟克由父親單獨撫養長大。但他的父親患有精神疾病，不斷地向孩子們灌輸了許多的充滿恐怖和恐懼的觀念。

他的兄弟與姊姊在他青少年時期就死了，而父親在孟克26歲時也去世了。孟克還有一個從小就被診斷出患有精神病的妹妹，且孟克自己從小也是體弱多病。在5個兄弟姐妹中，只有其中一名結過婚，但婚後數月竟也過世了。他眼見雙親和兄弟姊妹相繼死去，精神與情緒都受到了嚴重的打擊，日與邃增的悲傷是相當深度的精神折磨。因此，死亡是從他年輕時就烙印在心靈深處的恐懼。這也許是孟克的作品總呈現壓抑且悲觀的原因吧！

孟克的創作題材多以生命、死亡、戀愛、恐怖和寂寞等為主，再用對比強烈的方式呈現。他的畫風對德國和中歐的表現主義具有相當程度的影響。孟克死後捐贈了1,000幅油畫、15,400張版畫、4,500件素描和水彩畫，還有6件雕刻作品給奧斯陸當局。而為了紀念孟克，奧斯陸也特別建造了全世界收藏孟克作品數量最多的「孟克美術館」。

瑞典・風靡全球的北歐居家風格
IKEA

近年來全球吹起北歐風，這不是偶然的，也不是一時興起的，而是低調的北歐風從來都是以時尚又實用的人性設計為出發點，絕不譁眾取寵。北歐風最大的特點在於簡約又不失溫馨，並大量使用天然材料，讓居家生活與大自然緊密融合，營造出自在且無壓迫的居家環境。北歐從家飾品到家具都是走高質感、高單價路線，因此許多人望而生怯。所幸，瑞典的IKEA聽到了大家的心聲，設計出價格親民的各式家具，讓更多人享受北歐風的居家氛圍。

瑞典設計是IKEA產品設計的基礎。迄今為止所有的產品都是在瑞典研發出來的，包括顏色和材料的選擇。北歐人很重視家庭和孩子，從所有完善的公共設施就可以證明。所以IKEA設計出的產品皆是以人為本和方便孩子的產品。這些也與IKEA的起源地──瑞典南部的斯莫蘭省（Småland）有著密切的關係。那裡的人以勤勞、節儉著稱，他們同時也很能把有限的資源發揮出最大的功效。

我們可以從IKEA的產品體驗到瑞典人的生活方式。尤其透過家具的顏色和材料，以及所營造的空間感。即使在長年寒冷天陰的瑞典，這些溫馨的顏色，都能於任何時候為居家帶來燦爛的陽光。

> **路上觀察** ## 北歐美學和居家風格重點
>
> - 客廳不喜歡掛主燈，通常是使用幾個立燈來產生間接光源，營造出溫馨的氣氛。
> - 餐廳燈的垂吊位置離餐桌較近，這樣讓菜肴看起來光鮮可口，也使空間凝聚溫暖。大部分的北歐家庭的餐桌都是選用木頭材質的長桌。
> - 雖然北歐一年中寒冷的時間較長，但不時興鋪地毯，絕大多數是使用寬木條的實木地板。
> - 整體居家風格喜愛黑白色調居多，偶爾用紅色的小物或家具點綴，絕對不會讓家裡呈現五顏六色很凌亂的視覺感受。
> - 家中飾品多是擺放鮮活的綠色小盆栽或是木頭玩具。

芬蘭・北歐神話和傳統節日人物的演變
聖誕老人

芬蘭人說：聖誕老人的原形是北歐神話中的奧丁神。寒冬時節，奧丁神騎上他那八腳馬坐騎，馳騁於天涯海角，懲惡揚善。現今聖誕老人有八隻麋鹿來拉車應是由八腳馬的形象演化而來。

另一由來是西元三世紀小亞細亞（現今土耳其）的主教聖尼古拉斯，他慷慨助人帶給人們關愛，他的事蹟在他死後依然流傳，甚至還設立了聖尼古拉斯日。後來荷蘭的基督徒開始在節日當天效法他，悄悄送禮物給需要的人，而「聖尼古拉斯」的荷蘭文是Sinterklaas，演變至今為大家熟悉的Santa Claus，之後經由美國可口可樂商業行銷的推波助瀾，聖誕老人成為今日大家所看見的招牌模樣。

但芬蘭聖誕老人的原型還融合了北歐傳統節日中另一位人物。北歐在每年1月13日聖誕和新年假期過後有一個聖克努特日（St. Knut's Day），這是一個宣布假期結束的日子。這一天會有身穿著毛皮夾克，帶著白樺樹皮面具和牛角的男人（芬蘭語稱nuuttipukki），他挨家挨戶地要求禮物和尋找剩餘的食物。如果他沒有得到他想要的東西就會大聲喧嘩，嚇唬孩子。當聖尼古拉斯的事蹟於19世紀傳至芬蘭後，他的形象與先前的nuuttipukki傳統相結合，創造了Joulupukki（芬蘭語：聖誕老人）。Joulupukki會發出禮物而不是要求禮物，且與爬上煙囪的聖誕老人不同，身穿紅色長袍的他會敲門並問「這裡有沒有乖孩子？」然後發送禮物。

關於聖誕老人故鄉的歸屬，多年來一直爭論不休。芬蘭為了強化聖誕老人故鄉的形象，同時吸引更多國內外遊客，芬蘭旅遊局和拉普蘭省政府於1985年在羅瓦涅米市建立了「聖誕老人村」。1995年聖誕節前夕，時任聯合國祕書長更將一封發給聖誕老人的賀卡寄往羅瓦涅米市，這才使爭論停止。

芬蘭・桑拿浴的發源地
芬蘭桑拿浴

芬蘭是「桑拿浴」的故鄉，人們所熟知的桑拿浴（sauna）一詞就源自於芬蘭語，是指「沒有窗子的小木屋」。而今它已儼然成為三溫暖的代名詞，也是唯一進入世界語匯的芬蘭語詞。芬蘭這個只有5百萬人口的國度，就有近3百萬個桑拿房，遍布住家、醫院、辦公室，甚至監獄。芬蘭浴不但是傳統民俗、文化，更是基本生活必須，芬蘭人一週平均去4～5天。桑拿浴之於芬蘭人就像陽光、空氣和水一樣不可或缺。

芬蘭浴的桑拿房以原木結構建造，房中有一個放滿了石頭的火爐，燒的是樺木，一進去就聞得到樺木燃燒後的清香。典型的芬蘭桑拿浴溫度通常很高，介於70°C到100°C之間，蒸烤期間會用浸軟的樺木樹枝自下而上輕輕拍打全身，此動作可加快皮下的血液循環和體內水分的排泄，聞著樺樹嫩枝散發出的青草芬香，全身毛孔仿佛都在盡情舒張。一般在桑拿房中停留15分鐘後，會立即跳入湖中或游泳池裡消熱氣，冬天則會在雪地裡打滾，這樣的流程會重複兩次以上。

對於不是來自芬蘭的人來說，很難想像在桑拿浴室度過這麼多時間，但芬蘭人離不開它。在桑拿室，他們與家人共度時光，與情人培養感情，甚至在那裡開展業務談生意。這就是芬蘭人的生活方式。

圖片提供 / Hotel Katajanokka

行前準備
Preparation

出發前，要預做哪些準備？

北歐雖然是一個遙遠的國度，但是一切資訊透明，更擁有良好的治安和健全的社會制度。只要行前詳讀此篇，並多參閱裡面推薦的實用網站，以及針對不同的旅遊季節延伸出多元化旅遊方式的建議，相信定能對你的旅遊行程規畫有所幫助。

旅遊資訊

先決定合適的旅遊季節，然後開始收集旅遊資訊吧！

季節特色

Travel Season

北歐地區所在位置緯度高，所以冬季與夏季的日照時間相差懸殊，冬季時期夜長畫短，日出太陽通常在早晨8點左右出現，黃昏日落時間則為下午3點半。而夏季時期畫長夜短，太陽一早不到5點就探出頭來，一直到晚上10點過後才悄悄地日落西山。越北部的城市越明顯，挪威最北邊的小鎮甚至有夏季永畫、冬季永夜的情況。

由於這裡兩極化的日照時間，造就了北歐不同季節不同體驗的多元化旅遊面貌。冬季日照時間只有7～8小時，長夜漫漫的特殊條件下適合探索極光。厚厚的積雪和銀白的森林也適合從事滑雪、拉雪橇、雪上摩托車等等的冬季活動。

而夏季日照時間拉長17個小時，給予旅人充分的時間安排行程和欣賞自然風光，在造訪景點之餘，還可以到公園找個草地野餐，躺在綠地上曬著太陽光，享受特有的北歐情調，一份慢活的生活態度。

適合旅遊的月分

北歐最暖和的月分是6～8月，此時的北歐人通常都在休假，城市中充塞著各國來訪的遊客。機票、訂房等會比較難預定些。如果不喜歡人擠人、太熱鬧的朋友，則可以選擇5月或9月來拜訪，此時的氣溫不會太冷，而且日畫時間也長。

北歐最寒冷的月分是11～2月，想要體驗正宗北歐冬季風貌的人可以來挑戰，喜歡雪上活動的朋友也不要錯過囉！適合看極光的月分其實很長，在10～4月之間都有機會在靠近北極圈的城市中看到極光。

▲ 挪威12月分早上9點鐘的街頭

▲ 北極圈拉普蘭地區的狗雪橇活動

實用網站推薦

Website

　　北歐各國都有官方旅遊網站和首都旅遊網站，網站上有多國語言可選，不過目前還沒有中文選項。官方網站資訊齊全，從城市背景、景點、交通、國定假日、特殊節慶到餐飲推薦全都有詳細的介紹，也有票券和旅遊卡線上購買的服務。

挪威航空(Norwegian)
www.norwegian.com/en

挪威峽灣旅遊網
www.fjordtours.com

丹麥旅遊網
www.visitdenmark.com

斯德哥爾摩機場
www.swedavia.com/arlanda

芬蘭航空(Finnair)
www.finnair.com

挪威旅遊網
www.visitnorway.com

哥本哈根機場
www.cph.dk/en

斯德哥爾摩旅遊網
www.visitstockholm.com

北歐航空網站(SAS)
www.flysas.com/en

奧斯陸機場
www.avinor.no/en/airport/
oslo-airport

哥本哈根旅遊網
www.visitcopenhagen.com

芬蘭旅遊網
www.visitfinland.com

Skyscanner廉價航班查詢
www.skyscanner.com.tw

奧斯陸旅遊網
www.visitoslo.com/en

瑞典旅遊網
www.visitsweden.com

赫爾辛基旅遊網
www.myhelsinki.fi

假日節慶資訊
Holiday

　　除了各國的國定假日外，北歐一年四季還有許多特殊的慶典活動，有些熱門的活動會吸引許多遊客的造訪，建議在計畫行程的同時也參考一下這些節慶日期，以便早點規畫訂房或購票。

▲ 萬聖節的提佛利樂園

▲ 哥本哈根人行徒步區廣場

日期	節慶活動	內容
1月底~ 2月初	哥本哈根冬季爵士樂慶典 Winter Jazz Festival	丹麥每年的這個時候有為期10天的爵士樂表演。不只在哥本哈根，整個丹麥有將近200場的爵士樂演唱會在50個不同的地點舉行。
2月初	斯德哥爾摩家具展 Stockholm Furniture Fair	展覽會上有多達750個展商，展出內容以家具、紡織品、北歐室內設計為主。活動為期5天，前4天是開放給廠商，最後一天開放給大眾。入場需購買門票。
2月中	哥本哈根時尚週 Copenhagen Fashion Week	這是北歐地區一年中最盛大的時尚活動，一年有兩次分別是在2月和8月。這裡集合了超過1,000個參展商，在3個展銷會場展示國際間各大品牌。
3月底	哥本哈根時尚伸展台 Copenhagen Catwalk	每年3月底春天即將開始之際，有為期3天一共6場的時裝秀，讓想在哥本哈根購物的你掌握最新的流行資訊。
4/16	丹麥女王生日 Queen's Birthday	哥本哈根會有一些慶祝女王生日的慶典活動。
4月底	挪威貝爾根音樂節 Bergen Music Fest	貝爾根音樂節為期一週，在各大表演館和酒吧都有現場音樂演奏，這項活動每年吸引將近5萬人到訪參加。
5月底	斯德哥爾摩群島博覽會 Stockholm Archipelago Fair	博覽會一連3天在斯德哥爾摩的Djurgarden Island舉辦。活動期間可以在港邊欣賞到許多經典的新舊船隻展示，一旁也有一排的攤販賣瑞典食物和傳統手工藝品，氣氛像園遊會一般。每年吸引5萬5千人前來共襄盛舉。
5月底~ 6月初	貝爾根國際藝術節 Bergen International Festival	這是挪威最老的節慶活動，活動內容主要是以音樂為主，不過同時也包含了舞蹈和戲劇的表演。有興趣的人可以到Bergen International Festival Website官網訂票。

＊以上資料時有異動，出發前請再次確認　　＊製表／武蕾

日期	節慶活動	內容
6月的第一週	斯德哥爾摩美食品味週 Taste of Stockholm	這是美食愛好者一共為期6天的夢想週,因為期間遊客可以免費在Kung-stradgarden Park參與無數和食品有關的活動,以及品嘗瑞典美食。一邊在公園內品嘗美食,還可以一邊享受現場的音樂表演、體育運動等。甚至還有許多餐廳在活動期間推出特別的主題菜單。
6月中	挪威搖滾樂慶典 Norwegian Wood	搖滾演唱會在奧斯陸的Frognerparken舉辦,位置靠近Vigeland Park,請來的都是國際知名的樂團和歌手。每日限量賣出7,000張票,且通常票很快就會售完。詳細資訊請參考官網。
7月初	丹麥搖滾樂慶典 Roskilde Festival in Denmark	舉辦地點不在哥本哈根,而是在附近名為Roskilde的城鎮,這是一場戶外的演唱會,每年都吸引世界各國的人來參加。演唱會需要購票。有興趣的請參照官網roskilde-festival.dk/uk。
7月中	哥本哈根夏季爵士樂慶典 Copenhagen Jazz Festival	這個為期10天的爵士樂慶典大多數是免費的,只有少部分要購票。
8月初	奧斯陸音樂活動 Oslo Major Music Event	這項活動地點在奧斯陸的Middelalderparken室外搭建舞台舉行,會邀請來自世界各國知名的樂團和歌手。天氣好的時候在園內更會聚集許多市集攤販。
9月	哥本哈根建築設計日 The Copenhagen Architecture & Design Days	這是哥本哈根一項很新的活動,為期3天並且是免費的。活動主要是讓遊客或當地人,更認識哥本哈根美麗且具有設計感的建築群。這天會開放許多平時不開放大眾參觀的地方,所以遊客可以更近距離地欣賞到這些經典的建築設計。
10月中	斯德哥爾摩爵士樂慶典 Stockholm Jazz Festival	為期5天的爵士樂慶典,一年比一年更盛大。舉辦地點在斯德哥爾摩的Skeppsholmen Island。表演時間從中午一直持續到午夜。
10月中~10月底	提佛利樂園萬聖節 Halloween in Tivoli Gardens	提佛利樂園每年開放時間為4月中到9月底,不過每逢萬聖節時,樂園會特別精心布置成萬聖節的主題,短暫開放兩週(10月中到月底)。
10月底~11月初	哥本哈根秋季爵士樂慶典 The Autumn Jazz Festival in Copenhagen	秋季的爵士樂慶典有4天,一路從老爵士到新爵士的表演應有盡有,票價應不同場地而略有不同。
12/10	諾貝爾獎頒獎典禮 Nobel Prize fever	在斯德哥爾摩頒發的諾貝爾獎有:物理獎、化學獎、醫學獎、文學獎和經濟學獎。
12/10的前一週	諾貝爾和平獎頒獎典禮 Nobel Peace prize	諾貝爾和平獎在挪威的奧斯陸頒發,頒獎時入場觀禮是免費的,但是想進去參與的人數實在太多了,總是一票難求。
11月底~12/23	北歐聖誕市集 Christmas Markets in Scandinavia	北歐人非常重視聖誕節,每年從11月中開始,各店家就著手布置聖誕櫥窗,人們也忙著為家人朋友採買聖誕禮物,這時候雖然購物折扣不多,但是可以買到許多聖誕節限量版的商品。11月底起在各地更開始有許多聖誕市集。
12/13	聖露西亞日 Saint Lucia	這是為了紀念基督教中的女聖徒露西亞的節日,當天會有許多遊行和慶祝活動,家家戶戶都會點上蠟燭照明。在北歐歷史上的這一天,是一年中最長的一夜(冬至),所以藉由蠟燭光也譬喻戰勝黑暗、光明即將到來的意思。習俗上家中的長女將打扮成聖露西亞,一早先穿白色長袍,戴上插滿蠟燭的王冠。並為父母獻上露西亞麵包和咖啡或熱葡萄酒。

＊以上資料時有異動,出發前請再次確認　＊製表／武蕾

行程規畫

提前規畫行程及訂票，可以省下不少旅費。

行程規畫提醒
Plan Your Trip

如果時間不是很充裕又想要一次遊歷北歐四國，建議以四國的首都為基礎，感受北歐的生活型態、時尚設計及飲食文化。若能給自己安排充裕一點的時間，則可以考慮當天往返的近郊景點或是安排主題路線探索安徒生的童話王國、體驗挪威峽灣親近大自然美景等等。詳細的景點推薦、行程路線規畫參見P.194（玩樂篇）。

善用城市旅遊卡

北歐各大城市都有為遊客特別設計了旅遊卡（哥本哈根卡Copenhagen Card、斯德哥爾摩通行卡Stockholm Pass、奧斯陸卡Oslo Card、赫爾辛基卡Helsinki Card，見P.241），可針對自己安排的行程，購買1天、2天、3天或更長時間的旅遊卡，而各國出的旅遊卡時間長度也略有不同。開卡後在有效期限內可免費搭乘市區的大眾交通工具，及免費參觀許多景點或門票優惠折扣。

北歐適合自助遊，但請提早訂票

北歐治安相對於其他國家來說安全許多，且英文程度高，不用擔心對方無法用英文溝通，且北歐人對遊客相當友善，是個非常適合自助旅遊的

地區。但由於北歐消費不便宜，所以建議大家能盡早開始規畫行程，上網注意飛機和火車票價。因為票價往往會隨著時間越靠近出發日期而越變越貴。

當地可善用的資源
Information Center

旅客資訊中心

每個城市都有「i」，也就是旅客資訊中心，通常所在位置都在機場或中央車站附近，提供的服務包括免費市區地圖、旅遊景點簡介、旅遊卡購買、住宿以及當地旅遊團代訂等。而且旅客資訊中心通常也有提供電腦及WIFI服務，可查詢當地的相關資料，也會有好用的官方地圖可以拿。

中央車站服務櫃檯

北歐各大城市的中央車站都有設置專門的服務櫃檯，有些只提供查詢交通資訊，沒有售票服務。也有專門賣票、退換票、劃位、網上購票領取等服務櫃檯。如果實在對複雜的交通資訊不理解，可以直接至櫃檯請專員幫你搭配最經濟實惠的票種。

機票與航空公司

Tickets

台灣飛往北歐機票可到各大旅行社的網頁查詢及訂票，價格滿透明的。

航空公司	要點	轉機點	航空聯盟	建議值
北歐航空	● 北歐最大的航空公司，提供齊全的北歐航線及班次 ● 特級經濟艙(Economy Extra)及商務艙旅客在北歐各大機場可享有快速通關 ● 出發到當地後遇到票務上的問題，得到的幫助最周全及迅速	泰國曼谷 (延伸航空)	星空聯盟 Star Alliance	★★★
泰國航空	● 單一轉機點，減少長途飛行時間及轉機手續 ● 單一航空公司，如需更改航班或班機延誤時的處理較為方便	泰國曼谷	星空聯盟 Star Alliance	★★★★
芬蘭航空	● 與其他國泰、華航、長榮等航空聯航 ● 轉機一次即可抵達芬蘭 ● 有延伸航班至北歐各國主要城市	香港 (延伸航空)	寰宇一家 One World	★★★★
荷蘭航空	● 單一轉機點，減少長途飛行旅途時間及轉機手續 ● 單一航空公司，如需更改航班或班機延誤的處理較為方便 ● 與華航同為天合聯盟，適合常搭乘華航的旅客累積里程	荷蘭 阿姆斯特丹	天合聯盟 Sky Team	★★★★
卡達航空	● 與其他國泰、華航、長榮、泰航等航空聯航 ● 票價優惠 ● 標榜空中五星級服務	1.香港或曼谷 (延伸航空) 2.卡達杜哈	寰宇一家 One World	★★★

＊以上資料時有異動，出發前請再次確認　　＊製表／武蕾

北歐基本物價速覽

瓶裝果汁約22～30克朗

路邊攤熱狗+麵包約25～35克朗

丹麥酥1個約15～25克朗

速食店套餐1份約60～70克朗

三明治約40～55克朗

咖啡1杯35～55克朗

鋁罐飲料約22克朗　牛奶1公升約10～18克朗

匯兌提款 FOREX BANK

行前準備好現金及信用卡4位數密碼設定。了解跨國提款步驟。

兌換現金

Exchange

弄清楚幣別名稱

北歐三國的錢幣都稱為克朗(Krone)，雖然稱法相同但幣值卻不一樣，僅芬蘭隸屬歐元區，使用歐元。幣值大小依序為丹麥克朗(DKK)＞挪威克朗(NOK)＞瑞典克朗(SEK)。三國克朗裡唯有丹麥克朗與歐元掛鉤，升降都隨著歐元起伏。

如何兌換克朗？

北歐三國丹麥、瑞典、挪威都有各自的克朗，所以建議在台灣先兌換歐元，到各國後再兌換當地的克朗。北歐絕大多數的商家及餐廳也收取歐

▲ 機場內均設有匯兌櫃檯

元，但匯率會比銀行或外匯兌換處來得差，且找零錢只會找克朗。不過，如果預計停留該國的時間較為短暫，直接付歐元也不失為一種便利的方式。如此還可省去貨幣兌換的手續費，以及花不完再換回原幣別的匯差。

各大城市的機場、中央車站及主要觀光街道上都有外匯兌換處(Exchange)。北歐三國除了各自銀行有兌換貨幣的服務外，黃色商標的FOREX是最大間的連鎖兌換處。

信用卡與跨國提款

Exchange

出國前請記得向發卡銀行申請國際提款及設定密碼，亦或設定以Mail或網路銀行的APP方式接收動態驗證碼(OTP)，以開啟海外交易功能，一般可到銀行櫃檯辦理，或利用網路銀行操作，相關資訊可查閱發卡銀行的相關條例。

之後若在旅途中遇到現金不足的狀況，則可以在當地的ATM提領現金。行前請先向所屬銀行諮詢國際提款之手續費用。向銀行申請的密碼除了可以國際提款外，還因為北歐部分店家和自動購票機只接受有設定密碼的信用卡，出國前務必記得向所屬信用卡銀行完成設定。

行
前
準
備

跨國提款步驟 Step by Step

Step 1 找到機台，插入卡片

Step 2 輸入密碼

Step 3 選擇提款金額

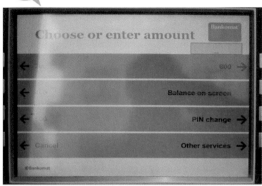

Step 4 拿取提領現金

Step 5 取回卡片和收據

行李打包

行李該帶些什麼？去北歐要準備什麼樣的衣物？出發前別忘了再次Check行李清單。

春夏秋冬的穿搭建議
Packing

北歐地區秋冬時間較長，從9月中旬一直到4月中旬，大約有7個月左右的時間氣溫都比較低，這段期間內圍巾、帽子、手套、防水、防滑的高筒鞋（雪靴）和一件防風防雨又保暖的羽絨衣，是絕對不能少的基本配備，除了最外層的羽絨衣外，裡頭的穿搭建議採取洋蔥式的穿法，以有拉鍊和扣子、較容易穿脫的衣物爲主，而以圍巾取代高領毛衣也較爲適當，因爲北歐秋冬室內普遍都開暖氣，加上室內人潮眾多時，高領毛衣很容易感到悶熱。

而春夏時節的時間較短，從5月初到8月底，此時的早晚溫差也很大，如果剛好碰上有風的天氣，就會感到寒意，一定要記得隨身攜帶薄外套。就算是春天溫度也只有10來度左右，長袖、針織衫加上薄外套都是必須的。

必備小物
Necessities

乳液、護唇膏

北歐地區非常乾燥，一年四季皆是如此，尤其是秋冬時分室內加開暖器時，更是異常乾燥。強

烈建議皮膚敏感的人一定要攜帶慣用的乳液，不敏感的人可以到當地買大罐的，在洗完澡後均勻塗抹全身。不然皮膚容易因乾燥產生搔癢感，常用手去抓容易產生皮膚炎。另外，天氣冷風又大的時候，嘴唇也易乾裂脫皮，建議出門前先塗上滋潤型的護唇膏來預防。

雨傘、雨衣

北歐地區一年的降雨量相當地平均，每個月的降雨天數都相差不大，如果真要嚴格來說，夏末到秋天（8～10月）的時候會稍微多一些些。其實，氣象報告顯示真

正降雨天數多的月分是在冬天（11～12月），不過因爲溫度的關係，雨都變成了雪。

北歐的雨都降得很急，雨滴也很大顆，不過大都是一陣一陣的，來得快去得也快，有時也伴隨著強風。所以，如果能攜帶輕薄雨衣或是像GO-RE-TEX那種防水的外套更佳。

圍巾

北歐人很喜歡戴圍巾，一來搭配衣服很有型，二來可保暖，阻擋風從領口灌進衣服裡，三來也是穿脫靈活可因應各式天氣狀況，到室內即可取下。所以，建議秋

冬可帶個厚的毛圍巾或套頭的脖圍，春夏則選搭輕薄的圍巾或絲巾類。

擋風外套

來北歐旅遊無論是哪個季節，都強烈建議最好攜帶一件能擋風防水的外套。天氣冷時可以加在毛衣外面擋風，下雨的時候又可以充當雨衣防雨，絕對是不可或缺的旅行良伴。

水壺

北歐的物價是出名地高，一般市面上販賣的礦泉水平均都要價50元台幣以上。而北歐的水皆可以生飲，尤其以挪威的水質最優。建議自己攜帶水壺裝水，可以省下許多礦泉水費。

電池、記憶卡

北歐秋冬時節天氣寒冷，電池較容易沒電，無論是相機還是手機一定要多預備幾顆電池，以備不時之需。當然，北歐獨特又秀麗的風景也一定會讓旅人們瘋狂按下手中的快門。所以，記得千萬要多備幾張記憶卡。

行前預辦事項表

√	物品	說明
	護照	護照需超過6個月的有效期限
	簽證	持台灣護照到北歐免簽證，但仍需注意航班中轉機的國家是否需要辦理簽證
	國際駕照	至各城鎮監理所辦理，當場可取件
	護照、簽證、國際駕照影本	所有證件最好都影印準備兩份，一份自己帶出國，一份給家人保管
	影印飯店的地址和地圖	行前先抄印好旅館地址和地圖
	換歐元	先至銀行換好歐元，到當地再換克朗即可
	開通國際提款功能	請向所屬銀行設定好磁條密碼
	開通手機國際漫遊功能	請向電信公司開啟國際通話服務
	GPS地圖下載	若有智慧型手機先下載好當地地圖，到北歐後不需要開啟網路服務，只需開啟電話中的GPS導航系統即可，無需付費
	保險	可向刷卡付機票的銀行申請旅遊保險，或是到機場保險公司櫃檯購買

行李檢查表

√	物品	說明
	護照	正本和影印本
	機票或電子機票	正本和影印本
	信用卡	出國前可先通知所屬銀行，確定刷卡額度
	提款卡	開通國際提款服務與了解各項收費須知(P.38)
	現金	歐元或克朗
	相機、電池、記憶卡	多預備幾個電池和記憶卡
	手機	充電器、完成各國地圖下載
	筆與筆記本	方便在機場填寫表格和旅行途中記事
	衣物	除了必帶衣服外，無論一年四季都需要帶一件外套，依季節來選擇外套薄厚度，最好以防風擋雨為佳(P.40)
	化妝保養品	乳液要帶滋潤型的較好
	藥品	暈機暈車藥、感冒藥、止痛藥等
	隱形眼鏡和藥水	北歐乾燥，可多帶幾副拋棄式隱形眼鏡
	轉接頭和變電器	轉接頭以兩圓孔型為主(P.17)
	帽子、太陽眼鏡	北歐太陽不太烈，準備基本防曬工具即可
	毛帽、圍巾、手套	秋冬時節請務必攜帶齊全保暖用品
	雨傘、雨衣	輕巧的折疊傘和可摺疊放包包的雨衣為主
	手提電腦	北歐大部分旅館都備有無線上網，可以斟酌攜帶筆電，以方便查詢旅行中所需的資料
	牙刷、牙膏、拖鞋	北歐旅館一律不提供這三項個人用品
	床單、被套、枕頭套	青年旅館的通鋪型房間大都需要自備床具組，也可付費向青年旅館直接租借

指指點點北歐語

常用單字	丹麥語	瑞典語	挪威語	芬蘭語
今天	i dag	i dag	i dag	Tänään
明天	i morgon	i morgon	i morgen	Huomenna
昨天	i går	i går	i går	Eilen
週一	Mandag	Måndag	Mandag	Maanantai
週二	Tirsdag	Tisdag	Tirsdag	Tiistai
週三	Onsdag	Onsdag	Onsdag	Keskiviikko
週四	Torsdag	Torsdag	Torsdag	Torstai
週五	Fredag	Fredag	Fredag	Perjantai
週六	Lørdag	Lördag	Lørdag	Lauantai

接下頁→

行前準備

常用單字	丹麥語	瑞典語	挪威語	芬蘭語
週日	Søndag	Söndag	Søndag	Sunnuntai
1	En	En	En	Yksi
2	To	Två	To	Kaksi
3	Tre	Tre	Tre	Kolme
4	Fire	Fyra	Fire	Neljä
5	Fem	Fem	Fem	Viisi
6	Seks	Sex	Seks	Kuusi
7	Syv	Sju	Syv	Seitsemän
8	Otte	Åtta	Åtte	Kahdeksan
9	Ni	Nio	Ni	Yhdeksän
10	Ti	Tio	Ti	Kymmenen
百	Hundrede	Hundra	Hundre	Sata
千	Tusind	Tusen	Tusen	Tuhat
月	Måned	Månad	Måned	Kuukausi
年	År	År	År	Vuosi
分鐘	Minut	Minut	Minutt	Minuutti
小時	Time	Timme	Time	Tunnin
你	Du	Du	Du	Sinä
我	Jeg	Jag	Jeg	Minä
他 / 她	Han / Hun	Han / Hon	Han / Hun	Hän
男性	Mand	Man	Mann	Uros
女性	Kvinde	Kvinna	Hunn	Nainen
是	Ja	Ja	Ja	Joo
不是	Ingen	Nej	Nei	Ei
生活用語	丹麥語	瑞典語	挪威語	芬蘭語
謝謝	Tak	Tack	Takk	Kiitos
對不起	Undskyld	Förlåt	Beklager	anteeksi
你好嗎?	Har du det godt?	Hur mår du?	Hvordan går det med deg?	mitä kuuluu?
再見	Farvel	Hejdå	Ha det	Hyvästi
我的名字叫____	Mit navn er_____	Mitt namn är_____ Jag heter_____	Mitt navn er_____	Nimeni on_____
你叫什麼名字?	Hvad er dit navn?	Vad heter du?	Hva heter du?	mikä sinun nimesi on
我今年____歲	Jeg er _____ år	Jag är _____ år	Jeg er _____ år	olen_____vuotta vanha
我來自台灣	Jeg kommer fra Taiwan	Jag kommer från Taiwan	Jeg kommer fra Taiwan	Olen Taiwanista
日安	God dag	God dag	God dag	Hyvää päivää
你會說英文嗎?	Kan du tale engelsk?	Kan du tala engelska?	Kan du snakke engelsk?	Puhutko englantia
你好	Hej	Hej	Hei	Hei

機場篇
Airport

抵達機場後，如何順利入境？

本篇主要介紹在平安抵達北歐土地後，如何從機場順利通關、提領行李、兌換克朗以及選擇各式交通工具前往市區？旅行結束盡興而歸時又該如何在機場退稅？讓第一次到北歐的旅人，也能一路從機場通行無阻的順利抵達市區！

入境手續及申報須知

出入境北歐國家都不需要填寫任何資料表、出入境卡，只需持有效護照(簽證)、回程機票即可。但要特別注意的是有關攜帶物品的入境限制。若是從歐盟國家過來的話，對可以攜帶的食物並沒有限制，但從歐盟以外的國家來的話，是不允許攜帶任何非歐盟生產含肉類或奶類的製品；挪威更加強對農業及生態的保護，禁止攜帶植物或花、果、種子、根莖等等入境。其他最基本的就是不許攜帶武器和彈藥、毒品、瀕臨滅絕的動植物，以及用瀕臨滅絕的動植物做出來的任何產品。

如果攜帶超過1萬歐元的現金(或等值的其他貨幣或旅行支票等)進入或離開歐盟，都必須向第一個入境的歐盟國家，或最後一個出境的歐盟國家提出申報。

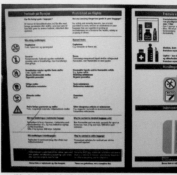

▲隨身行李液體瓶罐規定

丹麥
哥本哈根卡斯楚國際機場

認識國際機場平面及設施、入出境及轉機步驟、自助Check-in機教學。

哥本哈根機場(Copenhagen Kastrup Airport，縮寫：CPH)的室內裝潢散發著濃濃的北歐風味，木質的地板搭配柔和的光線，讓人有種溫馨的感受。此機場可以說是北歐與世界接軌的轉運站，許多從亞太出發到北歐的國際航線都會選擇哥本哈根為目的地，再由此轉當地航空前往其他北歐城市。卡斯楚國際機場一直不停研發新的科技方式來縮短旅客等待的時間，例如：行前網路Check-in、機場自助Check-in機器、機場APP程式等。不只如此，卡斯楚國際機場至今都仍然不斷的在建設，力求能在未來成為國際間最大最好的機場之一。

行家祕技　好用的手機APP程式

下載「CPH Airport」APP(須有網路連線，可透過機場免費網路「CPH Airport Free WIFI」)，提供目前安檢所需等待的時間。點選你的航班並開啟發送APP通知功能，會隨時通知旅客任何有關航班的更新資訊，親友也可下載安裝並得知班機是否有延誤或取消。

機場平面解析 卡斯楚機場第一航廈已停用，營運中的第二及第三航廈皆有國際及國內航班。

A 海關安檢前(開放區域)

地圖繪製／蔣文欣

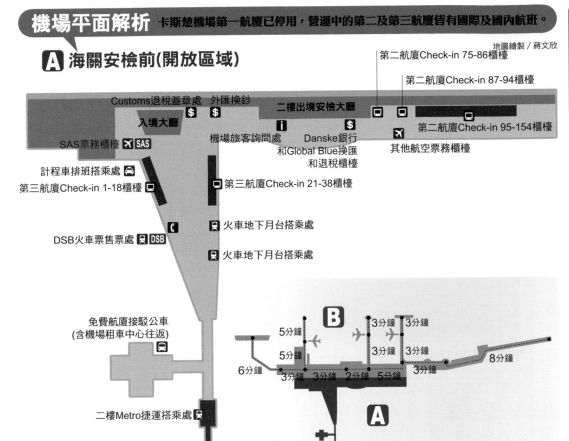

- 第二航廈Check-in 75-86櫃檯
- 第二航廈Check-in 87-94櫃檯
- Customs退稅蓋章處
- 外匯換鈔
- 二樓出境安檢大廳
- 入境大廳
- 機場旅客詢問處
- Danske銀行和Global Blue換匯和退稅櫃檯
- 第二航廈Check-in 95-154櫃檯
- SAS票務櫃檯 ✈ SAS
- 其他航空票務櫃檯
- 計程車排班搭乘處 🚗
- 第三航廈Check-in 21-38櫃檯 💻
- 第三航廈Check-in 1-18櫃檯 💻
- 火車地下月台搭乘處
- DSB火車票售票處 🚉 DSB
- 火車地下月台搭乘處
- 免費航廈接駁公車(含機場租車中心往返) 🚌
- 二樓Metro捷運搭乘處

B

- 5分鐘
- 3分鐘 3分鐘
- 5分鐘
- 3分鐘 3分鐘
- 6分鐘
- 3分鐘 3分鐘 2分鐘 5分鐘
- 3分鐘
- 8分鐘

A

B 海關安檢後 (只有出入境旅客可到達)

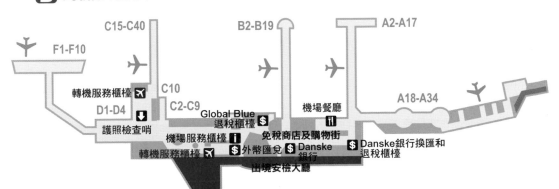

- C15-C40
- B2-B19
- A2-A17
- F1-F10
- 轉機服務櫃檯 ✈
- C10
- D1-D4
- C2-C9
- 護照檢查哨 ⬇
- Global Blue退稅櫃檯 $
- 機場餐廳 🍴
- A18-A34
- 機場服務櫃檯 ℹ
- 免稅商店及購物街
- 轉機服務櫃檯 ✈
- 外幣匯兌 $
- Danske銀行 $
- Danske銀行換匯和退稅櫃檯 $
- 出境安檢大廳

入境丹麥步驟
Denmark

如果是從歐盟申根國家及挪威轉機到哥本哈根，下飛機後不需檢查護照即可直接前往行李盤領取行李。但如果非上述條件者，如：英國為非申根的歐盟成員，則需在入境時檢查護照，並蓋入境章後才能提領行李出關。

Step 1 沿著指標走

下飛機通過登機門進入機場後，請跟著指標前往護照檢查站或行李提領處。

▲引領入境的標語可能有很多版本，但只要依循行李圖樣走就不會錯

Step 2 護照查驗

如果符合不需查驗護照資格的旅客可跳過此步驟，直接跳至步驟3提領行李。查驗護照時，只需出示護照，如有護照套請事先取下方便海關人員作業，並在手邊備妥回程機票及旅館資料。同時海關可能會詢問班機是從哪裡來？來丹麥的目的？和打算停留多久？另外，台灣護照已在2010年底可免簽入歐盟，如海關問到是否有簽證，則應告知台灣為免簽國家。提醒大家查驗護照的區域是禁止攝影、照相及講電話的。

Step 3 提領行李

沿指標往行李提領處(Baggage Reclaim)，查看資訊螢幕，找到自己班機的行李盤，等候行李。

▲往國際航班行李提領處

▲航班行李輸送資訊：A.班機號碼 / B.出發地 / C.行李盤 / D.等待時間 / E.行李服務窗口

Step 4 出海關

一般來說除非旅客有違禁品要主動申報，不然丹麥海關極少主動抽查旅客行李。當拿完行李通過海關檢查閘口後，迎面而來的是兩排手持丹麥國旗的在地人列隊歡迎各位。

機場相關服務

機場裡除了最基本的免稅化妝品、香水販售外，還有北歐當地知名品牌，如H&M、Georg Jensen、Royal Copenhagen等，還有國際大牌Gucci、Hermès、Burberry、Hugo Boss也在其中。當然除了購物還有許多餐廳、咖啡廳、便利商店的選擇。讓你在等待起飛的時間也能過得很充實。

▲ Global Exchange：可兌換外幣，旁邊有附設自動換匯機

▲ 外幣兌換：位於4號行李盤後方，入境大廳也有外幣兌換處

▲ SAS行李服務窗口：處理北歐航空及星空聯盟航班的行李掛失理賠等事務

▲ 丹麥Danske銀行：可兌換外幣及相關業務

▲ 旅遊服務中心：可在此購買哥本哈根旅遊卡、旅館代訂、索取地圖及詢問機場交通資訊

▲ STEFF漢堡熱狗小站：位於行李盤區域及入境過海關機場內，搭乘往瑞典馬爾默火車的1號月台手扶梯口也有熱狗小販

▲ 租車公司服務中心：位在機場停車場西側，可搭免費航廈接駁公車前往Car Rental Centre。公車站位於Clarion Hotel外，請參照機場平面解析圖

路上觀察　調整手表時差

穿越接機人群之後抬頭看，正前方電梯上方有個大時鐘，這是以前為了幫助旅客對時，調整手表時差而設置，如今3C科技發達，大多數人都不再需要對時了，時鐘也自然而然地變為觀賞用途。

行家祕技 自卡斯楚機場轉機至其他城市

如果是在Check-in時已領取下一段航班的登機證，且行李是直掛到最終目的地，則只需查看機場內的航班資訊看板，確認登機門及登機時間。但如果還未拿到下段航班登機證，則需在下飛機後盡快到轉機中心辦理手續。

← ✈ **Transfercenter**
Transfer Centre

▲ 如果有需要轉機到其他城市，可以依指標前往轉機服務櫃檯

Step 1 文件準備

備齊護照、下一航班的機票、前一航班的登機證及託運行李收據，地勤人員可以幫忙轉運你的行李。

Step 2 領取號碼牌

轉機中心前方有一觸控螢幕可以列印號碼牌。

Step 3 領取登機證

上方螢幕會顯示所有目前正在處理的號碼及對應窗口，如果排到你的號碼則上前請櫃檯人員幫忙處理轉機事宜，同時下方小螢幕也會顯示你的號碼。

所有正在處理的號碼及對應窗口

櫃檯編號及正在處理的號碼

號碼牌列印機

▲ 機場內的轉機櫃檯

Step 4 前往登機門

轉機服務櫃檯旁即有航班資訊看板可供旅客查看。

出境丹麥步驟
Denmark

Step 1 抵達正確航廈

在出發前往機場前，記得再次確認航班Check-in的航廈，搭乘計程車可告知司機欲前往的航廈，以節省在機場跑航廈的時間，以下幾個經營台灣←→北歐線的航空公司：如搭乘北歐航空、德國漢薩航空、泰國航空，通常會是在第三航廈；而英國航空、瑞士航空、芬蘭航空、法國航空、荷蘭皇家航空、卡達航空、新加坡航空則是在第二航廈。

▲ 機場室內的航廈指標

▲ 機場室外的航廈指標，並標示了在此航廈Check-in的航空公司

Step 2 找到Check-in櫃檯

通常國際航班3個小時前可以開始Check-in，直到登機時間前45分鐘停止辦理。透過航廈內螢幕上的航班資訊尋找受理Check-in的櫃檯。如果你不小心走錯了航廈，螢幕上還是找得到你的航班資訊及應前往的航廈；此時你應該要移動到對應的航廈辦理Check-in。

如果想避開大排長龍的隊伍，可以利用機場內的自助Check-in機辦理Check-in、選位、列印登機證及行李條，最後再到行李Drop-in櫃檯託運行李。如果有超大或特殊尺寸的行李，Check-in完後請帶著你的行李到指定櫃檯託運。在第二航廈的旅客請至154號挪威航空Check-in櫃檯旁Aviator的地勤櫃檯辦理特殊尺寸行李託運；在第三航廈的旅客請至SAS北歐航空票務櫃檯，或7-ELEVEN商店旁邊走道直走往50號櫃檯辦理。

另外北歐航空已全面實施自助Check-in，所以除了帶有嬰兒的家庭、獨自搭機的未成年或行動不便的旅客仍可在櫃檯Check-in，其他旅客都必須自己動手操作機器Check-in。

▲ 第三航廈內其他航空（北歐航空也適用）的自助Check-in機器

▲ 受理航班Check-in及行李託運的櫃檯資訊

貼心 小提醒

Check-in前先退稅

若有要退稅的旅客，建議在Check-in前先辦理退稅（教學見P.52）。退完稅、拿到登機證、託運好行李後，請依循指標上2樓安檢大廳（步驟3）。

Step 3 安全檢查

哥本哈根機場在出境大廳通往安檢大廳的指標上，提供即時資訊告知目前安檢所需花費的時間。請事先將液體瓶罐置入密封袋；在進入安檢前的閘口，請將你的登機證在閘口的掃描機感應條碼後通過。隨身電腦、iPad要從隨身行李取出；口袋零錢、鑰匙清空；皮帶、外套、圍巾取下，和脫下長筒馬靴。

安檢所需花費的時間

Step 4 護照檢查站

如果丹麥是你歐洲旅程的最後一站，或是要搭乘飛機離開歐盟申根地區（例：前往英國），則你的登機門會設在C15～C40或D101～D104。順著登機門的指標，一定會先通過護照檢查站並蓋上出境章。但過了檢查站，裡面除了菸酒就沒有其他商家好逛，也沒法再回到免稅商店街了；所以建議大家做完最後購物衝刺後再前往登機門。也請預留5～10分鐘的排隊時間！

Step 5 前往登機口

沿著機場內的標示前往你的登機門。

自助Check-in
Denmark

大部分的航空公司都可以透過自助機器辦理Check-in、選位、列印登機證和行李條。

在第三航廈內設置的SAS北歐航空自助Check-in機器，是專設給北歐航空和其他設在第三航廈航空公司的旅客使用。

而設於第二航廈的航空公司眾多，所以機器的種類及流程也有所出入，不過這裡還是為大家介紹北歐地區航線較多、航班頻繁且平價的挪威航空的Check-in步驟供參考。

貼心 小提醒

累積飛航里程

若是你是任何星空聯盟航空公司的會員，搭乘北歐航空時記得輸入會員卡資料累積里程(北歐航空為星空聯盟，所以里程可以累積到不同星空聯盟的航空公司會員卡內)。

▲ 第二、三航廈各家航空通用的Check-in機

▲ 第三航廈SAS航空的Check-in機

機場辦理退稅步驟
Denmark

請在Check-in之前，先到海關辦公室辦理商品查驗、蓋退稅章，再到退稅櫃檯領取退稅金。

海關辦公室

▲ SKAT為丹麥的稅務機構，辦理退稅請至入境大廳旁SKAT海關辦公室蓋退稅章

Step 1 將商品及退稅單依退稅公司分類

哥本哈根機場有2個退稅機構的櫃檯——Global Blue和Planet Tax Free。退稅單上會標示你購物的商家是隸屬於哪一個退稅公司。這兩家公司會依自己隸屬的商家簽發的退稅單辦理退稅，為了節省時間起見，請先將退稅單和商品進行分類。

Step 2 至海關辦公室蓋退稅章

在退稅櫃檯營業時間內辦理者請略過此步驟，因為海關人員會告知你直接前往退稅櫃檯。若是在退稅櫃檯營業時間外，或是有北歐以外購買的商品要退稅，則必須領著你的退稅商品連同填妥的退稅單，先到海關辦公室驗證蓋章。

請出示你的護照(確認旅客為非歐盟居民)、機票(當天離開歐盟的航班才能退稅)、店家開立的退稅單及收據、代查驗之商品(確認退稅商品會被

帶出歐盟)。海關必須同時看到以上物品，才會在退稅單上蓋印。

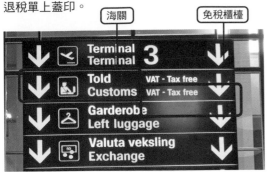

海關 ｜ 免稅櫃檯

Step ③ 至退稅櫃檯

Global Blue及Planet Tax Free在機場都設有自己的櫃檯，Global Blue在第三航廈通往第二航廈的長廊上，營業時間06:00～21:00；Planet Tax Free則在第三航廈內，營業時間06:00～22:00。兩家公司在安檢前都可以選擇要匯到信用卡帳戶，或是當場領取現金。如果在安檢後，Global Blue就只能退匯到信用卡帳號。若在營業時間外，可先到第三航廈的海關辦公室蓋章，再用郵寄方式完成信用卡退稅。

另外，請備妥護照、機票、退稅單、收據，以及待查驗之商品，如果要退到信用卡，需將卡片一併提供給櫃檯。結束後再到Check-in櫃檯託運行李。

▲ Global Blue的退稅櫃檯和自助退稅機

行家祕技 **哥本哈根機場貴賓休息室**

機場篇

休息室提供的服務：免費無線上網、冷熱飲、酒飲、新鮮水果、點心、便餐、國際報紙和雜誌、電腦(僅提供一般性使用)、電子充電設備、列印設備。**提醒：**一般北歐機場的休息室不若亞洲那樣設備齊全豪華，多半走簡單樸素路線，所以千萬不要期待太高喔！

SAS Gold Lounge

持有星空聯盟金卡或乘坐北歐航空商務艙的旅客可免費進入。乘坐北歐航空國際航班經濟艙的旅客可付費249 DKK(約€34)進入。

- ☒ 第三航廈過海關安檢之後，候機C區(申根區域)
- ⏰ SAS第一班固定飛行航班的前1小時開放，至最晚一班固定飛行航班前30分鐘關閉(開放時間因地點和航班時刻表而異)

Carlsberg Aviator Lounge

- ⓗ www.aviatorlounge.dk/aviator-lounge
- ☒ 過海關安檢之後，候機A區
- ⏰ 週一～五05:00～20:30，週六～20:00，週日～21:30
- 💲 199 DKK(約€26.67) / 單次每人

Aspire Lounge

- ⓗ www.executivelounges.com/price-match
- ☒ 過海關安檢之後，候機B區
- ⏰ 4～10月週日～五07:00～20:00，週六～19:30
  11～3月週日～五06:00～20:00，週六～19:30
- 💲 240 DKK(約€32.26) / 單次每人

Eventyr Lounge

- ⓗ www.cph.dk/en/practical/workspaces-and-lounges/eventyr-lounge
- ☒ 過海關安檢之後，候機C26(非申根區)
- ⏰ 週一、二、四、六05:30～18:00，週三、五、日05:30～20:00
- 💲 300 DKK(約€40.21) / 單次每人

丹麥
如何從機場往返哥本哈根市區

利用各種交通工具接駁至市區的方式。

由於哥本哈根機場離市區相當近，除非下榻的旅館位置離大眾交通網有一段距離，或較不在意金錢問題，不然計程車的C/P值實在不高；如果下榻旅館位在中央火車站或新興區Øres-tad，則可以選擇搭乘火車；如果下榻旅館位在新國王廣場或斐德列克斯堡附近，則可以選擇搭乘捷運；兩種交通工具價錢一樣。有計畫購買哥本哈根旅遊卡的旅客，可以從機場開始使用哥本哈根旅遊卡，搭乘大眾交通進入市區，這樣就不用再多花任何一毛錢。

計程車(Taxi/Taxi)

Denmark

雖然哥本哈根機場是北歐諸國最靠近市區的機場，但到市區200 DKK是最基本，250 DKK實屬正常，300 DKK可能是遇到道路施工或是突發路況等等，這短短20分鐘的車程可能會讓你的荷包瘦到皮包骨。不過這已經好過挪威和瑞典了，那裡的計程車費有可能會把你嚇破膽唷！

若語言溝通有困難，不妨事前先寫下地址小抄，搭車時再將紙條直接拿給司機看。

如果行李不多，下榻的地方離車站不遠，則可以考慮火車或捷運。兩者到市區都為三段票，單張票價30 DKK，車程約23分鐘至市區。

Steps ▶ 搭計程車步驟

▲ 選擇搭計程車的朋友，在進入入境大廳後，從右側的出口出去

▲ 室外可以看到指示牌，遵循指示方向找到搭往瑞典及往丹麥市區或其它地點的計程車；有租車者在拿到鑰匙後，一樣是從這個出口前往停車場P10取車

▲ 一排排等候多時的計程車。在北歐是沒有在挑車子的喔，大家也會非常自律地依序搭乘最前排的排班計程車

火車(Train/Tog)

Denmark

　　火車票自動售票機在機場第三航廈大廳的左側區。哥本哈根大眾交通工具的車票是通用的，所以要搭乘捷運或巴士都可在火車自動售票機購票，在機場的自動售票機區域，至少會有一位服務人員在旁協助旅客如何購票。相關交通票券種類的選購使用，請見P.91（市區交通篇）。

　　自動售票機區旁邊的手扶梯可以通達地下一層的月台搭乘火車，月台的螢幕上會顯示下班火車進站的時間。

　　第二月台開往哥本哈根方向的所有班車都會停靠哥本哈根中央車站，但欲前往位在Ørestad的飯店（Crown Plaza Hotel、Bella Sky Hotel、Cabinn Metro Hotel）則必須確認入站班車是否有停靠Ørestad Station。

- 第二月台
- 下班車進站時間
- 終點站
- 中途停靠站

▲ 月台螢幕標示

貼心 小提醒

火車上不賣票

　　在開始搭乘火車前一定要確認手上持有有效的交通票券，不要一時貪快想車上補票，車上雖然有查票員但並不售票，火車上的告示清楚載明【火車上不賣票，無票搭乘罰款750 DKK或1,000 SEK】（罰瑞典克朗是對於往瑞典馬爾摩未持有效票者）。

▲ 火車站自動售票機

▲ 前往馬爾默的火車票自動售票機

▲ 月台

▲ 第二月台火車開往哥本哈根中央火車站

▲ 行動不便或行李過多，可以坐電梯到地下一層的火車月台

▲ 乘手扶梯下達第一月台可搭往馬爾默

捷運(Metro/Metro)
Denmark

下榻飯店在市中心、新國王廣場、克里斯汀港或斐德烈斯堡區者，可考慮搭乘捷運。在火車售票窗口買票，或再往前走一點，上手扶梯到捷運站內有自動售票機（只接受信用卡，教學見P.98）。捷運站兩邊的月台都可乘坐，因機場是終點站。

▲ 捷運

▲ 捷運自動售票機

▲ 機場捷運站兩邊月台的捷運都可以坐，因為機場是終點站

租車(Car Rental/Biludlejning)
Denmark

租車可先在網上預定，現場取車時請出示護照、國際駕照及信用卡，辦好手續、拿到鑰匙後即可前往P10停車場領車。請不要把櫃檯交給你的取車文件當垃圾丟了，因為上面紀錄了取車的停車位置。

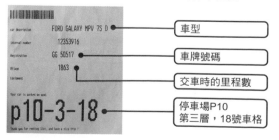

- 車型
- 車牌號碼
- 交車時的里程數
- 停車場P10 第三層，18號車格

P10停車場的走法：第三航廈計程車搭車處出口出去（見P.54），看到的第一個露天停車場是P8，而下個立體停車場就是P10。找到車、開到地面樓層時，需在閘道索取一張停車卡才能離開租車公司的停車樓層，之後再用這張停車卡離開停車場出口。

巴士(Bus/Bus)
Denmark

在第三航廈外，P8前有巴士5C可前往市中心，P10有Flixbus巴士前往瑞典馬爾默（車程約65分鐘，費用59 DKK或89 SEK）。5C巴士巔峰時間每10～15分鐘一班，離峰每20分鐘一班，從機場到中央車站（Hoved-banegården），車程30分鐘，票價為3段票（Zoner4～Zoner1）。

▲ 巴士站牌

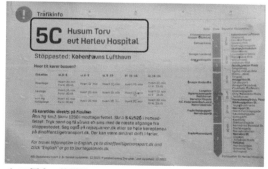

▲ 5C巴士，終點站Husum Torv

瑞典
斯德哥爾摩愛蘭達國際機場

認識國際機場平面及設施、入出境步驟與退稅方式。

斯德哥爾摩愛蘭達國際機場(Stockholm Arlanda Airport，縮寫ARN)，位於斯德哥爾摩市中心以北約42公里車程約35分鐘。這裡也是北歐航空SAS總部的所在地。

　　愛蘭達國際機場是瑞典最大最繁忙的機場；以機場規模來說，在北歐地區則是名列第三大機場，國際旅客的客流量則排名第二。斯德哥爾摩另外還有2個規模較小的機場(Bromma和Skavsta)。這2個機場主要是營運瑞典國內或歐洲區域廉價航班。

　　愛蘭達國際機場的第二、三、四、五航廈已合而為一，現在無論出發或抵達，都是在第二、三、四航廈的區域。在第四、第五航廈之間，設

有Sky City提供了餐飲服務及紀念品商家。欲搭乘火車的旅客須經由Sky City進入火車月台。另外各航廈皆有電梯往地下層的機場快線月台。

▲ Sky City：位在第四和第五航廈之間的Sky City，開設了餐飲和紀念品店。另外機場內的過境旅館和通往市區的火車也經由Sky City進出

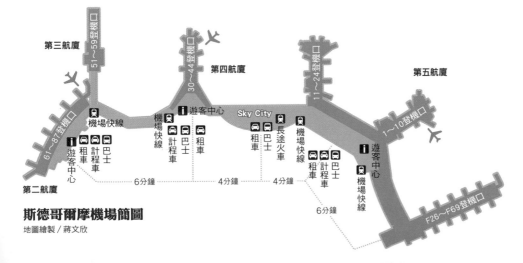

斯德哥爾摩機場簡圖

地圖繪製／蔣文欣

入境瑞典步驟
Sweden

愛蘭達機場的國內、國際航班的入境抵達都在第二、第五航廈。大部分國際航班都從第五航廈起降；而法國航空、芬蘭航空、荷蘭皇家航空、英國航空、西班牙航空，以及波羅的海航空是從第二航廈起降；其他國內、國際各家航空航班，則分別在第四航廈起飛、第五航廈起降。

Step 1 護照查驗

如果是從歐盟申根國家及挪威轉機到斯德哥爾摩，在下飛機後無需檢查護照即可直接前往行李盤領取行李。但如果非上述條件者，如：英國為非申根的歐盟成員，則需在入境時檢查護照，並蓋入境章後才能提領行李出關。

▲ 引領入境的標語可能有很多版本，但只要依循行李圖樣走就不會錯

▲ 從非申根成員國來的班機，需在入境時檢查護照

Step 2 提領行李

在行李提領處的螢幕，會顯示各航班正在運送的行李會放在哪一個輸送盤上。

▲ 行李輸送盤

Step 3 出海關

提領完行李後，通過海關後的長廊，長廊兩側列有在世界上享有知名度或對瑞典有所貢獻的瑞典名人，通過後即可進到機場入境大廳。進到入境大廳後就不能折返回行李提領轉盤了。

▲ 機場入境大廳的閘口

▲ 一出閘口依循前方的指標可以找到遊客中心、機場交通、飯店及購物的導引

機場相關服務

Flygbussarna　Flixbus

Vy　Bus4You

▲ 遊客資訊中心：入境大廳的旅客服務中心，提供免費的市區地圖、景點資訊及市區交通資訊等；亦可在此購買斯德哥爾摩卡、機場快線、機場巴士車票等。在步出機場前，建議先到這裡收集一些對旅程規畫有用的資訊

▲ 換匯機構：愛蘭達機場有多家換匯機構可供選擇，比較知名的有Forex Bank，是北歐專營外幣兌換的銀行以及SEB(北歐斯安銀行)也在機場設有換匯窗口

▲ 自動售票機：因為往返機場與市區間可選擇的交通工具非常地多，所以入境大廳內設有各種售票機，機器顏色差異很大，以顏色來區分就比較容易找到。自動售票機只接受信用卡，在遊客資訊中心購買則可支付現金

如果有特殊需求或事先訂好計程車接送的服務，記得到出境大廳外的計程車服務站報到

斯德哥爾摩機場是不用擔心搭不到計程車的

航廈接駁巴士
機場巴士
公車的候車區

租車：愛蘭達機場的租車公司辦公室都設在附 ▶ 近的停車場而不是在機場內；取而代之的則是可直撥租車公司的電話亭。對遊客來說其實也比較方便，因為這電話亭在每個航廈都有設置，而且不用在不同的窗口跑來跑去的比價，只要站在原地拿起另一家租車公司的電話即可。當確定租車後，可以搭乘免費接駁巴士到租車公司的停車場領車

離開瑞典出境步驟
Sweden

Step 1 抵達航廈

出發回國前,請再次確認所搭乘的航班。到達機場進入第四航廈的出發大廳(在上樓層),即可看到有大銀幕,顯示各家航空公司的Check-in櫃檯號碼、所屬區域和登機口的大銀幕,可在銀幕上找到你所要的資訊指示。

▲ 第四航廈

Step 2 找到Check-in櫃檯

Zone 6、Zone 7的71～90號櫃檯,為SAS北歐航空和其聯行航班的專用區,Check-in和行李託運櫃檯都在此處,16～20B為挪威航空櫃檯,33～44為土耳其航空櫃檯,45～58為阿聯酋航空櫃檯。

北歐的各機場都在推廣自助機器辦理Check-in、劃位選擇及行李條列印,再到櫃檯託運行李,尤其是搭乘北歐航空和挪威航空等在地航空公司。如果對機器操作不熟悉也不必擔心,可以請地勤人員幫忙。搭乘其他航空公司的班機,例如中國航空、法國航

▲ SAS北歐航空公司與各家航空公司通用的自助Check-in機器

空、芬蘭航空、冰島航空、荷蘭航空、土耳其航空等,在航廈內也有自助Check-in機。

如果有特殊李要託運,必須將行李帶到「Special baggage」櫃檯託運。共有3個「Special baggage」櫃檯,「Special baggage A」在10號櫃檯旁,「Special baggage B」在58號櫃檯旁,「Special baggage C」在90號櫃檯旁。

▲ 如果有特殊行李需要託運,則在辦理完一般Check-in程序後,必須將行李帶到「Special baggage」櫃檯託運。圖示為「Special baggage B」櫃檯

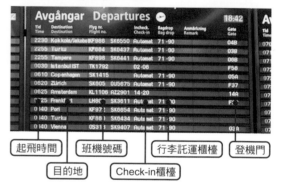

▲ 起飛時間　班機號碼　行李託運櫃檯　登機門
　目的地　Check-in櫃檯

Step 3 安全檢查

安檢時請出示你的登機證,將液體瓶罐置入密封袋;隨身電腦、iPad要從隨身行李取出;口袋零錢、鑰匙清空;皮帶、外套、圍巾

▲ 國內、國際航班一致在同一個開口進入和進行安檢(T2、T3航廈大廳)

取下，和脫下長筒馬靴。通過安檢後便是免稅商店，如果需要領取退稅金，請在通過安檢後，到F26號登機口旁的Global Blue櫃檯辦理。

Step 4 護照檢查站

如果瑞典是歐洲旅程的最後一站，或是要搭飛機離開歐盟申根地區(例：前往英國)，則在到達登機門前一定會先通過護照檢查站並蓋上出境章。但過了檢查站，裡面就沒有商家好逛，也沒法再回到免稅商店街了；所以建議大家做完最後購物衝刺後再前往登機門。也請預留5～10分鐘的排隊時間！

Step 5 前往登機口

沿著機場內的標示前往你的登機門。

Utgång Gates **63A-C**

機場退稅櫃檯
Sweden

目前只有Global Blue在航廈提供退稅。在Check-in前領著退稅商品連同填妥的退稅單，及當天出境的有效機票，到Global Blue出境大廳退稅櫃檯辦理商品查驗、蓋退稅章。Check-in後，通過安檢進入候機大廳，再到F26號登機口旁的Global - Blue退稅櫃檯領取退稅金。

www.globalblue.com/shoppers/how-to-shop-tax-free/destinations/sweden

退稅櫃檯在哪裡

Global Blue最早名為Sweden Tax Free Shopping，瑞典的商家目前還是多隸屬於此退稅機構。在航廈出境大廳的Global Blue退稅櫃檯，可辦理隸屬此機構的商家的退稅物品檢視、核蓋退稅章。退稅金額則是進入候機大廳後，再到F26號登機口旁的Global Blue退稅櫃檯領取。只有一種選擇，就是直接退到信用卡帳號。如果櫃檯未開放，在航廈內有設一個郵政信箱，可以在那裡寄出Global Blue環球藍聯免稅表格。在將免稅單放入郵箱之前，請不要忘記在免稅單上蓋上海關印章。

若從第二航廈離境歐盟，則可透過Forex Bank辦理退稅事宜。注意事項等同Global Blue退稅櫃檯。但Forex本身是外幣換匯銀行，如果選擇現金退款，可直接兌換成其他Forex有買賣的幣別。

▲ 候機大廳內，F26號登機口旁的Global Blue退稅櫃檯

退稅公司	所在位置		備註
Global Blue	航廈出境大廳	航廈安檢前	業務：物品檢視、蓋退稅單海關印章 受理時間：05:00～19:00
Global Blue	航廈候機大廳	航廈安檢後	業務：退稅到信用卡帳號。在F26登機口旁 受理時間：09:00～18:00

＊以上資料時有異動，以官方公告最新資料為準

瑞典
如何從機場往返斯德哥爾摩市區

利用各種交通工具接駁至市區的方式。

由於斯德哥爾摩機場離市區有段距離，除非4人同行，不然計程車所費不貲，且時間、路況較難掌握，但好處是可以直接坐到下榻的旅館；機場快線舒適快捷；機場巴士價格比較平易近人，時間的花費也不算長；計畫購買斯德哥爾摩交通卡(Travel Card)的旅客，且不趕時間，可以從機場開始使用斯德哥爾摩交通卡，坐公車轉火車進入市區，就不用再多花任何一毛錢。

機場巴士
(Bus and Terminal Bus/ Buss og Terminalbuss)

Sweden

愛蘭達國際機場內運行的機場巴士為數眾多，且每個航廈都有巴士的停靠站。上車前必須先了解要搭乘的巴士需在哪一個站牌／候車處等候。

▲ 機場巴士各巴士的路線

Vy Flygbussarna巴士(往返機場、市區)

Flygbussarna Airport Coaches機場巴士，提供來回市區及機場的巴士接送，終點站為斯德哥爾摩中央火車站。在機場的候車站牌號碼為1號，一般時段每10分鐘一班，週六及離峰時段班次較少。單程票價為149 SEK(網路票價129 SEK)，來回票則是239 SEK(網路票價209 SEK)。在機場航廈內，入出境大廳內都可以看到售票機。

http www.flygbussarna.se/en/arlanda

▲ 機場內隨處都有標示，下一班前往市區的班車，出發還剩下的時間

票種	單程車資	來回車資
成人票	149 SEK	239 SEK
成人票(網路預購)	129 SEK	209 SEK
青年票(8～17歲)	129 SEK	209 SEK
青年票(網路預購)	119 SEK	189 SEK
3人成人票	299 SEK	-
4人成人票	399 SEK	-

＊以上資料時有異動，以官方公告最新資料為準

機場巴士站牌班車對應表

站牌號碼	接駁資訊
1號	■Stockholm SL 579、583公車站，往Mär-sta火車站 ■搭乘SL 583可轉乘SL41或42X火車前往斯德哥爾摩市區，停經中央火車站 ■持斯德哥爾摩旅遊卡可免費搭乘，最經濟實惠
2號	■Uppsala UL801、806巴士站 ■UL801往Uppsala每30分鐘一班 ■UL806往Knutby每1小時一班
3號	■斯韋達維亞阿蘭達機場 (Swedavia Arlanda Airport)
4號	■航廈免費接駁巴士站：P2 BETA路線。在各航廈間、長期停車場、BETA、租車公司(Avis、Hertz、Europcar、Budget)的辦公室及停車場間行駛，每15分鐘一班 ■航廈免費接駁巴士站：P3 ALFA路線。在各航廈間、長期停車場、ALFA、機場旅館(Radisson Blu Hotel)、租車公司(Sixt)的辦公室及停車場、飛行學校間行駛，每15分鐘一班
5號	■FAC機場快線(Vyflygbussarna) ■行駛利傑霍爾門地鐵(Liljeholmen T-bana)、布羅馬普蘭(Brommaplan)地鐵站和大型巴士總站
6號	■FAC機場快線巴士(Flygbussarna Airport Coaches) ■終點站為斯德哥爾摩中央火車站，每20分鐘一班，車程約45分鐘，中途有6個停靠站
7號	■機場周邊接駁巴士、機場人員、機組全體人員(Shuttlebussar / Crew Transport)
8號	■機場周邊接駁巴士、機場人員、機組全體人員(Shuttlebussar / Crew Transport) ■周邊旅館接駁巴士(Connect Hotels)：第2航廈每30分鐘一班，僅01:00～03:00時段不開，只能搭計程車，車費約300～400 SEK。第4航廈13號巴士乘車站也有相同的接駁巴士，服務時段一樣
9號	■Flixbus：機場接駁車、609行駛機場及斯德哥爾摩市區之間(車程約43分鐘)、長途路線有601/N601、602/N602、609、612 ■往林雪坪長途巴士總站
10號	■VyBus4you巴士站。有不同長途路線開往其他城市。巴士上可購票，僅限刷卡。也可在機場大廳自動售票機購票，或透過官網(bus4you.se)、官方APP，或是撥打+46771-151515找廉價車票
11～13號	其他周邊的長途停車場的巴士停靠站或其他機場周邊旅館接駁巴士

＊以上資料時有異動，以官方公告最新資料為準

Vy Flygbussarna巴士 購票步驟 Step by Step

機場有2種Flygbussarna的購票機器

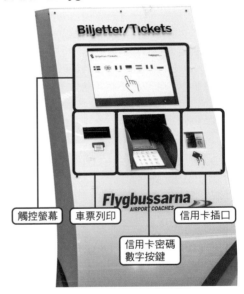

觸控螢幕　車票列印　信用卡插口

信用卡密碼 數字按鍵

1 Step 選擇語言

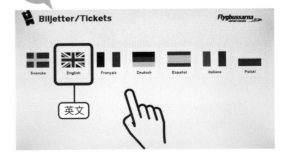

英文

Step 2 選擇單程或來回票

選擇機場←→斯德哥爾摩市區

單程票　　　　　　來回票

Step 3 選擇票種與張數

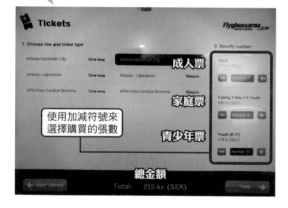

成人票

家庭票

使用加減符號來
選擇購買的張數

青少年票

總金額

Step 4 信用卡付款

售票機只接
受信用卡付款，
付款成功後，請
於車票列印出口
取票。

▲ 螢幕提醒：插入信用卡，並依指示
鍵入信用卡密碼

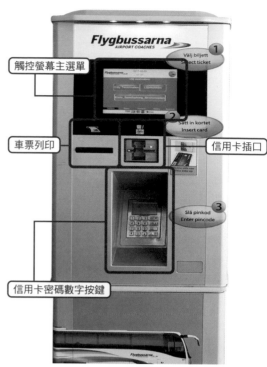

觸控螢幕主選單

車票列印

信用卡插口

信用卡密碼數字按鍵

Step 1 選擇語言(英文)

英文

Step 2 選擇目的地

Step ③ 選擇乘客類型及單程或來回票

Step ④ 選擇購票張數

Step ⑤ 信用卡付款

公車及火車
(Bus & Train/Buss & Tåg)
Sweden

　　愛蘭達機場的火車月台出入口位於第四、第五航廈之間的Sky City，除了搭乘一般市區大眾交通工具所需的費用外，還需額外酌收機場旅客通

行費132 SEK（18歲以下免費）。例如持有有效24／72小時交通票券搭乘火車至機場，在進出機場時須再付132 SEK的機場旅客通行費；如果是單程旅客，機場也有SL火車可搭乘，但因是第三方私人營運的車站，需酌收額外費用。

　　若不介意轉車且不趕時間，可搭乘SL公車加通勤火車，省下機場旅客通行費。自機場搭乘SL583公車（1號候車站牌）往Märsta（終點站即Märsta J-Bane火車站），再轉乘SL41或42X通勤火車前往斯德哥爾摩市區，車程約37分鐘，單程票42 SEK，每30分鐘一班，車票75分鐘內有效，若持有有效24／72交通票券還可免費轉乘。回程可從中央車站（Stockholm City）搭通勤火車到Märsta，再轉乘SL583公車（A乘車處）到愛蘭達機場（終點站即Arlanda）。

　　自Märsta J-Bane火車站前往斯德哥爾摩市區（地鐵中央站／T-Centralen），也可搭乘SJ火車，車程20分鐘，單程票75 SEK，每小時一班。人工售票需酌收額外費用，可透過SJ或SL的APP購買。

🌐 www.sj.se/en、www.sl.se/en/in-english

▲ 藍白相間的SL火車

▲ SL-Pendeltåg Märsta火車站

▲ 回程從Märsta搭SL583到終點站Arlanda

機場快線
(Arlanda Express/Arlanda Express)
Sweden

愛蘭達機場／市區直達快車Arlanda Express是來往機場及市中心最快、最省時的交通工具了。不像巴士或計程車會因路況而難以估計真正所需耗費的時間,對停留在斯德哥爾摩時間不多且馬上有其他既定行程,亦或是從市區準備到機場搭機離開的旅客,時間往往是最不能妥協的一環。建議以金錢換取寶貴的時間,搭乘舒適便捷的Arlanda Express。

愛蘭達機場直達快車票價

票種	單程票價	來回票價	備註
成人票 (26～64歲)	340	640	可免費帶1位0～17歲孩童同行
青年票 (18歲～25歲)	160	320	8～17歲若無成人同行,需買青年票
2人同行票	460	-	優惠價
3人同行票	580	-	優惠價
4人同行票	700	-	優惠價
老人票 (65歲以上)	210	420	須出示老人證明

＊0～7歲:免費,需成人陪同;8～17歲:26歲以上之成人陪同可1人免費,若無成人陪同需購買青年票
＊價錢單位為瑞典克朗(SEK)
＊網址:www.arlandaexpress.com/tickets/tickets-prices
＊以上資料時有異動,依最新公告為準

機場快線購票步驟
Step by Step

在機場的入境大廳、航廈前往車站的通道上,或是進到地下車站內都有自動售票機。

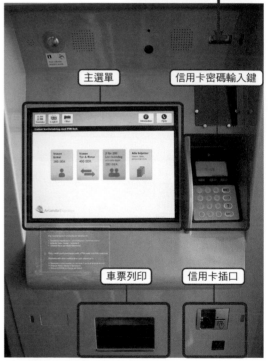

主選單　　信用卡密碼輸入鍵

車票列印　　信用卡插口

▲ Arlanda Express列車

▲ 車站月台

機場篇

Step 1 選擇語言、票種

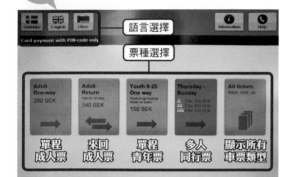

語言選擇
票種選擇

| 單程成人票 | 來回成人票 | 單程青年票 | 多人同行票 | 顯示所有車票類型 |

Step 2 選購車票

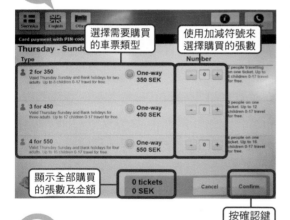

選擇需要購買的車票類型
使用加減符號來選擇購買的張數
顯示全部購買的張數及金額
按確認鍵進行付款

Step 3 付款取票

售票機只接受信用卡付款

計程車(Taxi/Taxi)

Sweden

　　來回機場的計程車費是固定的，而非以跳表方式收費。但會因為不同的計程車公司、目的地，及搭乘的時間而有不同的收費價格。Taxi 020、Taxi Kurir、Taxi Stockholm和Sverige Taxi是規模較大的車行，往返機場的價格約750 SEK。Uber價格則約800 SEK。

http www.taxi08.se/taxi-arlanda

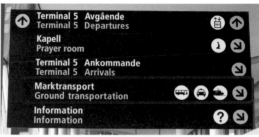

▲ 機場內往大眾交通搭乘處的指示標誌

▲ 在機場外面的計程車候車區，各家的計程車整齊有秩序的一字排開

▲ TTaxi Stockholm的計程車

挪威
奧斯陸哥德蒙國際機場

認識國際機場平面及設施、入出境步驟與退稅方式。

奧斯陸哥德蒙機場(Oslo Gardermoen Airport，縮寫OSL)是挪威最主要的機場，曾先後4次被歐洲航空公司協會(AEA)評選為歐洲最準時的機場。機場具有很強的環保特性和專注於公共交通，由於機場位於市中心北方47公里處，車程約1小時，所以大部分的人都會有效的選擇使用大眾交通工具往返機場。據2011年的調查，奧斯陸機場是歐洲機場使用公共交通比例最高的地方，大約60%來往機場的人會選擇搭乘大眾交通工具，充分顯示了挪威人的環保和機場在交通方面做的努力。

奧斯陸機場入境簡圖

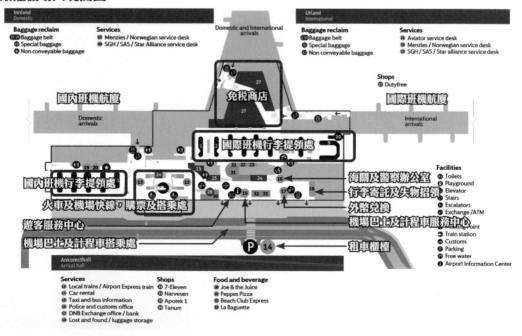

入境挪威步驟

Norway

奧斯陸哥德蒙機場的航廈內，入境和出境只隔著一層玻璃上下對望，當旅客抵達奧斯陸後，從2樓走道可看到樓下正在候機的旅客；而1樓出境的乘客也能感受到樓上旅客歸國的喜悅或是即將開始旅行的興奮。

是從哪裡來？來挪威的目的？和打算停留多久？另外，雖然挪威並非歐盟成員但其有加入申根條約，且台灣護照已在2010年底可免簽進入申根地區，如海關問到是否有簽證則應告知台灣為免簽國家。提醒大家查驗護照的區域是禁止攝影、照相及講電話的。

Step ③ 提領行李

哥德蒙機場的設計使得入境變的簡單劃一，沒有錯綜複雜的指示和分岔路，只要順著走道一路走至手扶梯下樓後，通過閘口即到達免稅商店和行李提領轉盤。

Step ① 沿著指標走

在下飛機通過登機門進入機場後，請跟著指標前往護照檢查站，或至行李盤提領行李，或轉機服務。

Step ④ 出海關

提領行李後，若沒有物品需要申報，請走綠色出口通關。一般來說，除非旅客有違禁品要主動申報，不然挪威海關極少主動抽查旅客的行李。

Step ② 護照查驗

查驗護照時，只需出示護照，如有護照套請事先取下方便海關人員作業，並在手邊備妥回程機票及旅館資料。海關可能會詢問班機

離開挪威出境步驟
Norway

Step 1 抵達出境大廳

奧斯陸機場的出境大廳設在機場2樓，為國內航線及國際航線共用。搭乘機場巴士或計程車，則車子會直接停在2樓出境大廳門口，搭乘火車或機場快線則必須經由1樓入境大廳的手扶梯或電梯上樓，抵達出境大廳。出境大廳有10個Check-in區，透過機場設置的電視看板，可以知道所要搭乘航班的Check-in櫃檯，北歐航空主要在5區和6區，挪威航空則在3區。

▲ Check-in 1-3區在大廳左翼，4-10區在大廳右翼

Step 2 Check-in

機場內有設置自行辦理Check-in的機器，當登機證和行李條列印好後，再到航空公司的Bagdrop櫃檯託運行李。現在北歐連託運行李亦可以自行處理，只要將行李放置輸送帶，用掃描器感應行李條上的條碼即可。但當你的行李超過20公斤時，則需地勤人員的協助才能完成託運。若對操作機器自行辦理Check-in沒有把握，可到櫃檯由地勤人員辦理Check-in。

Step 3 安全檢查

奧斯陸機場的安檢大廳設在Check-in櫃檯後方。抵達安檢閘口時，請出示你的登機證並在感應條碼後才能進入。將液體瓶罐置入密封袋；隨身電腦、iPad要從隨身行李取出；口袋零錢、鑰匙清空；皮帶、外套、圍巾取下和脫下長筒馬靴。

▲ 安檢大廳

▲ 須持有登機證才能通過閘口

Step 4 前往正確的候機區

通過安檢後在大廳前得看板顯示了班機及登機門的資訊，國內航班在登機門 A、B、C，國際航班登機門 D、E、F 在看板右側。搭乘國內

▲ 自助Check-in機器

▲ 自助託運行李櫃檯

▲ 登機門 A、B在左側，登機門 C、D、E、F、在右側

航班是不允許進入國際航班的候機區域,但所有旅客皆可在國內航班候機區域逛街購物。從安檢大廳到最末端的登機門約需步行20分鐘。

Step 6 前往登機口

沿著機場內的標示前往你的登機門。

Step 5 護照檢查站

如果挪威是你歐洲旅程的最後一站,或是要搭乘飛機離開歐盟申根地區(例:前往英國),你的登機門會設在Gate F。順著登機門的指標,在登機前一定會先通過護照檢查站並蓋上出境章。但過了檢查站,裡面就沒有其他商店,也沒法再回到免稅商店街了;建議大家做完最後購物衝刺後在前往登機門。也請預留5～10分鐘的排隊時間!

機場內的免稅商品店▶

辦理退稅

Norway

Global Blue和Tax Free Planet兩家退稅公司在奧斯陸哥德蒙機場都設有退稅櫃檯。Global Blue退稅櫃檯在出境大廳面向北歐航空2號Check-in櫃檯及挪威航空旅客服務櫃檯旁。在Check-in前,帶著退稅單、商品及當天離境的機票,前往櫃檯辦理退稅。Tax Free Planet退稅櫃檯設在安檢後A2登機口旁。

兩家退稅公司的櫃檯Global Blue和Tax Free Planet▲

奧斯陸機場出境簡圖

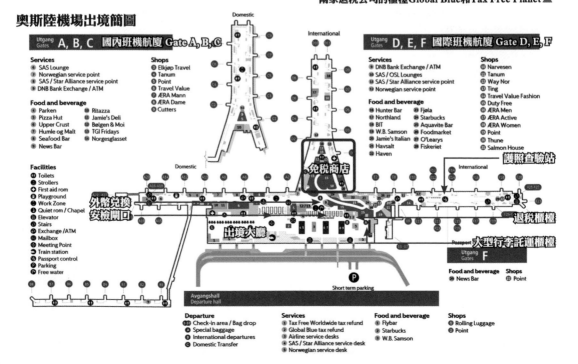

機場相關設施

▲ **機場服務櫃檯**：國際與國內航班入關口之間，可以詢問機場資訊、前往市區的交通資訊等

▲ **大眾交通服務櫃檯**：國際與國內航班入關口之間，可以詢問巴士班表、搭程處、票價及購票

▲ **外幣兌換**：國際航班入關口左側設有挪威DNB銀行外幣兌換櫃檯和外幣提款機

▲ **免費上網區**：國際與國內航班入關口之間，提供電腦免費上網

▲ **便利商店**：國際與國內航班入關口之間，有Point商店

▲ **熱食餐飲**：國際與國內航班入關口之間，有賣漢堡、熱狗、三明治等

▲ **失物招領及行李寄放**：國際航班入關口左側設有失物招領櫃檯，行李寄放一天收費約90～200 NOK，依行李大小不同收費，最長可寄放3個月

▲ **警察、海關辦公室**：國際航班入關口左側，如果你在機場的行為不當或是攜帶違禁品、超出免稅標準的菸酒才會需要到這裡報到

▲ **集合點**：入境大廳1樓的Oslo Lufa-havn，面對出境手扶梯下的位置是三五好友分頭去換錢、買票、上廁所，最後約在這裡集合出發的最佳地點

挪威
如何從機場往返奧斯陸市區

利用各種交通工具接駁至市區的方式。

由於奧斯陸機場離市區較遠，除非4人同行，不然計程車所費不貲，且時間、路況較難掌握，但好處是可以直接坐到下榻的旅館；分秒必爭的旅客則可以考慮機場快線，以挪威的物價來說價格適中，且在市區有停靠中央火車站及國家劇院；對時間沒有計較的旅客，可以選擇最划算的挪威國鐵進入市區。

國內線之間，若是搭乘國際航班抵達奧斯陸的旅客，在領完行李進入入境大廳後右轉順著指標直行即可抵達售票處；從國內線抵達則是在出口左側。從機場往奧斯陸市區是在第四月台上車，機場到中央車站OSLO S的搭乘時間約需23分鐘。單程成人票爲124 NOK，可以在機場使用售票機或從大眾交通Ruter#服務櫃檯購買車票。

火車(Train/Tog)

Norway

挪威國鐵VY亦有行駛市區及機場之間的火車班次，雖然班次的數量和等待時間並不像機場快線那般適合時間寶貴的遊客，但卻是所有交通工具中爲最便宜划算的選擇。

挪威國鐵VY售票處及搭車月台，位在國際線和

▲ 進入月台前記得再次看上方螢幕確認是否走對月台；挪威國鐵VY在第四月台上車

挪威國鐵VY　　機場快線

▲ 搭乘火車前記得要先感應車票打卡

▲ 火車上的查票員只負責驗票及罰款，不再提供售票／補票

機場快線(Express Train/Flytoget)
Norway

▲ 機場快線在第三月台上車；第二月台是從市區開往機場的停靠站

　　機場快線的售票處及搭車月台位在領完行李進入入境大廳後，右側最底處。機場快線是往來市區及機場最便捷的交通工具，因為每10分鐘就有一班車從機場到市區。前往中央車站只需20分鐘的車程，最高時速可達210公里。由哥德蒙搭機場快線至中央車站(Oslo S)，從3號月台出發。

　　機場快線的驗票機設在哥德蒙機場，所以從機場出發時，必須在閘口掃描車票上的條碼才能進入月台；而從市區到機場的方向則是在下車後驗票，所以不要以為上車沒查票就可以坐霸王車。不然到站時沒車票出閘口可是很糗的，雖說不會罰款，但補票的票價是從起站Drammen開始算。

停靠站及票價 價錢單位為挪威克朗(NOK)

站名	單程成人票	單程優惠票
Lillestrøm	180	90
Oslo S(中央車站)	230	115
National Theatre(國家劇院)	230	115
Skøyen	230	115
Lysaker	230	115
Stabekk	230	115
Sandvika	260	133
Asker	260	133
Drammen	280	140

＊在櫃檯購票須多加成人30 NOK，優惠票15 NOK的手續費。
＊16歲以下有成人陪同免費，16～20歲持有效ID可享半價優惠，21～31歲持有效學生證可享半價優惠，67歲以上持有效ID可享半價優惠。
＊以上資料時有異動，依最新公告為準。

▲ 中央車站搭機場快線到哥德蒙機場，從13號月台出發

▲ 機場快線火車

機場快線購票步驟 Step by Step

硬幣投幣口

信用卡付款操作介面

購票操作觸控螢幕

紙鈔付款處

車票列印及退幣口

Step 1 選擇票券種類

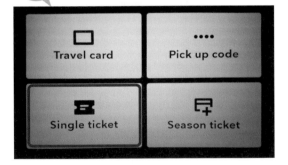

Travel card

Pick up code

Single ticket

Season ticket

Step 2 選擇目的地

在右上框點選目的地或按下方鍵盤。

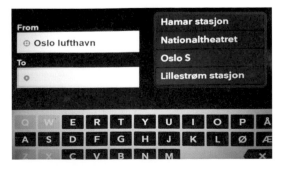

Step 3 選擇票種及票數

選取後，畫面上會顯示該票種所屬區域及票價。

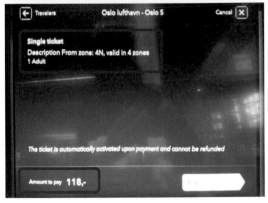

Step 4 確認並付款

確認所買票券無誤，即點按信用卡付款及要收據，付款成功後，自出票口拿取車票。

機場巴士
(Airport Bus / Flybussen Connect)

Norway

機場巴士搭乘處設置在入境大廳正前方，在搭乘處設有圖示，告知每個站牌的設置點。欲搭乘機場巴士前往市區，可到12號站牌，搭乘路線FB5A或FB5B的機場巴士，終點站都是奧斯陸巴士總站。約40～50分鐘可到市中心，每20分鐘一班車。

http www.flybussen.no

▲ 12號站牌停靠著往市區的FB5A機場巴士

▲ 可以經由機場內巴士服務櫃檯購買車票。左側為機場巴士服務櫃檯，右側為大眾交通服務櫃檯

發車時間	路線代號	終點站	發車站牌
11:40	Ruter# 440	Fenstad	49
11:42	Ruter# 420	Kløvberget el	48
11:45	FLYBUSSEN FB5A	Oslo sentrum	12
11:27		Bærum Kt	35
11:50	OSL FB10	OSL-ekspresser	37

▲ 機場的巴士候車處有螢幕可以查看巴士資訊

機場巴士購票步驟
Step by Step

車上購票只能使用信用卡，如果想用現金購票，必須到出境大廳的巴士服務櫃檯買票。在候車區亦有售票機，可以使用信用卡或零錢購票。

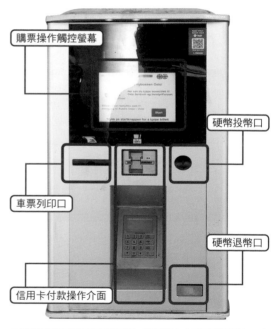

購票操作觸控螢幕

硬幣投幣口

車票列印口

硬幣退幣口

信用卡付款操作介面

Flybussen Connect 機場巴士票價

車票	單程車資	來回車資	巴士上單程票價
成人票(18～66歲)	239	395	272
青年票(6～17歲)	145	249	168
敬老票(67歲)	145	249	168
學生票(18～30歲)	145	249	168
兒童票(0～5歲)	免費	免費	免費

＊網站購票與自動售票機同價，機場巴士上購票僅限刷卡；市區巴士上購票只收現金，紙幣面額不得超過200 NOK。巴士上不販售來回票
＊在奧斯陸，1張成人票最多可免費帶2名6～17歲兒童乘車；卑爾根及奧斯陸以外地區，1張成人票最多可免費帶4名4～16歲兒童乘車；兒童票需有成人陪同
＊持有效Ruter通票的成人旅客，搭乘Flybussen Connect巴士時可享折扣42 NOK；老年／青年／兒童／學生旅客可享折扣21 NOK
＊價錢單位為挪威克朗(NOK)
＊以上資料時有異動，依官方最新公告為準

Step 1 選擇語言

選擇語言

05/05/2017 19:24 → Flybussen.NO

Welcome to the Airport Express Coach !

On this terminal you can purchase fare to Oslo City and Helsfyr/Furuset

按「START」開始購票

To take advantage of transfer to Ruter in Oslo, please purchase ticket to Oslo City even though your stop is Helsfyr

Start

Step 2 選擇單程或來回票

05/05/2017 19:4 → Flybussen.NO

Select route:

單程 EnVei

來回 Round trip

✕ To take advantage of transfer to Ruter in Oslo, please purchase ticket to Oslo City even though

Step 3 付款

當綠色燈號亮起後插入信用卡,付款成功後列印車票。

05/05/2017 1 → Flybussen.NO

Ticket:
To: Oslo City
1 Tur/Retur

✕ Insert card
VISA

計程車(Taxi/Taxi)

Norway

　　計程車搭乘處位於入境大廳正前方。往返機場的收費方式有2種,一是固定費用,另一種是跳表收費。機場到市區有40多公里,選擇固定費用比較划算;但每家車行收費不一,可到出境大廳的計程車服務櫃檯詢問,工作人員會幫你選擇最便宜的車行。從機場到市區的收費大約在650 NOK上下。如果已知道想搭乘的車行公司,可在候車處使用叫車服務機器通知車行。目前Uber車費比一般計程車便宜,約580 NOK。

▲ 出境大廳的計程車服務櫃檯

▲ 候車區的叫車服務機器

芬蘭
赫爾辛基萬塔國際機場

認識國際機場平面及設施、出入境步驟與退稅方式。

赫爾辛基萬塔國際機場(Helsinki Vantaan Airport,縮寫HEL),位於赫爾辛基市中心以北20公里的衛星城鎮萬塔地區,車程約30分鐘。2018年的統計資料顯示,赫爾辛基機場年客流量成長速度為北歐各國主要機場之最。同時這裡也是芬蘭航空Finnair的營運樞紐。

赫爾辛基萬塔國際機場

機場共有兩個航廈而且終年24小時開放,航廈之間距離約300公尺並透過一條長廊相連接。

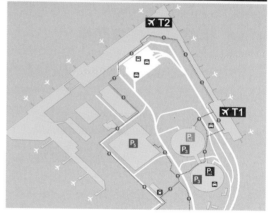

機場相關設施

▲ 機場內的餐廳

▲ 機場內的小型便利商店

▲ 免稅商品區

▲ 換匯櫃檯

▲ T2入境大廳的遊客服務中心

▲ 計程車呼叫站

機場一樓入境大廳

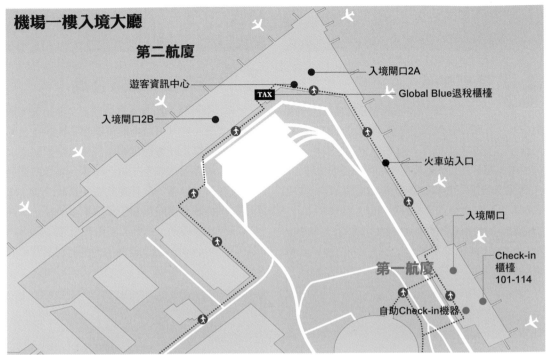

第二航廈

- 遊客資訊中心
- 入境閘口2B
- 入境閘口2A
- Global Blue退稅櫃檯
- 火車站入口
- 入境閘口
- **第一航廈**
- Check-in 櫃檯 101-114
- 自助Check-in機器

機場二樓出境大廳

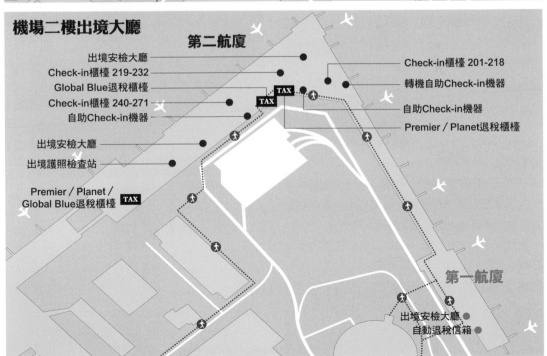

第二航廈

- 出境安檢大廳
- Check-in櫃檯 219-232
- Global Blue退稅櫃檯
- Check-in櫃檯 240-271
- 自助Check-in機器
- 出境安檢大廳
- 出境護照檢查站
- Premier / Planet / Global Blue退稅櫃檯
- Check-in櫃檯 201-218
- 轉機自助Check-in機器
- 自助Check-in機器
- Premier / Planet退稅櫃檯
- **第一航廈**
- 出境安檢大廳
- 自動退稅信箱

入境芬蘭步驟 *Finland*

Step 1 護照查驗

如果是從歐盟申根國家及挪威轉機到赫爾辛基，下飛機後無需檢查護照即可直接前往行李盤領取行李。但如非上述條件者，則需在入境時檢查護照，並蓋入境章後才能提領行李出關。

護照查驗後，海關會蓋上有入境的城市與機場名稱和芬蘭在歐盟的英文縮寫FI的入境章。

Step 2 提領行李

在行李提領處，各個輸送盤上的螢幕會顯示其正在運送的行李的航班資訊。

Step 3 出海關

提領完行李後，繼續沿著出口指標向前行走，會到海關申報通道，沒有需要申報物品者則從綠色通道通過即可進到機場入境大廳。

出關前請再次確認所有託運行李都進到入境大廳後就不能折返回行李提領轉盤了。

出境芬蘭步驟 *Finland*

Step 1 抵達正確航廈位置

要飛往申根地區以外國家的航班會安排在第二航廈，歐洲內陸的航班則依不同航空公司前往第一或第二航廈辦理劃位託運：例如搭乘北歐航空、德國漢薩航空、瑞士航空、易捷航空通常會是在第一航廈；而芬蘭航空、英國航空、法國航空、荷蘭皇家航空等則是在第二航廈。因此在出發前往機場前，記得再次確認航班Check-in的航廈(Terminal)，避免走錯航廈而耽誤到登機的時間。

▲航廈指標：如果是搭乘火車抵達機場的遊客，上到地面後會直接進入機場連接航廈的長廊，請參照標示前往正確航廈避免走錯方向

出境大廳在第二層樓 ▶

Step 2 找到Check-in櫃檯

赫爾辛基機場的Check-in櫃檯號碼為三位數，100多號是第一航廈的櫃檯，200多號為第二航廈櫃檯。第二航廈又分為正廳和偏廳，240～271 Check-in櫃檯位在偏廳，必須經由面對離境大廳航班看板左手邊232 Check-in櫃檯旁的通道抵達，大部分離開歐盟申根地區的航班都在此處預辦登機手續及託運行李。

▲ 第二航廈離境大廳航班看板，兩側為Check-in櫃檯201～232，下方為安全檢查哨

Step 3 安全檢查

第二航廈只有一個安全檢查哨，位在離境大廳正中間。請在進入安檢前，完成辦理退稅，赫爾辛基機場退稅步驟請參照P.82。

安檢時請出示你的登機證，將液體瓶罐置入密封袋；隨身電腦、iPad要從隨身行李取出；口袋零錢、鑰匙清空；皮帶、外套、圍巾取下，和脫下長筒馬靴。

▲ T2離境大廳的安全檢查哨

Step 4 護照檢查站

如果芬蘭是你歐洲旅程的最後一站或是要搭乘飛機離開歐盟申根地區(例：前往英國)，則在到達你的登機門前，一定會先通過護照檢查站並蓋上出境章。赫爾辛基機場設有自動查驗通闡口，適用於持有歐盟國家護照的旅客，一般其他旅客須經由人工查驗窗口出關。

Step 5 前往登機口

沿著機場內的標示前往你的登機門。

辦理退稅

Finland

　　有需要辦理退稅的旅客，無論是申根區或非申根區，在安檢前後都可在服務點辦理退稅。請在Check-in之前，帶著你的退稅商品連同填妥的退稅單，以及當天出境歐盟的機票證明，先到入出境大廳TULLI海關退稅蓋章服務處。辦理商品查驗、蓋退稅章之後再Check-in和託運行李。

　　請確認班機和各個櫃檯辦理業務的時間，只有搭乘下午和晚上班機離開歐盟申根地區的旅客，可以在海關護照檢查後，到29號登機門旁的退稅櫃檯退稅，上午時沒有人在這裡辦公。Global Blue在安檢前領取退稅可選擇退現金或退信用卡，而安檢後只能退信用卡。Planet Tax可以在第二航廈出境大廳裡，一次性將物品檢視、退稅章用印和退稅都辦妥。

Global Blue

　　有2個退稅櫃檯，分別設在第二航廈入出境大廳計程車站旁，以及安檢後進入候機大廳的50號登機口旁。另設有3處郵箱服務台，如果在退稅櫃檯營業時間外辦理退稅，須於安檢之後，將貼有郵票且蓋有海關退稅章的退稅表格，投遞至13、29和50號登機口旁服務台的郵箱，或使用Global Blue回郵信封投至標準郵箱。

　　請注意 不可從表格中刪除商店收據，且務必填寫信用卡資料，不支援任何預付卡退款。

▲ 機場退稅櫃檯

▲ 29號登機門旁的退稅櫃檯

Premier / Planet Tax

　　共用Planet Tax的退稅櫃檯，設在第二航廈入出境大廳計程車站旁。另設有2處郵箱服務台，如果在退稅櫃檯關閉時，安檢之前，可在位於入出境大廳計程車站旁的服務台索取表格並填妥資料（護照號碼、姓名、地址、信用卡號碼），連同蓋有海關印章的退稅表格投至退稅郵箱中。安檢之後，可投至29號登機口旁的Planet Tax退稅郵箱。

退稅機構位置

退稅機構	退稅機構	退稅櫃檯位置	業務時間	受理業務
安檢前	Global Blue	第二航廈入境大廳計程車站旁	每天09:00～21:45	物品檢視、退稅章用印、退稅
	Premier / Planet Tax	第二航廈入境大廳計程車站旁	週一～五10:00～17:00 週六、日09:30～16:30	
海關護照檢查後	Global Blue	50號登機口旁	週一～六13:00～18:00	
	Premier / Planet Tax	29號登機口	每天24小時受理	

芬蘭
如何從機場往返赫爾辛基市區

利用各種交通工具接駁至市區的方式。

從赫爾辛基機場前往市區大約需要30分鐘左右的車程,如果下榻的飯店在火車站或是公車停靠站附近,除了計程車之外,也可考慮價格相對比較平易近人的火車或是公車,時間花費也不算長。基於新型冠狀病毒疫情及客量減少,原有的機場巴士(Finnair City Bus)已在2020年中止服務。

公車(Bus / Bussi)
Finland

從機場也可以搭公車前往赫爾辛基市區,不過所需的時間和火車相比,較為費時,端視交通狀況而定。自機場第二航廈抵達大廳內順著巴士標示出口走出去,就有一排巴士站牌、自動售票機、各路線公車及長程巴士上車月台的指示牌,

HSL600路公車往返於機場與市區,每7~10分鐘一班,約40分鐘車程可到達市區,可在10號月

台搭乘。途經Hesperia Park公車站(Hesperia puisto),終點站會停在中央車站(Rautatientori)西側的Eliel Square公車轉運站前(Elielinaukiolta)。從市區前往機場則是從轉運站的30號月台出發。

從機場(Zone C))到市區(Zone A)的單程票為€4.1,公車上沒有售票,請務必在上車之前先在巴士站旁的自動售票機買好車票,才能搭乘。

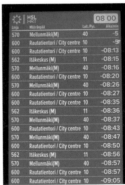

▲ 600路巴士往市中心的車班時間顯示銀幕

▲ Eliel Square公車轉運站30號月台

▲ 機場巴士

▲ HSL自動售票機

火車(Train / Juna)

Finland

　　赫爾辛基機場的火車站位於第二航廈下方，站名為「Lentoasema」。順著火車標示，從出發和抵達大廳都有電梯和自動扶梯可直達火車站。市區與機場之間的火車是環狀線運往返行，順時針為P線，逆時針為I線，所以兩側月台上的火車皆可抵達市區，所需時間也差不多。

　　無論I線或P線，只需一張火車票即可輕鬆從赫爾辛基機場前往芬蘭各地，往市區可搭至赫爾辛基中央車站(Helsinki Central Station，芬蘭語Helsingin päärautatieasema)，車程約30分鐘。而在Tikkurila和Pasila火車站則可以換乘長途列車。火車票可透過HSL的APP或月台上的自動售票機購買，從機場(Zone C)到市區((Zone A)的單程票為€4.1，上車前一定要先購票，火車上並無售票，車上會有查票員檢查，開罰逃票的乘客。

http HSL.fi

計程車(Taxi / Taksi)

Finland

　　在抵達大廳外可找到計程車站。有4個計程車車道。與機場Finavia公司合作的3家計程車公司會在1～3號車道(Taksi Helsinki、Fixutaxi、Menevä)。計程車的票價都顯示在計程車站上，其他的計程車公司都在4號車道。被事先預訂的計程車會在計程車站後面等候乘客。

　　各家計程車公司收費價格有些許差異，從機場到市中心的固定方式收費的價格約在€35～40之間。有提供固定價格的計程車公司：

Taksi Helsinki
http taksihelsinki.fi/en/book-a-taxi/airport-taxi/pricelist-from-the-airport

Fixutaxi
http www.taxi.fi

Menevä
http www.meneva.fi/en/service-areas/uusimaa/helsinki

Lähitaksi
http www.lahitaksi.fi/en/helsinki-vantaa-airport

赫爾辛基市區往返機場火車路線圖 圖片提供 / HSL

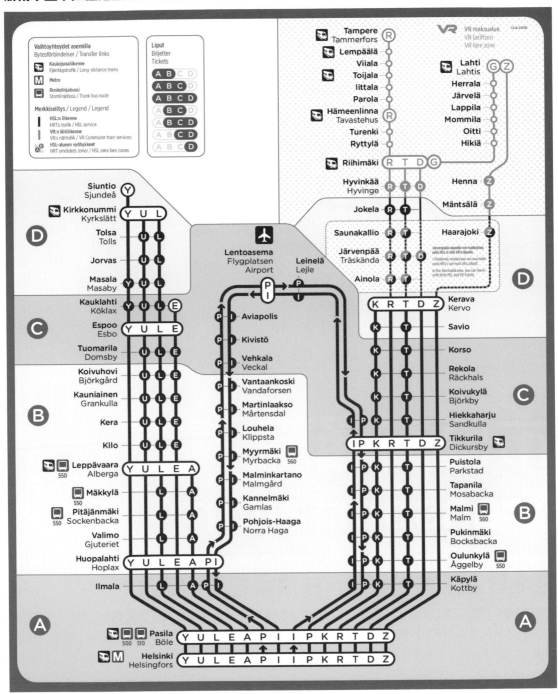

市區交通篇
Transportation

在北歐四國首都旅遊，該用哪些交通工具？

北歐各國的大眾交通工具選擇眾多且票價昂貴，如何正確購票並善加利用這些交通票券，本章將有清楚的解析。務必在行前詳細研究票券的購買方式並搭配行程規畫，這樣就可以省時、省力又省錢地玩遍各首都了。

大哥本哈根地區內所有的交通工具，舉凡是火車(Tog)、通勤火車(S-Tog)、捷運(Metro)、公車(Bus)、交通船(Harbour Bus)，均使用同一種交通票券。大哥本哈根地區的交通網，被細分成99個不同的區塊(Zone)，交通費用視搭乘距離的遠近而有不同，因而有了區段數(Zoner)的概念。最小的是2區段票(2 Zoner)，可在起始站的同一區塊及相鄰區塊的範圍內移動，最大的是30區段票(30 Zoner)；除了一般的單程票，也有為旅客專門設計的交通套票，讓旅客無須被複雜的區段收費所煩惱，例如City Pass Large大市區通行票，可以跨越所有的區塊。

看懂區塊與區段數

Copenhagen

區塊(Zone)：哥本哈根交通網細分成99個區塊(Zone)，各個地區都有自己的編號，好比市中心為Zone 1，這是固定不變的。

區段數(Zoner)：指啟程站與抵達目的地之間，所行經的區數。跨越的區越多，所需付的票價就越貴。比較簡單易懂的方式是各個區段數(Zoner)都有其對應的顏色，啟程站區塊為紅色，相連區塊為藍色(2段票)，再往外一層為黃色(3段票)，以此類推，灰色為9段票。完整對照請參考哥本哈根大眾交通價表的顏色。另外，哥本哈根的車票是從2段票(2 Zoner)開始算，所以就算沒有跨區也算是2段票。

右圖範例：若啟程站位於Zone 43，持五段票(5 Zoner)的話，可在購票起的2小時內，於啟程站的同一區塊(Zone 43)及向外推4格的區塊內，無限制轉換搭乘各種大眾運輸。以顏色來對應最遠可到紫色區塊。

哥本哈根大眾交通運輸分區圖

以顏色區分段數(Zoner)，紫色為第五段，所以要到紫色區塊者，要購買五段票(5 Zoner)。

啟程區塊為紅色

哥本哈根交通路線圖

地圖繪製 / 蔣文欣

通勤火車 S-tog

捷運 Metro

長途火車 Regionaltog

地方火車 Lokalbaner Regionaltog

哥本哈根票券種類
Copenhagen

哥本哈根的交通票券種類繁多，旅客最常用到的有單程票、24／48／72小時，及哥本哈根旅遊卡。哥本哈根還有一種悠遊卡型（Rejsekort）的儲值式感應磁卡，因申請手續複雜，磁卡本身須付50 DKK、第一次儲值須加值300 DKK，而且卡內的餘額必須維持在50 DKK以上，對短期停留的人並不划算。

單程票可在公車上或各站的自動販賣機購買，公車上可支付現金，但最好準備好零錢，司機不保證可找零。其餘票券可以在各車站的自動購票機或火車站的票務窗口購買，哥本哈根旅遊卡則可以在機場或市區的遊客服務中心購得。

單程票

依購買的區段數不同，從購票起90分鐘內，在有效的區塊範圍內可無限制使用，只需出示票券給司機或查票員查驗即可。

哥本哈根旅遊卡

哥本哈根旅遊卡（Copenhagen Card）有2種，分別是Copenhagen Card-Discover及Copenhagen Card-Hop。使用哥本哈根旅遊卡時，在上車前無需在車站刷卡，只要在搭乘的火車、地鐵或公車上，在查票時向檢票員出示有效的哥本哈根旅遊卡即可。

■**Copenhagen Card-Discover**：5種不同日數價格，分別為24／48／72／96／120小時，可免費參觀超過80個景點和博物館，並可無限次搭乘大眾運輸（1～99區)及往返機場的免費交通，包含捷運、公車、通勤列車（S列車）、區域列車、本地列車及港口巴士等，充分體驗城市和整個首都地區的景點。但不能搭乘隨上隨下巴士（Hop-On-Hop-Off buses）。

■**Copenhagen Card-Hop**：3種不同日數價格，分別為有24／48／72小時，可免費參觀超過40個景點和博物館，所有景點均位於市區，並可乘坐多達3條不同的公車路線，體驗哥本哈根城市，以及無限次搭乘Stromma的隨上隨下巴士（Stromma's Hop On - Hop Off buses）。

Small／Large城市通行票券 (市區、全區)

哥本哈根市區通行票券分為小區城市區（City Pass Smll-Zone 1～4）、大範圍區（City Pass Large-Zne 1～99）、西部區（Zone 101～199）、南部區（Zone 201～299）、全大範圍區（City Pass XL Large-Zne 1～299）共5種，效期可選擇1～5日。

哥本哈根市區大部分景點都在1區到3區內，持有效小市區通行票券（City Pass Small）的旅客可以在有效期間內，不限次數地搭乘市區大眾交通工具，只需出示票券給司機或查票員查驗即可。有效範圍為1區到4區（Zoner1～4），市中心為1區，機場位在4區，有效時間從購票起開始計算。

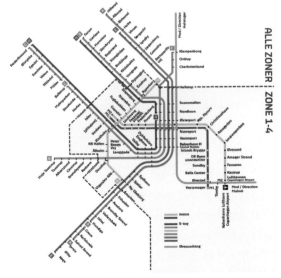

▲ City Pass Small可使用的範圍為黃色Zone 1～4區塊
（圖片擷取自City Pass DOT：http://www.citypass.dk）

另外亦可透過網路事先購票，輸入你的手機號碼和預計開始使用的時間，你將會在預選的日期當天透過SMS簡訊收到市區通行票券。

若有計畫前往市郊景點，除了購買單程票外，亦有大市區通行票券(City Pass Large)可供遊客選擇，可以自購票起在有效期限內不限次數搭乘大哥本哈根地區的大眾交通工具，只需出示票券給司機或查票員查驗即可。

行家祕技 哥本哈根票券使用小撇步

一位持有有效券的成人可攜帶兩位12歲以下 (不含)兒童同行。

例：一位媽媽帶著9、12歲小孩同行，只需買一張成人票再加一張兒童票。

─────────────

如果有需要轉車，則只要在票券有效時間內搭上最後一段交通工具就可以了，而非要求旅客在有效時間內完成整趟交通旅程。

例：持有10:00生效的3區段單程票，有效時間為1.5小時，只要在11:30以前搭上轉乘的大眾交通工具都屬於持有效票券搭乘。

─────────────

在搭乘任何一種交通工具之前，請務必先購買好所需前往區段的票種票券，以免上車被查票，可能罰款750～1,000 DKK。

City Pass APP購票步驟 Step by Step

各城市通票皆可在DOT Tickets APP、哥本哈根中央車站的DSB Salg og Service、DSB 7-11商店，以及首都地區各火車站和地鐵站的售票機購買得到。用APP購票可以節省旅途上在購票窗口排隊買票的時間，亦可避免在只收零錢的自動售票機前湊不足零錢的窘境，或是到了國外才發現帶的信用卡尚未設定信用卡密碼的意外。

不過要確保手機電池在旅途中不斷電，查票時才能出示透過SMS簡訊發送的市區通行票券(City Pass)。

預購的票券會在選定的生效日發送到購票時填寫的手機號碼。建議在購票成功後，將系統寄發到電子信箱的購票確認信件備分在手持裝置或列印出來，以避免因國際漫遊而可能發生無法接收到SMS短訊的問題。

http City Pass購票網頁：www.dsb.dk/en

Step 1 點City Pass APP開始購票

選擇票券範圍區域，以及旅遊效期天數1～5日(24小時制)。若是確定購買，點按最下方票價總計的位置，即進入付款程序。

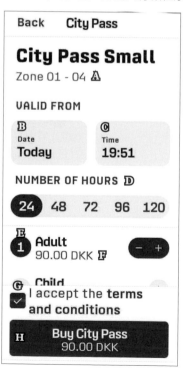

A.範圍區域 / B.購票日期 / C.購票時間 / D.選擇1～5日券 / E.票數 / F.票價 / G.點選打V碼 / H.票價總計

交通篇

Step 2 選擇付款方式

購票完成，會出現車票的QR Cord，建議以手機截圖方式存檔，以防網路不順暢時，可方便使用。

A. 手機APP支付 / **B.** 信用卡支付 / **C.** 購\新增其他卡片支付

看懂票券資訊

City Pass市區通行票 (自動售票機)

A. 區域通行票券
B. 搭乘站名
C. 適用區段
D. 票券有效日期
E. 搭乘時間
F. 有效時間
G. 人數
H. 票價

哥本哈根大眾交通票價一覽表

區段(Zoner)及對應顏色	Zoner 2 (兩段票)	Zoner 3 (三段票)	Zoner 4 (四段票)	Zoner 5 (五段票)	Zoner 6 (六段票)	Zoner 7 (七段票)	Zoner 8 (八段票)
有效時間(Gyldig)	1小時15分鐘	1小時30分鐘	1小時45分鐘	2小時	2小時15分鐘	2小時30分鐘	2小時45分鐘
成人單程票(Billetter, Voksne)	24	30	40	46	54	60	66
兒童單程票(Billetter, Barn)	12	15	20	23	27	30	33

＊1張成人票(16歲以上)最多可免費帶2名12歲以下兒童乘車

城市通行票(City Pass) 成人／兒童	24小時 (1日)	48小時 (2日)	72小時 (3日)	96小時 (4日)	120小時 (5日)	備註
小市區通行票(City Pass Small)	90 / 45	160 / 80	220 / 110	280 / 140	340 / 170	限Zone1～4
大市區通行票(City Pass Large)	180 / 90	320 / 160	440 / 220	560 / 280	680 / 340	限Zone1～99
特大市區通行票(City Pass X Large)	280 / 140	-	-	-	-	大哥本哈根全區 限Zone1～299
西部區域通行票(City Pass Vest)	180 / 90	-	-	-	-	限Zone101～199
南部區域通行票(City Pass Syd)	180 / 90	-	-	-	-	限Zone201～299

＊各票種在限定區域內可自由搭乘巴士、火車和地鐵
＊一名成人可免費帶2名12歲以下兒童乘車。12～15歲兒童可享50%折扣
＊以上資料時有異動，出發前請再次確認

＊成人票原文Voksne，兒童票為Barn
＊以上票價單位為丹麥克朗(DKK)

哥本哈根旅遊卡票價

Copenhagen Card-Discover	成人票(16歲以上)	青年票(12～15歲)	兒童票(3～11歲)
24小時	65	35	0
48小時	94	53	0
72小時	118	63	0
96小時	137	74	0
120小時	155	84	0
Copenhagen Card-Hop	成人票(16歲以上)	青年票(12～15歲)	兒童票(3～11歲)
24小時	74	41	0
48小時	100	55	0
72小時	123	67	0

＊以上票價單位為歐元
＊以上資料時有異動，出發前請再次確認

＊兒童需有成人陪同，1張成人票(16歲以上)最多可免費帶2名12歲以下兒童乘車

搭火車
Train

哥本哈根的鐵路網主要由DSB(丹麥國鐵)的Inter City長途火車、S-Tog通勤火車、Øresund Tog海峽火車所組成。這裡乘車是採信任制，車站沒有專人驗票，也沒有閘門把關，不過偶爾有查票員隨車抽查，查到無票搭乘會被罰750 DKK，所以請務必乖乖買票，不要投機取巧，畢竟丹麥政府那麼相信乘客，不要辜負了這份尊重與信任。

▲ 中央車站

▲ S-Train通勤火車

▲ DSB丹麥國鐵人工售票窗口在車站大廳西側

▲ 頭尾兩節車廂可停放腳踏車及嬰兒車

◀ 中央車站中央有一個詢問站可回答火車行駛等相關資訊，但不提供售票

火車資訊看這裡

http DSB丹麥國鐵：www.dsb.dk
http S-Train通勤火車：www.dsb.dk/find-produkter-og-services/Pendler20

搭火車步驟

Step 1 確認搭乘火車的種類
S-Train通勤火車或DSB丹麥國鐵。

Step 2 購票
可選擇至中央車站櫃檯或售票機自行購票。

Step 3 確認月台
仔細察看火車站螢幕上的月台資訊確認月台。抵達月台後可再次經由月台上方的顯示器確認班車資訊。中央車站9～12號月台為哥本哈根S-Train通勤火車(S-Tog)月台。

Step 4 轉乘
如果有需要轉車，在票券有效時間到期前搭上最後一段交通工具即可。

火車種類	行駛區間
Inter City(IC, ICE)	為長途火車，開往丹麥其他城市以及其他國家。
S-Tog(S-Train)	是大哥本哈根的通勤火車，共有7條路線，其中有6條線從北到南貫穿市中心。每條線都有專屬的顏色和字母代號，而行駛方向則由終點站的站名表示。S-Train通勤火車網路圖見P.90。
Øresund Tog	環繞著隔在丹麥和瑞典的御勒森海峽，U字型的從丹麥的Helsingør向南行駛到哥本哈根機場，再經御勒森大橋到達對岸瑞典馬爾摩，之後再向北行駛至Helsinborg。

交通篇

如何看懂火車時刻表

長途火車&海峽火車的時刻

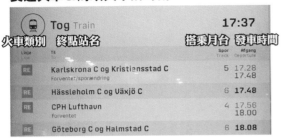

火車類別　終點站名　　　　　　搭乘月台　發車時間

S-Train通勤火車的時刻表

路線代號　終點站名　Spor 9-10　搭乘月台　到站時間

火車站售票機購票步驟

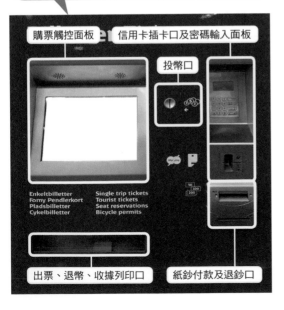

購票觸控面板　信用卡插卡口及密碼輸入面板

投幣口

出票、退幣、收據列印口　紙鈔付款及退鈔口

Step 1 選擇服務功能

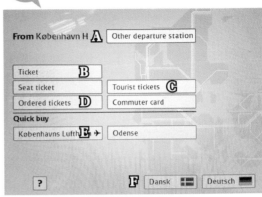

A.出發車站／B.火車車票(選項B)：適用於購買長途火車票／C.旅遊客車票(選項A)：適用於大哥本哈根地區／D.領取預購車票(Ordered tickets)／E.快速購票：系統預選熱門的目的地，例如機場／F.除了丹麥文，還有英文及德文的選項

選項A (旅遊客車票)

　　當選擇「Tourist tickets」後，會提醒遊客24／72小時票券從購票付款後就開始生效，並非從第一次乘坐開始，所以千萬不要早早預先購買。

選擇票券類型與張數

A.購物籃／金額／B.24小時全區通行票／C.24／72小時市區通行票／D.點選要購買的車票種類／E.點選加到購物籃

接下頁→

選項B (DSB長途火車票)

1 當選擇「Ticket」後，會列出熱門的目的地供旅客選擇，如果要去的地點不在選單上亦可手動輸入搜尋。

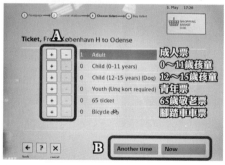

A快速選單提供了一般較熱門的車站 / **B**若前往地點不在選單上，則點此尋找你要前往的車站

選擇票券類型與張數

2

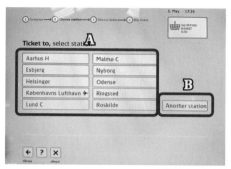

A選擇所要購買的票券和張數 / **B**選擇出發日期

選擇出發日期

3

選擇車票類型

4

A.購物籃/金額 / **B.**點選要購買的車票種類：DSB 1=1st Class車廂；Standard=2nd Class車廂 / **C.**加購保證座位 / **D.**點選加到購物籃

5 **加購座位：**可以在指定的班車上付費保留座位，沒有選位的火車票只要是當天的班車都可搭乘。

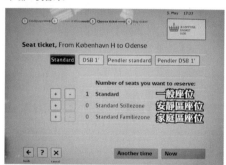

A.勾選想要搭乘班次 / **B.**點選「Continue」加到購物籃

交通篇

Step ❷ 確認選購資訊

A. 想取消的票,可把勾勾按掉 / **B.** 想要加購可按「Buy more」回到購票選單 / **C.** 確認購買的票券無誤後,就按「Pay」付款

Step ❸ 插入信用卡或投幣

自動售票機可以使用紙鈔和硬幣及有密碼的信用卡。

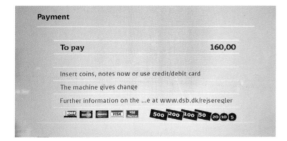

Step ❹ 列印車票及收據

全額付清後機器會開始列印車票,同時詢問是否要列印收據。

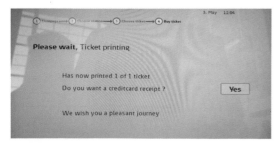

交通船
Harbour Bus

哥本哈根是個海港城,在本島和阿瑪島(Amager)之間的運河有固定的船班行駛,行經黑鑽石、新港、歌劇院、皇家碼頭等等著名景點。哥本哈根的交通票券通用於火車、巴士及交通船,所以持有效票券轉乘是不用另外付費的。可在火車、地鐵的自動售票機或人工售票窗口購票。

▲ 站牌:991和992的路線是一樣的,只是991是往南行駛,992是往北行駛賞穿整個運河。993只在新港及歌劇院間來回航行

搭捷運
Metro

官網：www.intl.m.dk

哥本哈根的捷運發展得較晚，直到2002年才開始營運。第3條市區環狀紅線在2019年夏季通車，第4條南北走向的藍線在2020年部分開通並會於2024年全線完工。

● **M1綠線**：終點站為Vestamager，途中的Ørestad站正對面為北歐最大的室內購物中心Field's。同時這裡是哥本哈根的新興開發區，附近的建築都體現了十足的北歐設計。

● **M2黃線**：終點站為哥本哈根卡斯楚國際機場，從機場到市區新國王廣場站只需15分鐘。

● **M3紅線**：全長15.5公里的市區環狀紅線，行經中央車站、新國王廣場、東橋、北橋、腓特烈斯貝等區。

● **M4藍線**：2020年開通Orientkaj到København H區段。

▲ M1線捷運高架路段一隅

▲ 捷運車站內一隅

▲ 捷運車廂內一隅

捷運購票步驟

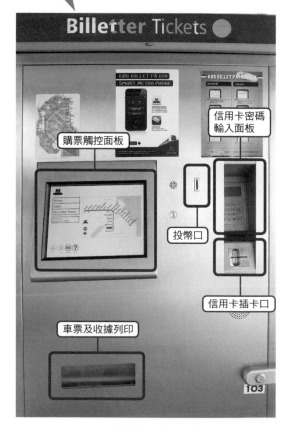

Billetter Tickets

信用卡密碼輸入面板

購票觸控面板

投幣口

信用卡插卡口

車票及收據列印

Step 1 選擇票券類型

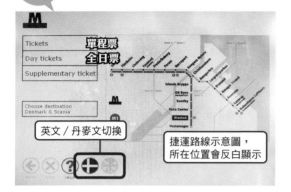

單程票 / 全日票

英文 / 丹麥文切換

捷運路線示意圖,所在位置會反白顯示

Step 3 選擇票券張數

增加或減少張數

總額 / Pay DKK 24,00

加購其他車票 Additional tickets / Pay and print 付款

Step 2 選擇乘客類型及區段

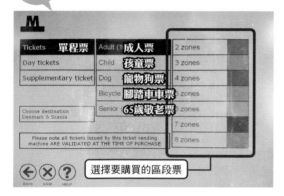

單程票 / Adult 成人票 / Child 孩童票 / Dog 寵物狗票 / Bicycle 腳踏車車票 / Senior 65歲敬老票

選擇要購買的區段票

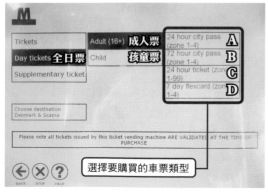

全日票 / 成人票 / 孩童票

A. 24 hour city pass (zone 1-4)
B. 72 hour city pass (zone 1-4)
C. 24 hour ticket (zone 1-99)
D. 7 day flexcard (zone 1-4)

選擇要購買的車票類型

Step 4 信用卡或硬幣付款

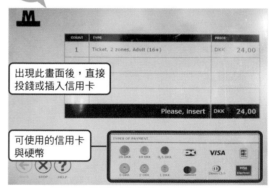

Ticket, 2 zones, Adult (16+) DKK 24,00

出現此畫面後,直接投錢或插入信用卡

可使用的信用卡與硬幣

Please, insert DKK 24,00

搭捷運步驟

確定路線與站名
↓
確認等候月台及行駛方向
↓
購票
↓
注意車廂內的站名跑馬燈,準備下車

A.24小時City Pass (Zone 1-4) / B.72小時City Pass (Zone 1-4) / C.24小時全區 (Zone 1-99) / D.7日Flexicard (Zone 1-4)

搭公車
Bus

由於哥本哈根的捷運並不發達，許多景點還是需要巴士的輔助才能到達。如果需要上車購票，巴士上只能買單程票。持有有效票券或上段交通票(還在時效內)，上車時只要將車票給司機看即可。公車的種類又分為：

■一般巴士(黃色)
■A-Bus(黃底紅帶，行駛主要幹道或最繁忙的路線。巔峰時間，每5分鐘一班)
■S-Bus(黃底藍帶)、N-Bus(夜間巴士)

▲上下公車時請務必注意後方是否有來車(自行車)，因為許多地方的公車站是緊臨著自行車道

A.公車站名 / B.公車號 / C.停靠站名 / D.停靠站 / E.機場航廈外P8停車場前靠站1-4)

計程車
Taxi

丹麥計程車收費頗昂貴，接受現金和信用卡(簽名即可，不用密碼)。但不流行路邊隨手攔車，若有搭車需求：1.可以請飯店幫忙預約。2.大多主要景點、站及機場都有計程車的候客專區。3.自行打電話預約，但需告知所在地點和欲搭乘的時間。

叫車資訊看這裡

DAN TAXI
http www.dantaxi.dk
☎ +45-4848484

TAXA 4x35
http www.taxa.dk/priser
☎ +45-35353535

TAXI 4×27
http www.4x27.dk/taxa-priser
☎ +45-27272727

＊以上資料時有異動，以官方公告最新資料為準

自行車
Bicycle

丹麥的城市自行車已於疫情期間申請破產,但是在哥本哈根仍有提供租借自行車的公司,如果在你的旅行計畫中,時間充裕也喜好騎自行車的話,那麼在哥本哈根租一輛自行車是這座城市提供旅人最受歡迎且最有價值的體驗之一。

哥本哈根的許多街道都設有自行車專用車道,遊客可以悠閒地遊覽這座城市的人文景觀和生活的日常風貌。

哥本哈根自行車停靠點分布圖

行家祕技　在丹麥騎車的重要須知

■轉彎前或停車前要打手勢告知後面的來車。

| 左轉 | 停車 | 右轉 |

■夜間行車一定要裝照明燈及後方警示燈。

■請遵守交通號誌,因為闖紅燈逆向行駛、行車講電話等,最高可罰1,000 DKK。

自行車租賃公司看這裡

Rosenborg Cykler

提供一般自行車,租賃費用6小時約150 DKK,頭盔6小時約30 DKK。

http www.rosenborgcykler.dk/rent-a-bike

✉ Rosenborggade 3K 1130 K　benhavn K

☎ +45-20445557

🕐 週一～五08:30～18:00,週六10:00～15:00

休 週日

Bike Rental Copenhagen

只提供線上預訂(須提前12小時預訂),網站預訂租賃可享折扣優惠價格。一次租訂至少2輛自行車,每輛費用日租(24小時)約150 DKK。預訂後可在Kongens Nytorv 8領取自行車,位於大門內20公尺處的自行車存放處。

http www.bikerentalcopenhagen.dk/en/pricing

@ bikerentalcph@gmail.com

✉ Kongens Nytorv 8 (inside the gate) Copenhagen

☎ (+45)-93911893

🕐 每天10:00～13:00

＊以上資料時有異動,以官方公告最新資料為準

貼心 小提醒

自行車務必上鎖

在租賃自行車時,請看清楚條款。於租賃有效時間內停放自行車時,請務必隨時上鎖,以免被偷,還要花時間跟自行車租賃公司作處理,而影響旅遊心情。

斯 德哥爾摩的市區大眾交通工具是由SL營運,包含鐵路、地鐵及公車。只需要一張有效的單程車票,就可以在75分鐘內轉搭任何SL營運的大眾交通工具,穿梭在斯德哥爾摩的各個角落。

票券種類與價錢
Stockholm

斯德哥爾摩的交通票券分為單程票(Single Journey Ticket)、電子智慧卡(Electronic smart card),以及短期或長期的各種日數票。

單程票(Single Journey Ticket)

一般的單程票可以在中央車站內的人工售票窗口、旅客服務中心(Information)、指定便利商店及SL的APP,或是在地鐵站、通勤火車站及斯德哥爾摩各車站的售票代理處購買。斯德哥爾摩中央車站已沒有自動售票機。單程票為單一票價,不再分區收費,成人42 SEK,在75分鐘內可免費使用或轉乘SL的大眾交通工具。

搭乘任何大眾交通工具,只能刷感應交通旅行

卡、SL電子智慧卡。現在市區裡的7號線路面電車上,查票員也不再提供售票,只負責查票及罰鍰。 **請注意** 在大眾交通工具上如果被查到無票搭乘,將被罰鍰1,500 SEK。

感應交通旅行卡(Travelcard)

購買地點跟一般的單程票(Single Journey Ticket)一樣。若要使用24 / 72小時交通票券,就必須先購買感應交通旅行卡,最方便於經常搭乘交通工具的旅人或居民使用。若是購買實體卡的形式,且沒有SL智慧卡(Electronic smart card),則需額外支付20 SEK的卡片費用。旅行卡會在第一次進站時感應生效,有效期間內可不分區段和次數無限次搭乘。

SL電子智慧卡(Electronic smart card)

若是希望使用更長時間的交通票券,例如7天交通票券,則必須先花20 SEK購買綠色的SL電子智慧卡,才能加值使用。除了能購買性價比較高的7天交通票券之外,也可以用來支付購買24 / 72小時交通票券或是單程票。SL電子智慧卡可以轉讓,可供多名旅客使用,但一次只能使用一張。

票價

票種	購票方式	全票(Helt pris)	優惠票(Reducerat pris)	有效時間(Time)	備註
單程票(Biljetter)	車站售票口 指定便利商店 SL電子智慧卡支付	42，團體票26	-	75分鐘	-
	SL APP	42	26	75分鐘	-
24小時交通票券	SL電子智慧卡 Travercard	175，團體票110	110	第一次使用後24小時內	-
72小時交通票券		350，團體票220	220	第一次使用後72小時內	-
7天交通票券		455	290	第一天00:00～第八天04:30	-

＊團體票須使用SL APP購票，一次至少要買2張票
＊優惠票資格：20歲以下或65歲以上。7歲以下兒童若與持有效票券乘客同行則免費
＊在週五12:00過後　週日晚上午夜，以及國定假日直到假期的午夜，一名持有有效票券的成人最多可攜帶6位11歲以下兒童免費同行
＊價錢單位為瑞典克朗(SEK)
＊以上資料時有異動，以官方最新公告為準

火車種類與車站設施

▲ T-Bane地鐵：有分藍線、紅線及綠線行駛，是在市區旅遊最主要的交通工具之一

▲ J-Bane通勤火車：搭乘SL41或SL42X班車前往Märsta，再轉公車583往返機場和市區最實惠

▲ S-Tram電車：7號線電車可從中央車站往返Djurgården島

▲ 地鐵或火車站的入口都設有閘口，適用感應交通旅行卡和SL電子智慧卡

▲ 需要購票的旅客，須由人工售票處通過

▲ J-Bane火車車廂內部一隅

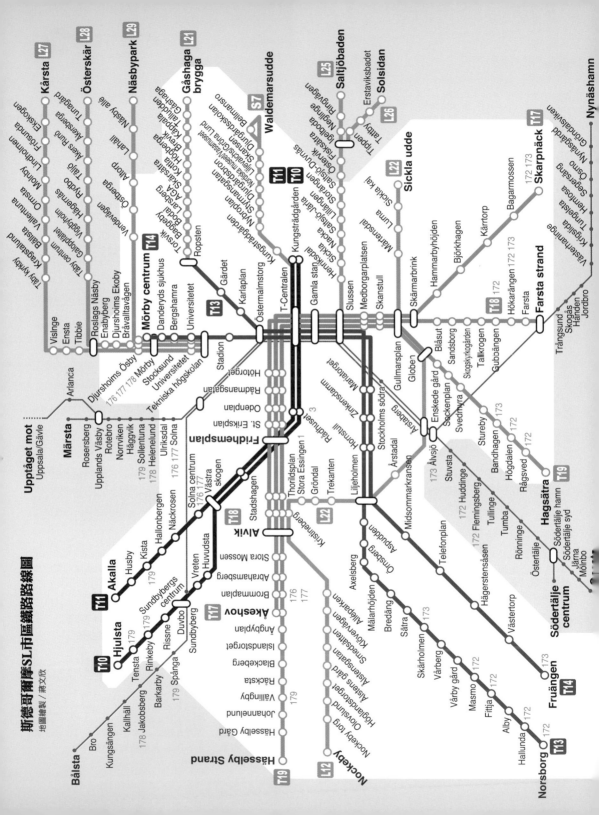

斯德哥爾摩SL市區鐵路路線圖
地圖繪製／蔣文欣

SL市區鐵路
Train

鐵路交通網細分為Metro地鐵、Commuter Train通勤火車，還有行駛於郊區一般旅客是用不到的Light Rail地方輕軌火車。

SL APP購票步驟(單程票為例)

SL的售票機已經全面撤除，現在須透過手機下載SL APP購票。

Step 1 選擇起訖點

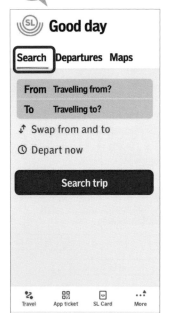

Step 2 選擇票種

App tickets, adult	
SL TICKETS	
Single ticket	42 SEK
Single ticket UL + SL	81 SEK
24-hour ticket	175 SEK
72-hour ticket	350 SEK
7-day ticket	455 SEK
30-day ticket	1020 SEK
90-day ticket	2960 SEK
Annual ticket	10710 SEK
OTHER TICKETS	
SL commuter train to/	

Step 3 選擇張數、確認票價

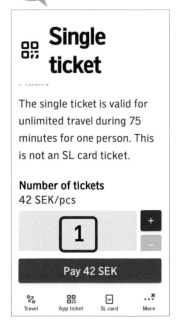

Single ticket

The single ticket is valid for unlimited travel during 75 minutes for one person. This is not an SL card ticket.

Number of tickets
42 SEK/pcs

1

Pay 42 SEK

Step 4 選擇信用卡付款

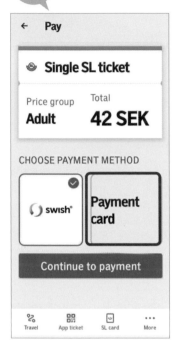

← Pay

◉ Single SL ticket

Price group　Total
Adult　　**42 SEK**

CHOOSE PAYMENT METHOD

◉ swish®

Payment card

Continue to payment

Travel　App ticket　SL card　More

♥ 貼心 小提醒

搭車時再啟動QR Code

　　付款後，手機裡會出現QR Code，等到要搭車經過驗票機或進閘口前時再按啟動，即會馬上開始計時，75分鐘內可免費轉乘。

🚆3 ⤶28　2 klass
poängköp

Flexibility Refundable
Internet Wi-Fi

Ticket number
JHC2348C0001

搭火車步驟

Step 1 先確認搭乘的火車種類

　　車站外如果標示T則是T-Bane地鐵站，J則是J-Bane通勤火車站；中央車站兩種標示都有。

Step 2 購票進站

　　至購票機自行購票，再仔細察看車站螢幕上的月台資訊，確認月台後由驗票閘口或人工售票閘口進入車站月台。抵達月台後可再次經由月台上方的顯示器確認班車資訊。

即將進站的　終點站　　預計進站時間
地鐵線號碼

下一班進站列車資訊

Step 3 注意車廂內的站名跑馬燈，準備下車

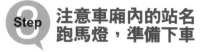

交通篇

搭公車
Bus

斯德哥爾摩的公車大部分都是紅色的,也是由SL負責營運,且交通票券在有效期限可無限次轉乘,也可在SL營運的不同交通工具上搭乘。例:前往皇后島需先搭乘地鐵至Brommaplan站,再轉乘公車。

搭巴士步驟

Step 1 購票

搭乘前請確認持有效的交通票券,因為公車上不售票;可在自動售票機、便利商店、小販部購票,方可搭乘公車。

Step 2 候車

找到要搭乘的巴士停靠站候車區。

巴士停靠站候車區

車站內有電子看板,顯示即將到站的公車班次,及所需等待的時間。

所在站名

本站停靠的公車班次

322	Drottningholm	2 min
177	Ekerö, Skärvik	6 min
322	Drottningholm	22 min

巴士班次　　行駛方向　　進站時間

簡易版公車站牌

所在站名

176 177	
301-318	323
336 338	Nattrafik 396

本站停靠的公車班次　　夜間公車班次

Step 3 請由前門上車、後門下車

持斯德哥爾摩卡或有效票券,只需將卡片或車票秀給司機檢視即可。若使用SL Access悠遊卡則必須在上車時於藍色機器上過卡。

票卡感應

下車按鈴

▲ 公車上的悠遊卡感應器　　▲ 公車皆有可置放嬰兒推車及輪椅的專區

瑞典SJ國鐵
Train

　如果需要搭乘長途火車前往瑞典其他城市或周邊國家，可以到中央車站內的瑞典國鐵SJ售票服務櫃檯購票。 **斯德哥爾摩中央車站▶**

▲中央車站內，旅客詢問和售票處

▲中央車站亦有行李託放

▲中央車站北側可通往巴士總站，搭乘機場巴士到愛蘭達國際機場

▲愛蘭達國際機場機場快線亦在中央車站北側搭乘

SJ國鐵APP購票步驟

Step 1 選擇出發及目的地

交通篇

Step 2 選擇出發日期

Choose d...

Uppsala C -
Stockholm Central

SJ Prio White level 2,380 p

~~Pay with points~~

| Today, 19 December | › |

Mon	Tue	Wed	Thu	Fri	Sat	Sun
18	**19**	20	21	22	23	24
25	26	27	28	29	30	31

January 2024

| 1 | 2 | 3 | 4 | 5 | 6 | 7 |
| 8 | 9 | 10 | 11 | 12 | 13 | 14 |

Step 3 選擇車班時間

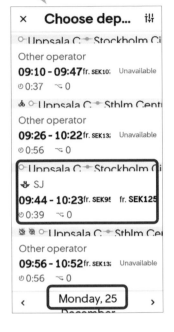

✕   Choose dep...   ⋔

○ Uppsala C ● Stockholm Ci
Other operator
09:10 - 09:47 fr. SEK10: Unavailable
⏱ 0:37   ◦ 0

♿ ○ Uppsala C ● Sthlm Cent
Other operator
09:26 - 10:22 fr. SEK13: Unavailable
⏱ 0:56   ◦ 0

○ Uppsala C ● Stockholm Ci
⚓ SJ
09:44 - 10:23 fr. SEK95   fr. SEK125
⏱ 0:39   ◦ 0

○ Uppsala C ● Sthlm Cer
Other operator
09:56 - 10:52 fr. SEK13: Unavailable
⏱ 0:56   ◦ 0

‹   Monday, 25   ›
December

Step 4 選擇票價及類別

Select tick...

2 class **A**   1 class **B**

SEK95	**SEK125**
C Non-rebook	Non-rebook
SEK115	**SEK145**
D Rebookable	Rebookable
SEK135	**SEK165**
E Refundable	Refundable

Ticket categories

✓ The entire route earns SJ Prio points

A.一般座位／**B.**頭等座位／**C.**不可重
訂／**D.**可重新預訂／**E.**可退款

Step 5 確認所有選項

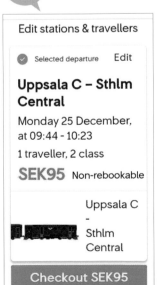

Edit stations & travellers

✓ Selected departure   Edit

Uppsala C – Sthlm Central

Monday 25 December,
at 09:44 - 10:23

1 traveller, 2 class

SEK95 Non-rebookable

Uppsala C
-
Sthlm
Central

Checkout SEK95

Step 6 信用卡付款

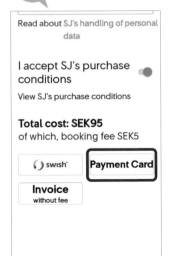

Read about SJ's handling of personal
data

I accept SJ's purchase
conditions   ⬤

View SJ's purchase conditions

Total cost: SEK95
of which, booking fee SEK5

| ○ swish | Payment Card |

Invoice
without fee

Step 7 取得車票QR Code

付款後，將顯示所購買車
票的車班、時間及搭車月台，按下
Done會出現一個QR Code，即是車
票，建議事先截圖儲存，以防驗票
時沒有網路而無法打開給乘務員驗
票。

Your journey is booked

Uppsala C - Sthlm
Central

Mon, 25 Dec

Journey with other
operators. Read more.

09:10 Uppsala C Mälartåg
09:47 Sthlm Central 925

Done

乘客姓名
Only 2 class

Flexibility Non-rebookable

QR Cord=車票

Ticket number
LUG1950S0001

行家
祕技
北極圈火車通行票

計畫前往北極圈遊玩的旅客,可以考慮購買瑞典國鐵推出的北極圈火車通行票,可在3天的效期內(夏季另外還推出7天的通行票),於北極圈的13個車站、不限次數搭乘瑞典國鐵,每天雙向各運行2個班次。

適用車站

Kiruna	Abisko Östra
Abisko Turiststation	Björkliden
Låktatjåkka	Vassijaure
Katterjåkk	Riksgränsen
Bjørnfjell	Søsterbekk
Katterat	Rombakk
Narvik	

🔗 www.vy.se、www.sj.se
📞 +46(0)771-444111
💲 203～270 SEK(票價隨季節浮動變化,行前請務必查詢官網)

貼心 小提醒

提早在基律納遊客中心購票

若是你在基律納(Kiruna),可以到基律納遊客中心支付服務費購買火車票。基律納火車站

及火車上都不能購買火車票,請務必提前購買火車票,以免被查到無票搭乘而繳納罰鍰。

◀ **基律納火車站月台**
(圖片提供 / Zhen-Tang Huang)

計程車
Taxi

瑞典計程車收費頗為昂貴,可接受現金和信用卡(簽名即可,不用密碼)。但不流行路邊隨手攔車,若有搭車需求:1.可以請飯店幫忙預約。2.大多主要景點、車站及機場都有計程車候客的停泊專區。3.自行打電話預約,但需告知所在地點和欲搭乘的時間。

叫車資訊看這裡

TAXI KURIR
🔗 www.taxikurir.se
📞 +46-8-300000

SVERIGE TAXI
🔗 www..sverigetaxi.se/en
📞 +46-8-850400、020202020

TAXI STOCKHOLM
🔗 www.taxistockholm.se/en
📞 +46-8-150000

＊以上資料時有異動,以官方公告最新資料為準

挪威 奧斯陸

大奧斯陸地區的交通網包含了奧斯陸(Oslo)及阿克什胡斯(Akershus),及小部分鄰區邊界區域。而整個交通網細分成8個區塊(Sone)。一般觀光景點都坐落在Sone 1裡,所以購買車票時只需買一段票就足夠了。

● 奧斯陸(Oslo):Sone 1
● 阿克什胡斯(Akershus):Sone 2V、2S、2Ø、3S、3Ø、4N
● 鄰區邊界區域:Sone 3V、4V、4SØ、4Ø

奧斯陸票券種類

Oslo

奧斯陸的大眾交通網主要由Ruter#營運,車票適用於搭乘捷運、公車、電車、交通船及火車。

單程票

建議用Ruter APP購票。購票時無須選擇出發及到達的區塊(Sone),只要選擇正確的段數(Soner),例如:一段票(1 Soner)、二段票(2 Soner)、三段票(3 Soner)。在票價的部分,單程票最多到五段票(或稱全區段票)。

首次搭乘需在車上感應器刷票或掃描車票QR - Cord,即啟動有效時間,在有效時間內搭乘,不需再感應刷票,時間一到,票會自動失效。一張單程票適用於一個區域,有效時間60分鐘,若是加購,每個額外區域的票時效為30分鐘。

24小時交通票、7日交通券

這種期票(Period Ticket)分為一~三段票,在時效內可無限次搭乘各種交通工具。購買一段、二段票時,需選擇確切的目的區域(Sone)。若購買的區域與實際搭乘方向有誤,即使票價相同,查票員仍可以要求補票。只有三段票(3 Soner)視同全區段票,不需要分區域(Sone)及方向。期票的

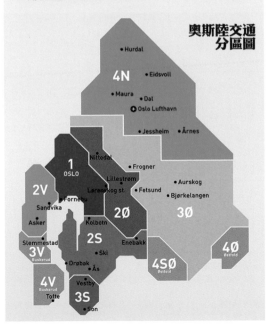

奧斯陸交通分區圖

- Hurdal
- 4N
- Eidsvoll
- Maura • Dal
- ⊕ Oslo Lufthavn
- Jessheim • Årnes
- Nittedal
- 1 OSLO
- Frogner
- Lillestrøm
- 2V
- Lørenskog st. • Fetsund • Aurskog
- Forneu • Bjørkelangen
- Sandvika
- 2Ø
- 3Ø
- Asker
- Kolbotn
- Slemmestad
- 2S
- Enebakk
- 4Ø Østfold
- 3V Buskerud • Ski
- • Drøbak
- • Ås
- 4SØ Østfold
- 4V Buskerud
- Vestby
- Tofte
- 3S
- • Son

啓用方式與單程票相同,且在有效時間內可免費多次轉乘,不用再感應刷票。

票卡感應處

▲地鐵站及火車站月台入口處皆有磁卡感應器

旅遊卡

旅遊卡可以充值並重複使用,在Ruter S客戶服務中心及多處服務點都可購買。費用為50 NOK。一次最多可充值1,000 NOK,卡內的總金額不得超過2,000 NOK。如果遺失,發卡公司是不會再重新補發,請務必妥善保管。

在使用時要注意記得驗證卡片,以確認卡片內的車票是有效的,如果舊的車票還有剩餘時間,則卡片中的新車票不會被啓動,請隨時驗證檢查,也能及時啓動新車票,並在有效時間內,享受免費轉乘。如果超過3年沒有使用旅遊卡,則卡片上剩餘的金額將被取消。

奧斯陸大眾交通票價一覽表 價錢單位為挪威克朗(NOK)

製表 / 武蕾

區段 / Soner	1 Soner (一段票)	2 Soner (兩段票)	3 Soner (三段票)	4 Soner (四段票)	5 Soner (五段票)
單程票有效時間 / Gyldig	1小時	1.5小時	2小時	2.5小時	3小時
成人及學生單程票 (Enkeltbillett, Voksne)	42	69	97	124	151
兒童及敬老單程票 (Enkeltbillett, Barn og honnør)	16.8 / 21	27.2 / 34	37.6 / 47	48 / 60	59.2 / 74
成人票單程票(車、船上購票) (Enkeltbillett, Voksne)	62	89	117	144	171
兒童及敬老單程票(車、船上購票) (Enkeltbillett, Barn og honnør)	26.8 / 31	37.2 / 44	47.6 / 57	58 / 70	69.2 / 84
成人票24小時交通票(24小時內有效) (24-timersbillett, Voksne)	127	209	291	-	291
兒童及敬老24小時交通票(24小時內有效) (24-timersbillett, Barn og honnør)	64	105	146	-	146
成人及學生7日交通票(7日內有效) (7-dagersbillett, Voksne)	352	615	852	-	852
兒童、青年及敬老7日交通票(7日內有效) (7-dagersbillett, Barn og honnør)	177	307	426	-	426

＊6歲以下免費。6～17歲(含)及67歲(含)以上購買單程票、24小時、7天或30天期票,享有優惠票價。
＊18～19歲可享7日票和30日票的折扣,票價與兒童票、敬老票相同。請注意,最晚必須在年滿20歲的前一天啟用。24小時的票券折扣不適用於學生或青少年
＊加程票:成人加程票一段為20 NOK,兒童加程票一段10 NOK,僅適用於1區
＊在公車上如果以現金購票,紙鈔面額須低於200 NOK,不然司機無法找錢

＊以上資料時有異動,以官方最新公告為準
＊網址:www.ruter.no/en/buying-tickets

交通篇

搭捷運
Metro

可以到便利商店櫃檯或自動售票機購票。在選擇自動售票機前，請先注意機器接受的付款方式(只收現金 / 只收信用卡 / 現金及信用卡皆可)，再進行購票喔！票券亦適用於公車、電車、交通船。

奧斯陸捷運路線圖
地圖繪製 / 蔣文欣

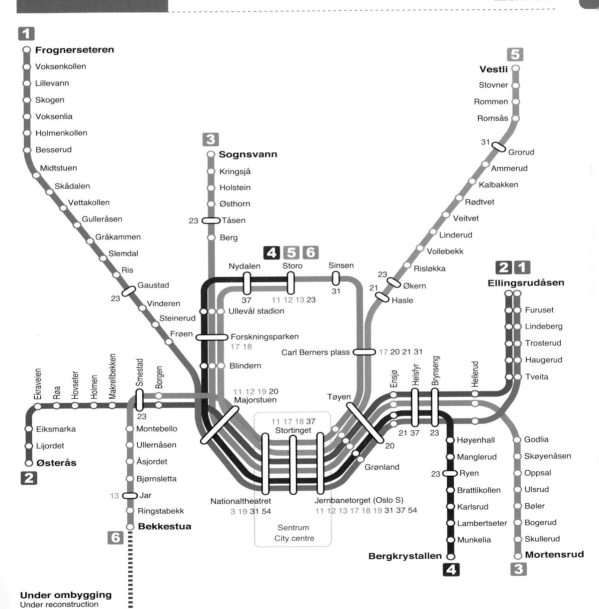

1
Frognerseteren
Voksenkollen
Lillevann
Skogen
Voksenlia
Holmenkollen
Besserud
Midtstuen
Skådalen
Vettakollen
Gulleråsen
Gråkammen
Slemdal
Ris
Gaustad
23
Vinderen
Steinerud
Frøen

3
Sognsvann
Kringsjå
Holstein
Østhorn
23 Tåsen
Berg
Nydalen
37
Ullevål stadion
Forskningsparken
17 18
Blindern

4 **5** **6**
Storo
11 12 13 23
Sinsen
31

5
Vestli
Stovner
Rommen
Romsås
31 Grorud
Ammerud
Kalbakken
Rødtvet
Veitvet
Linderud
Vollebekk
23 Risløkka
21 Økern
Hasle

23
Carl Berners plass 17 20 21 31

2 **1**
Ellingsrudåsen
Furuset
Lindeberg
Trosterud
Haugerud
Tveita

Ekravelen
Røa
Hovseter
Holmen
Makrellbekken
Smestad
Børgen
23
Eiksmarka
Lijordet
Østerås
2

11 12 19 20
Majorstuen
Montebello
Ullernåsen
Åsjordet
Bjørnsletta
13 Jar
Ringstabekk
Bekkestua
6

11 17 18 37
Stortinget

Nationaltheatret
3 19 31 54

Sentrum
City centre

Tøyen
Grønland

Jernbanetorget (Oslo S)
11 12 13 17 18 19 31 37 54

Ensjø
Helsfyr
Brynseng
Hellerud
21 37 23
20
23 Ryen

Høyenhall
Manglerud
Brattlikollen
Karlsrud
Lambertseter
Munkelia
Bergkrystallen
4

Godlia
Skøyenåsen
Oppsal
Ulsrud
Bøler
Bogerud
Skullerud
Mortensrud
3

Under ombygging
Under reconstruction

捷運售票機購票步驟(以購買拋棄式紙卡車票為範例)

觸控主選單螢幕
悠遊卡感應區
投幣口
信用卡操作介面

車票列印及退幣口

Step 1 選擇是否有悠遊卡

短期遊客較無使用悠遊卡的需求，所以購買一次性拋棄式紙卡車票就足夠。

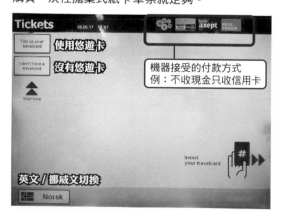

使用悠遊卡
沒有悠遊卡
機器接受的付款方式
例：不收現金只收信用卡

英文／挪威文切換

Step 2 選擇票種

單程票

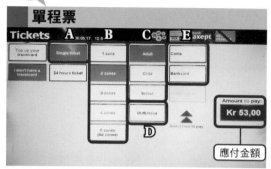

應付金額

A.票種選擇：單程票／**B.**選擇區段數(Soner)：1～5個區段／**C.**選擇乘客類型：成人票／兒童票／敬老票／**D.**如果多人同行，可利用此選項一次購買複數票券，以節省時間／**E.**付款方式：硬幣／信用卡，點選後付款

24小時交通票

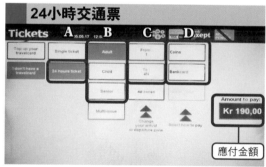

應付金額

A.票種選擇：24小時交通票／**B.**選擇乘客類型：成人票／兒童票／敬老票／**C.**選擇起始點和目的地的區塊(Sone)／**D.**付款方式：硬幣／信用卡，點選後付款

Step 3 付款並選擇是否列印收據

現金付款只接受20、10、5、1 NOK和50分的硬幣。信用卡付款只接受有設定密碼的VISA及MasterCard。

列印收據　不列印收據

交通篇

搭火車
Train

　　VY為挪威國鐵的新名稱，除了行駛於奧斯陸區域內，乘坐VY亦可來往機場以及挪威其他城市，沿途可以欣賞獨特的北國風光。

🌐 www.norwaytrains.com、購票官網(NSB)：www.norwaytrains.com/nsb-trains.html

搭火車步驟

Step 1 至中央車站櫃檯購票或購票機自行購票

Step 2 查詢火車站的螢幕資訊，確認月台

Step 3 抵達月台後再次從顯示器上確認班車資訊

Step 4 持票上車
持悠遊卡搭車者，需在進入月台前的感應機感應票卡；購買單程票或旅遊票券者，請持票上車，班車上有查票人員驗票。

Step 5 注意火車上顯示站名的跑馬燈，準備下車

交通船
Ferry

　　在市政廳3號碼頭(Rådivsbrzhha 3)搭乘B9號渡輪往返博物館島(Bygdøynes / Bygdøy peninsula)，可前往參觀Kon-Tiki Museum、Fram Museum、Norwegian Maritime Museum、Viking Ship Museum和Norwegian Museum of Cultural History等博物館，是最便捷的方法。

　　前往博物館島碼頭的交通船並非由Ruter#營運，因此需要另外購票。若在3號碼頭售票亭購買，單程票成人64 NOK，兒童32 NOK；來回票成人 99 NOK，孩童49.5 NOK；船上只賣單程票64 NOK。持有奧斯陸旅遊卡(Oslo Pass)可免費搭乘，但Ruter#交通券不能搭乘。

　　如果已持有有效Ruter#交通票券或冬季前往奧斯陸遊玩的旅客，則可以從市政廳公車站搭乘30號巴士到達Bygdøy參觀上述的博物館。因為交通船的設置最主要是方便觀光客前往奧斯陸峽灣、離市區不遠的外島及景點，所以只有在觀光旺季3月下旬～10月上旬才有行駛。

🌐 www.nyc.no

▲ 往博物館島的B9交通船

電車及公車
Tram & Bus

奧斯陸市區共有6條電車路線(11、12、13、17、18、19)。車上沒有售票，請持有效票上車。如果車站沒有售票機，可到附近的便利商店(Narvesen、7-Eleven、Delide Luca、Mix)購買。奧斯陸的公車可上車後跟司機買票，但只能用現金，且要酌收額外手續費(成人票20 NOK、優惠票10 NOK)，紙鈔面額須低於200 NOK，不然司機無法找錢。

▲ 電車站牌

▲ 公車站牌

▲ 電車

▲ 公車

自行車
Bike

奧斯陸市區內約設置了243個自行車停放點，每天05:00～01:00開放，單次租借費用35 NOK，每次使用最多60分鐘。若超出60分鐘，則每15分鐘加收15 NOK。最多可延3個小時。適合想要自發性地從A點騎到B點的人。

■ 單次租用或購買24小時通行證前，要先用手機

自動售票機

在公車站及電車站會看到的售票機，只收取現金。另外也能在公車上跟司機買票。

公車班次表解析

在站牌上或車站內的看板上，會貼有每個進站公車的行駛路線、進站時間及站間距離。

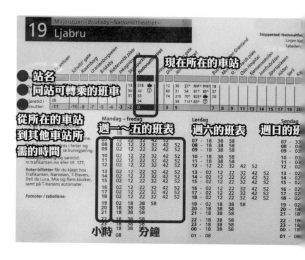

下載APP(Oslo City Bike / Oslo Bysykkel)，網上付費後才能在各個停放點租車。

■ 如果想使用超過60分鐘以上或更長的時間，可購買24小時的自行車通行證，費用69 NOK。持此通行證可24小時使用城市自行車系統，在250多個車站之間無限次騎行，將從解鎖第一輛自行車起開始倒計時。非常適合想探索這座城市的人。如果再延長租賃，每15分鐘需再支付15 NOK。

■ 全年365天都開放使用。但是冬季自行車的數量會比較少。

http www.oslobysykkel.no/en

芬蘭 赫爾辛基

大 赫爾辛基的大眾交通網被分成A、B、C、D四個Zone區，旅遊景點集中在Zone A和B，機場所在位置為Zone C。由HSL負責營運交通網包含鐵路、地鐵、電車、公車及渡輪，所以在票券有效期限和區域內，旅客可以無限制地轉乘任何HSL大眾交通工具。

票券種類與價錢

Helsinki

從2019年4月開始，大赫爾辛基的交通網劃分成為四個分區，由市中心Zone A向外延伸到Zone D的鄰近衛星城鎮，一般城市旅遊的區域範圍都在Zone A和B之內。如果有計畫搭乘火車或公車往返機場，則需要確認所購買的票券包含Zone C。

赫爾辛基的交通票券可分為單程票券（Single Tickets）、1日到7日的交通票券（Day Tickets）及長期季票（Season Tickets）。比較適用於一般旅客的票券為單程票或日劵；需要注意的一點就是，儘管只在市中心Zone A使用大眾交通工具遊玩的旅客，因為沒有單獨Zone A的票券，所以最適合的選項是Zone A+B，或是包含機場的Zone A+B+C。

其他的搭乘區域和長期季票是設計給利用大眾交通作為通勤工具的當地居民使用的，旅客較不適用。

單程票(Single Tickets)

一般的單程票（Single Tickets）可以在各車站的自動售票機、便利商店購買。火車、電車、地鐵列車及公車上是不售票的。在搭乘各種交通車之前，請務必要在便利商店櫃檯或是在車站的自動售票機先行購買所需要前往區域的車票。如果被查到無票乘車或買錯區段，將被罰鍰€80。

另外，HSL也提供了從赫爾辛基碼頭到芬蘭堡的渡輪船票，有效期限為12小時，方便不需要使用其他大眾運輸的遊客，以較實惠的價錢計畫往返芬蘭堡的一日行程。

交通網分區圖

圖片提供 / HSL

Ticket options

1日到7日的交通票券(Day Tickets)

　　若是要使用1日或多日交通票券，有效期限從第一次乘坐時刷卡感應開始以24小時爲單位計算。例如週一早上9點開始使用3日交通票券，票券可以一直使用到週四早上9點爲止(72小時)。

　　如果在部分僅售單程票／一日券的自動售票機所購買的1日交通票券，因爲是當場打印的紙類票券，所以從購票的當下即刻開始計算24小時內有效。其他從便利商店或提供全類型票券的自動售票機所購買的1日或多日交通票券則是感應紙卡，只需在第一次使用時，在車廂內的感應器開通生效即可，但在無開通生效的情況下搭乘大眾交通工具視同逃票。有效期限從開通時開始計算，期間內可在票券限定的區域(Zone)無限次數搭乘。

＊以下資料時有異動，以官方最新公告爲準
＊小於7歲免費，兒童票適用於7～17歲，老人票適用於有領退休金、行動不便及使用HSL卡的乘客
＊價錢單位爲歐元(EUR)

有效搭乘時間

乘坐區域	AB / BC / D	ABC / CD	BCD	ABCD
有效時間	80分鐘	90分鐘	100分鐘	110分鐘

單程票(購票方式：自動售票機、便利商店)

乘坐區域	AB / BC / CD	ABC / BCD	ABCD
成人票	2.95	4.1	4.5
兒童票／老人票	1.48	2.05	2.25

1～7日交通券

乘坐區域	AB / BC / CD 成人票 / 兒童票	ABC / BCD 成人票 / 兒童票	ABCD 成人票 / 兒童票
1日券	9 / 4.5	11 / 5.5	12 / 6
2日券	13.5 / 6.7	16.5 / 8.2	18 / 9
3日券	18 / 9	22 / 11	24 / 12
4日券	22.5 / 11.2	27.5 / 13.7	30 / 15
5日券	27 / 13.5	33 / 16.5	36 / 18
6日券	31.5 / 15.7	38.5 / 19.2	42 / 21
7日券	36 / 18	44 / 22	48 / 24
成人票2～13日每一日增加	4.5	5.5	6
兒童票2～13日每一日增加	雙數日2.2，單數日2.3	雙數日2.7，單數日2.8	3

赫爾辛基旅遊卡(Helsinki Card)

　　赫爾辛基旅遊卡當中的市區旅遊卡和區域旅遊卡2種類型有包含了大眾交通的使用，差別在於市區旅遊卡可以在有效期間於Zone A和B的範圍內搭乘大眾交通工具，而區域旅遊卡則可以在Zone A、B和C之間使用。兩者皆包含了芬蘭島渡輪，但後者還可在有效期間往返位在Zone C的機場。(詳細介紹請參照P.242)

單程票券：
購票時開始生效

感應式紙卡交通票券：
第一次使用時需要在車上刷卡感應生效

赫爾辛基旅遊卡：
第一次使用時需要在車上刷卡感應生效

赫爾辛基市區大眾交通路線圖 圖片提供 / HSL

交通篇

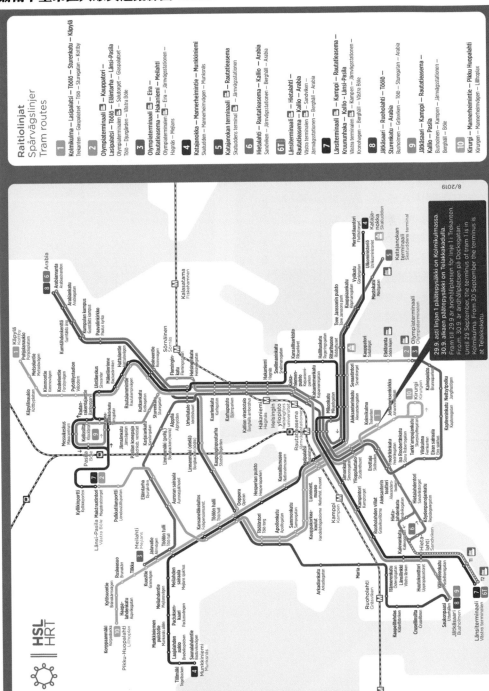

電車
Tram

電車是在赫爾辛基市區移動最方便的大眾交通工具，一共有12條電車線路，除了8號電車，其他各個電車都有行經位在市區的中央車站(Rautatieasema)或車站旁的玻璃宮(Lasipalatsi)，所以非常容易轉乘前往市區周邊景點，要前往碼頭搭乘跨國郵輪亦可搭乘電車往返市區。(跨國郵輪詳細介紹請參照P.133)

▲ 第一次使用車票時，記得上電車後要到感應器刷卡

站牌看板資訊

電車車站的標示

停靠的電車路線

所在的站名

Kansallismuseo
Nationalmuseet

H0103　站名編號

HSL
HRT

Vyöhyke
Zon/Zone　A　所在的zone區

| 4 | Munkkiniemi Munksnäs | kautta via Meilahti Mejlans |
| 10 | Pikku Huopal. Lillhoplax | kautta via Ruskeasuo Brunakärr |

80

即時電車到站時間

		09:09
10	Lillhoplax - via Brunakärr	6
4	Munksnäs - via Mejlans	~09:22
10	Lillhoplax - via Brunakärr	~09:29

HSL通勤火車
Commuter Train

▲ 赫爾辛基中央火車站外觀

赫爾辛基的鐵路網主要由VR(芬蘭國鐵)的長途火車、HSL(大赫爾辛基交通網)的通勤火車所組成。這裡乘車是採信任制，上車後務必到車廂內所設置的感應器刷卡，不然被車上的查票員查到無票搭乘將會被罰款€80，所以請大家務必乖乖地買票刷卡。

通勤火車適用於前往機場、市郊或周邊衛星城市的旅客，在HSL的營運範圍(Zone A到Zone D)之內，只要持有有效的HSL車票也可以自由搭乘任何由VR(芬蘭國鐵)營運的火車。但只要旅途中有一部分超出HSL的營運範圍，則在搭乘VR火車時必須是持有有效的芬蘭國鐵車票。

▲ 車廂外觀

▲ 車廂內部

▲ 車站內的自助售票機

▲ 列車上的刷卡感應器

月台看板資訊

```
16:01 F        B  U      A 2
Kilo
Leppävaara  E    D Helsinki
Huopalahti         Helsingfors
C  A    B    C    D
Seuraava juna  16:17   E Helsinki   Helsingfors
Nästa tåg · Next Train
```

A.所在月台 / **B.**進站列車的火車路線 / **C.**進站列車在月台停靠的區域 / **D.**行駛方向、終點站 / **E.**進站列車將會停靠的車站 / **F.**下班列車進站時間

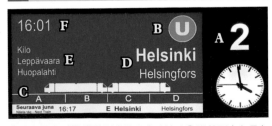

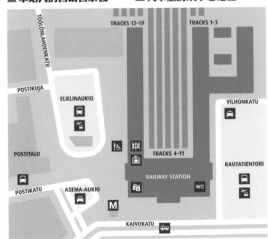

▲ 赫爾辛基中央火車站 (圖片提供 / VR)

地鐵
Metro

赫爾辛基兩條地鐵共有30個車站，Y字型貫穿市區連結了赫爾辛基東西郊的鄉鎮，地鐵全線都在Zone A、B和C之內。

▲ 路面地鐵站的標示和入口

▲ 地鐵站內的北歐設計氣息

赫爾辛基地鐵路線圖 圖片提供 / HSL

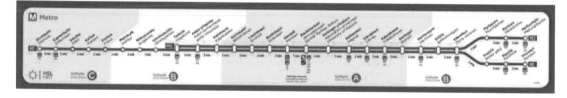

巴士
Bus

赫爾辛基市區有3個主要的巴士起訖站，分別是在中央車站東側的停靠站Rautatientori、西側的停靠站Elielinaukio，及在Kamppi購物中心內的通勤／長途巴士停靠站。

站牌看板資訊

▲ 中央車站西側的巴士起訖停靠站 (Elielinaukio)

▲ 停靠站上的看板，標示了巴士路線圖、時刻表及停靠月台，另外Finnair機場巴士也是從這裡出發

▲ 長途巴士的起訖站(Lähiliikenneter-minaali)，另外在Kamppi購物中心也可以轉乘地鐵

渡輪
Ferry

▲ 市集廣場旁的Kauppatori 渡口售票亭

搭乘19號線渡輪可以往返赫爾辛基市區和芬蘭堡(Suomenlinna)之間，搭乘地點位在赫爾辛基市政廳(Helsinki City Hall)前的赫爾辛基市集廣場(Kauppatori Salutorget)前，左側方的Kauppatori渡口。目前只有HSL交通券可使用搭乘。搭乘之前務必先在自動售票機或便利商店購買交通券。

▲ 往返赫爾辛基市區和芬蘭島的19號線渡輪，上船前在碼頭需要感應刷卡

跨國交通篇
Transportation

如何利用各式交通工具，
在北歐四國暢行無阻？

北歐各國因為地理位置相近，所以有許多不同的交通工具可以搭乘，以便彼此的往
來，也讓遠道而來的旅客能有更多不同的體驗。本章主要介紹北歐各大首都之間有哪
些交通工具可以搭乘，提供你一個不一樣的行程搭配方法。

北歐跨國交通概況

跨國交通介紹及訂票教學。

來 北歐旅遊，盡量早點排訂好行程，先在網路上訂購欲搭乘的交通工具。雖然有時早訂晚訂價錢不會相差太多，但太晚訂會有訂不到位置或位置不好的困擾。另外若行程安排得宜，有時還能因為善用不同的交通工具而省下一晚的住宿開銷。不過，除了省錢仍要考慮乘坐上的舒適品質、行程所需花費的時間，及來往市區的交通便利性等等。

跨國交通分析表

*製表／武蕾

交通工具	舒適度	時間花費	市區距離	難易度	特點
飛機	高	短	遠	簡易	省時
火車	高	中等	近	中等(可能需要中途轉車)	安穩
巴士	較差(因搭乘時間較長)	長	近	簡易	便宜
遊輪	中等	需過夜	中等	簡易	新鮮(但不適合暈船體質的旅客)
租車	中等	長	近	高(當地路標及交通規則的差異)	時間和行程較自由

飛機(By Air)
Transportation

搭乘飛機來往於各大城市間，是最普遍也最快速的方法。飛行於北歐城市間最主要的航空是SAS、FINNAIR和Norwegian Air，前二者為國際性的大航空，後者為專飛歐盟境內的廉價航空。通常Norwegian Air的票價會較SAS或FINNAIR便宜一些，但也不會相差太多，除了考量票價，有時還要兼看飛機起降時間的好壞。

安排行程時，除了由北歐境內的城市起降外，也有可能由歐盟中其他城市飛往北歐。所以會有更多家廉價航空可以選擇，與其一家一家比價，建議使用Skyscanner這個網站來查詢所有航空的班機。輸入起降城市和日期後，網站會依照價格來排列航班，這樣便可以一目了然。不過值得注意的是有時廉價航空的起降機場會比較偏遠，因此訂票前務必確認機場位置和交通。還有便宜票價的起降時間也比較不理想，容易過早或過晚，這些都是在訂票前要先注意的。

跨國交通篇

航空公司資訊看這裡

北歐航空 SAS
✉ 各機場的出境大廳都設有票務櫃檯
☎ 丹麥 +45 93 70 53 07，挪威 +47 21 89 6400
　 瑞典境內 0770 727 727
🕐 電話客服時間：
　 週一～五09:00～19:00，週六09:00～17:00
　 週日09:00～18:00(挪威09:00～18:00)
🌐 www.flysas.com

挪威航空 Norwegian Air
✉ 各機場的出境大廳都設有票務櫃檯
☎ 瑞典 +46 (0)770 45 77 00，挪威+47 21 49 0015
　 丹麥+45 70 80 78 80，芬蘭+358 (0)9 231 01 600
🕐 電話客服時間：
　 週一～五08:00～23:00，週六09:00～21:00
　 週日09:00～21:00
🌐 www.norwegian.com

芬蘭航空 FINNAIR
✉ 各機場的出境大廳都設有票務櫃檯
☎ 芬蘭+358 9 818 0800 (24H)，丹麥+45 69 91 8000
　 瑞典+46 775 88 8937，挪威+47 23 96 3051
🕐 電話客服時間：
　 週一～五08:00～16:00，週六、日休息
🌐 www.finnair.com

＊以上資料時有異動，出發前請再次確認

Skyscanner訂票步驟 Step by Step

Step 1 選擇語言
　　網頁右上方可以改變顯示的語言、貨幣，及所在國家區域，這些條件會影響系統搜尋旅行社的結果。

在此選擇語言、貨幣、國家

Step 2 選擇日期
　　設定日期選項時，如果旅行日期很彈性，想選擇最便宜的票價，可點選「整個月」，系統會顯示所選月分每天最便宜的票價。

Step 3 搜尋符合條件的航班
　　選好出發和回程日期後按「顯示航班」，系統會開始搜尋符合條件的航班及顯示票價。

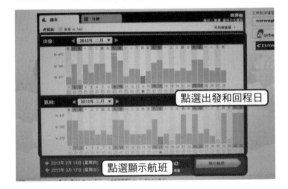

點選出發和回程日

點選顯示航班

Step 4 挑選航班
　　選定航班後按「訂位」，系統會另外開啟航空公司或旅行社的訂位網頁。再依循各網頁指示完成訂票作業。

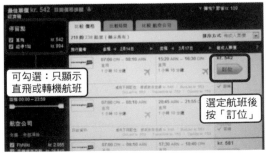

可勾選：只顯示直飛或轉機航班

選定航班後按「訂位」

租車(Car Rental)

Transportation

　　在北歐比較大的國際性租車公司有Europcar、Avis、Hertz、Budget、Sixt等。某些公司有提供甲地租乙地還（One-way Rental）的跨國服務，不過這樣的服務收費很高，租車價格大約相差近1倍。若是人多一同旅遊的話，租車也不失為一個省錢的方法。不過值得注意的是從丹麥開車到瑞典過橋時需繳過橋費（Toll），而部分城市進城也需額外收費（Congestion Charge），可向租車公司仔細查詢相關資訊。另外北歐當地也有自己的租車公司，例如：Scandinavian Car Rental，這間的價格稍為便宜些，不過沒有提供跨國還車的服務，能取車的點較少，大部分都是機場取車。

AVIS
www.avis.com

Hertz
www.hertz.com

Budget
www.budget.com

Europcar
www.europcar.com

Sixt
www.sixt.com

Scandinaviancarrental
www.rent-a-wreck-scandi
navia.com

巴士(Coach)

Transportation

　　丹麥和瑞典可搭乘巴士往返，從哥本哈根機場下來就可以直接從機場搭巴士到馬爾摩（Malmö）。丹麥與瑞典間的跨海大橋有分上下兩層，火車是行駛於橋的下層，部分風景會被橋梁與欄杆遮擋掉。若是搭乘巴士則是行駛於橋的上層，風景視野都會更開闊些。

　　往返哥本哈根和斯德哥爾摩之間，想要節省時間與住宿費用也可以選擇搭乘夜巴，優點是搭乘地點都在市中心，可以省去機場來回的交通費。不過，巴士的舒適度比其他兩者較差，行車時間也長得多，上廁所也較為不方便。抵達市區的時間大約都在清晨6～8點左右。

　　往返哥本哈根和奧斯陸的直達巴士約8～9小時，有日間與夜間的選擇。每天前往奧斯陸的班車中，有一班會在瑞典第二大城、富豪VOLVO的發跡地，哥德堡Göteborg（Gothenburg），中途停靠約3小時，可以順道觀光一下。

　　瑞典與挪威間也有長途巴士可搭。巴士也是日間與夜間的選擇，行車時間大約需要7～15個小時，票價不一定比機票便宜，且過程實在太辛苦又浪費時間，所以資訊僅供參考並不是很推薦。

　　以上車票都可以上巴士官網購買：www.flixbus.com

跨國交通篇

長途巴士APP訂票步驟 Step by Step

Step 1 選擇搜尋條件

進入瑞典Flixbus官網(www.flixbus.com)，設定好出發地和目的地，再選擇出發日期和時間、同行旅客類型和人數後按搜尋，系統會開始尋找符合條件的班車及票價。

A. 單程 / **B.** 來回 / **C.** 出發日期、時間 / **D.** 乘客人數 / **E.** 出發日期、時間 / **F.** 票價 / **G.** 按繼續進到下一步驟

Step 2 選擇班次及車票種類

A. 填寫乘客姓名 / **B.** 選位需另加費用(兩人或一人座位，加價30～119.50 SEK)

貼心 小提醒

FlixBus提供的服務

搭乘FlixBus可免費攜帶1件手提行李和1件託運行李，且車上設備提供有Wi-Fi、電源插座、舒適座椅、寬敞空間和廁所，基本要件都充足。

Step 3 填寫旅客聯繫資料及選擇付款方式

A. 填寫個人E-mail及連絡電話 / **B.** 選擇付款方式

Step 4 填寫信用卡資料及付款

從右側欄位點進去即可付款。購票成功後，在你的E-Mail或手機簡訊，將會收到購票紀錄及QR Code，建議事先截圖備用。

貼心 小提醒

購票須在10分鐘內完成

一旦選擇好車班，開始填寫資料即開始計時，必須在10分鐘內完成購票及付款。過時就要重新操作。

長途火車(Train-InterCity)

Transportation

　　丹麥和瑞典之間除了飛機外，還有火車這項選擇。從哥本哈根坐火車到最近的瑞典城市馬爾摩（Malmö）只需要短短半小時的時間。而且發車時間非常密集，平均10～20分鐘就有一班。火車票可以在火車站售票櫃檯、自動售票機或手機應用程式裡購買。

哥本哈根⟷斯德哥爾摩 Copenhagen⟷Stockholm

　　可以選擇搭乘火車。每天早中晚有多班車次往返兩國，日間搭乘High Speed Train SJ 2000只需約5小時。每天夜間也有一班夜鋪的車種可搭，搭夜鋪可有效利用旅遊時間與省下一晚的住宿費用。

　　夜車有幾種包廂可以選，最昂貴的是獨立包廂

含衛浴設備，其次是3人獨立、大眾3人包廂含衛浴設備或只有洗手台。最便宜的是開放式的6人臥鋪，兩排各有上中下3個床位。開放式的6人臥鋪又有分純男性鋪、純女性鋪或男女綜合鋪。若是女生獨自搭乘，請在訂購時特別注意選擇純女性臥鋪。火車票可上瑞典國鐵官網購買。

斯德哥爾摩⟷奧斯陸 Stockholm⟷Oslo

　　也有鐵路的往來。日間行車時間約5.5～7.5小時之間，要視車種而定。晚間也有夜車可搭，可是沒有臥鋪的選擇，因為要轉很多趟車，總行車時間約12個多小時，雖然省下住宿費用，但坐起來太辛苦，並不十分推薦。火車票可上瑞典國鐵官網購買。

♥貼心 小提醒

2人同行，善用家庭票

　　哥本哈根與馬爾摩之間的火車票有許多種選擇，如果是2人成行可購買家

瑞典國鐵官網 www.sj.se

庭票，這比單買2張單人票來得便宜。家庭票最多可供2個大人加3個小孩使用。

長途火車網路訂票步驟

Step 1 選擇搜尋條件

進入瑞典國鐵官網(www.sj.se)，設定好出發地和目的地，再選擇出發日期和時間、同行旅客類型和人數、列車搜尋條件，按繼續(Continue)後，系統會開始尋找符合條件的列車班次。

A.出發地站名／**B.**目的地站名／**C.**去程日期和時間：可選擇想要的出發時間(Departure)或到達時間(Arrival)／**D.**回程日期和時間：可選擇想要的出發時間(Departure)或到達時間(Arrival)。若是購買單程票則選「None」／**E.**乘客：成人票、青年票(16～25歲)、學生票、兒童票(0～15歲)／**F.**乘客類型

Step 2 選擇班次及艙等

按自己的預算和行程規畫的彈性，選擇最適合的班次。另外旅遊旺季時，越早訂票越有機會訂到便宜的票價，所以行程確定後建議盡早開始著手訂票。

A.顯示詳細班車資訊／**B.**日間火車／**C.**轉車次數／**D.**經濟艙車廂票種及價格／**E.**頭等艙車廂票種及價格／**F.**夜舖火車／**G.**座椅車廂票種及價格／**H.**臥舖車廂票種及價格／**I.**列車提供的額外服務或設施，例：餐車、免費無線上網、殘障乘客專區／**J.**每種車廂有3種票價可選擇：1.不可改票、2.可以改票、3.可以退票退費／**K.**夜車座椅車廂票價／**L.**夜車臥舖車廂票價

Step ③ 選位和預定其他服務

　　訂票時亦可自行選擇座位、預訂火車上的付費上網及餐點服務。不同的艙等及不同班次所提供的餐點類型、選項不一樣。例如早上的班車可以訂購早餐，其他時段則可訂購正餐，正餐又另有素食和兒童餐可選擇。

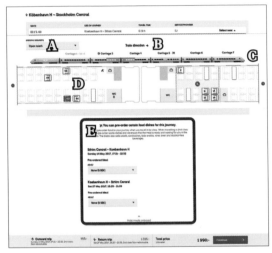

A.座位類型篩選，例：有桌子的座位、殘障專用區、安靜區或可攜帶寵物區的座位 / **B.**火車行駛方向 / **C.**可點選車廂尋找座位 / **D.**點選座位 / **E.**預選餐點：109～145 SEK、早餐65 SEK、兒童餐55 SEK

Step ④ 確認行程

　　付款前請再次確認所選擇的班次、時間、車廂艙等、指定座位類別及加購的服務等是否無誤。

確認行程及加購的服務無誤後按「PAY」付款

Step ⑤ 選擇付款及取票方式

　　取票方式建議點選自行列印(Home printed e-ticket)，先把車票列印出來，可節省手續費及郵資，和在火車站排隊拿票的時間。

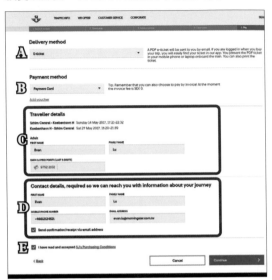

A.取票方式：建議選擇電子票，自行列印或存放在手機電腦中供查票員查驗即可 / **B.**付款方式：選擇信用卡付款 / **C.**乘客資料：請填寫護照姓名 / **D.**聯絡資料：電子票會發送到填寫的電子郵件信箱，請務必填寫正確 / **E.**勾選同意購買條款後，進入付費介面

Step ⑥ 付款

　　填寫信用卡資料後付款購票。

填好後按付款

A.信用卡卡號 / **B.**有效日期 / **C.**卡片背面CVV末三碼 / **D.**信用卡卡片持有人姓名

郵輪 (Cruise)

Transportation

奧斯陸與哥本哈根之間可以走水路搭乘DFDS郵輪往返。郵輪有分單程、來回或是Mini Cruise（3天2夜的行程，會在奧斯陸或哥本哈根停留7小時供遊客下船觀光，最後回到原出發地）。DFDS郵輪會因應不同季節和假期，不時推出多種優惠方案，像是贈送餐點的方案、早鳥方案，或是Mini Cruise特惠方案等。若想安排搭乘，建議早點開始密切注意網站上的最新活動資訊。

另外從斯德哥爾摩也可搭乘詩麗雅號郵輪Silja或維京郵輪Viking去芬蘭首都赫爾辛基或古城土庫。船班出發時間大多是下午啓航，隔天早上抵達，可省一晚住宿的錢。與DFDS郵輪一樣有分不同行程可選，且不同城市出發價格都會有異，須好好規畫。另外使用不同語言來購票也會有價差，通常用北歐語系會比較便宜，或是可申請會員以會員價格來訂購。

郵輪上的自來水皆不能飲用，建議上船前先買好大罐的礦泉水。若是參加Mini Cruise的旅客，下船時不需要將行李帶下船，可以放在原本的房間，因爲回程時是住同一個房間。郵輪上的免稅商店有比陸地上的店家便宜20%左右，最優惠的莫過於菸酒和化妝品。

▲ 藍白相間的詩麗雅號郵正呼應了芬蘭國旗的配色

▲ DFDS Seaways郵輪

▲ 紅色醒目的維京郵輪

郵輪公司資訊看這裡

DFDS Seaways郵輪資訊

港口乘船處地址：

● 丹麥DFDS Terminalen：Dampfærgevej 30, 2100 København Ø
● 挪威DFDS Terminalen：Akershusstranda 31, 0150 Oslo

乘船處交通資訊：

● 丹麥：從市區去DFDS碼頭，可在Magasin du Nord百貨公司步行約2分鐘到Kongens Nytov地鐵站，搭乘往Orientkaj方向的M4地鐵，在Nordhavn地鐵站下車，車程約6分鐘，再遵行路標步行約13分鐘至碼頭或百貨公司附近，搭乘23路巴士到Strandboulevarden (Nordre Frihavnsgade)站下車，車程約15分鐘，最後步行約10分鐘左右至碼頭。
● 挪威：從市中心沿Skippergata向南走20分鐘可到DFDS乘船港口。

🕐 港口營業時間：每天09:00～15:00
📞 丹麥3342-3000(客服時間：週一～五09:00～15:00)
　 挪威2162-1000(客服時間：週一～五09:00～15:00)
🌐 www.dfds.com/en

維京郵輪Viking資訊

港口乘船處地址：

● 芬蘭Viking碼頭：Katajanokanlaituri 8(Mastokatu 1) 00160 Helsinki
● 瑞典Viking碼頭：Stadsgården, Tegelvikshamn, SE-11630 Stockholm

乘船處交通資訊：

● 前往芬蘭Viking碼頭：可搭4號電車，在Gördelgatan站下車，再步行350公尺至碼頭。
● 前往瑞典Viking碼頭：可搭地鐵至Slussen站下車，從Nacka-bussar出口走出來後，可搭乘53、55、401、402、414、422、444巴士乘坐一站至Londonviadukten站下車。
🌐 www.vikingline.com

詩麗雅號郵Silja資訊

港口乘船處地址：

● 芬蘭Silija碼頭：Olympia terminal, Eteläsatama (South Harbor), Olympiaranta 1, Helsinki (此碼頭為去斯德哥爾摩的船，另還有其他兩個碼頭通往塔林)
● 瑞典Silija碼頭：Hamnpirsvägen 10, Stockholm

乘船處交通資訊：

● 前往芬蘭Silija碼頭：從火車站搭乘2號或3號電車前往Olympia碼頭。
● 前往瑞典Silija碼頭：乘坐紅線地鐵往Ropsten方向列車至Gärdet站下車徒步500公尺。
🌐 www.tallinksilja.com

＊以上資料時有異動，出發前請再次確認

住宿篇
Accommodations

在北歐旅行，有哪些住宿選擇？

北歐的住宿價格非常高昂，但種類卻很多元化，風格也從古典歐式、現代簡約或時尚設計應有盡有。無論是五星級的連鎖飯店、特色旅館亦或是平價旅店，都建議出發前就要預訂好所有的住宿地點，並善加利用各個實用訂房網站，找出最適合自己的住宿類型。

住宿種類

開始規畫訂房前，先認識合適的住宿型態和基本價位。

連鎖飯店
Accommodation

服務項目較齊全

　　北歐地區有許多連鎖的飯店，這樣的飯店住房可以收集點數，同時所在的位置都很不錯，有時在同一城市裡就有好幾間不同地區的選擇，價格會根據所在的區域而有所不同。但品質都有一定的保障，設備和所提供的服務也較齊全。每晚價格在160～260歐元左右。例如：Radisson BLU、Scandic、First Hotels、Holiday Inn等等。

Radisson BLU
www.radissonhotels.com/en-us

Scandic
www.scandichotels.com

First Hotels
www.firsthotels.com

Holiday Inn
www.holidayinn.com/hotels

公寓民宿
Accommodation

多人同行最適合

　　北歐住宿的價格頗高，如果是多人或是家族旅行，建議可以租短期的公寓，公寓一般有基本天數的要求，最短大約是3天起跳。公寓的優點是使用空間大，設備齊全，又有廚房可以使用，可減少餐食上的花費。另外隱私及隱密性都比較好。唯一不太方便的是沒有24小時的服務櫃檯，如果需要幫忙還需打電話給租屋公司或房東。

平價旅館
Accommodation

價格較廉宜

平價旅館的所在位置通常都會偏遠一些些，就是用多些時間換取便宜的住房價格。當然設備和服務方面也比較缺乏，例如：房間面積狹小、使用吹風機需要另外付費、房內沒有煮水壺、可能需要共用廁所等等。每晚價格在70～120歐元左右。

設計旅館
Accommodation

住宿與美感創意的結合

以設計著名的北歐，自然是有許多以設計為主題的旅館，有些是走顏色大膽前衛的新潮風，也有走簡樸自然的北歐風，還有走老舊古典的歐洲風。設計旅館的價格有些介於五星級和平價旅館的中間，也有的比五星級飯店還貴。這種旅館的房間通常比較少，但想入住體驗的旅客卻較多，所以建議一定要及早預定，才能訂到理想的房型、時間和價格。住宿每晚價格在120～300歐元左右。

青年旅舍
Accommodation

YHA卡不是都通用喔

北歐各國的連鎖青年旅舍幾乎都有自己的會員卡，所以YHA卡在這並不通用。青年旅舍的房型大多都是多人一間且共用衛浴，只有較少數的獨立雙人房才有私人衛浴。另外床單、被套和浴巾等都需要自備，不然就是花錢向旅館租。每晚價格在35～75歐元左右。

貼心 小提醒

自備牙膏牙刷與拖鞋

北歐的旅館無論星級高低，幾乎都有免費的WIFI可以使用，是網路很發達的國家。但請注意，所有飯店均不附牙膏、牙刷和拖鞋。

毛巾換洗大不同

北歐環保意識很高，所以對於水資源也是很保護的，旅館浴室的牆上會貼有告示，鼓勵浴巾或毛巾可以多用幾次再洗。所以若是你將浴巾或毛巾掛在桿上，清潔員將不會更換你的毛巾，若是你想換洗，需將毛巾丟在地上或浴缸裡，這樣清潔員才會更換新毛巾。請加入愛護地球的行列。

實用訂房網站
Accommodation

綜合資訊旅遊網

http www.tripadvisor.com

選擇好想訂房的城市後，即可以設定預算、飯店星級、住宿類別和入住日期，系統會自動將你所設定的住宿列出來，也會把所有代訂此間飯店的訂房網站列出。這個綜合資訊旅遊網是個提供資訊的平台，不收取任何仲介費用。

全球性的訂房網

http www.hotelscombined.com、www.booking.com

網站右上方可以設定幣別和語言，方便及時換算房間價格。另外選定飯店按下訂房鍵之前，網站會先列出所有訂房網站對所選飯店的住房價格，這樣就可以直接點選最便宜的，而不用點進每個訂房網比價了。不過需要注意的是，有些訂房網雖然價格便宜，但會加收代訂費或有不能退房等限制。以上2個網站皆有中文版。

路上觀察 如何調節淋浴水溫及水量？

北歐浴室的淋浴設備通常都有2個調節鈕，分別在蓮蓬頭下方長型桿的兩端，一邊為水量大小，一邊為水的溫度。水量大小的鈕越往上轉水越大，水溫鈕則是越往下轉越燙，通常水溫會鎖在38℃左右，若想再燙一點要按壓上面的小按鈕(水溫鎖)再往下轉。

水溫鎖

水量鈕　　　水溫鈕

青年旅館訂房網

http www.hostelworld.com

這是專門訂青年旅館的網站，除了青年旅館外，也有B&B、平價旅館或公寓房型的選擇。網站中的住房都屬於較便宜實惠型，不過此網站需要先收10%的訂金，若取消訂房也不會退還，所以務必先確定日期及行程後再下訂。

公寓型訂房網

全球性公寓型訂房網：
http www.only-apartments.com

哥本哈根公寓型訂房網：
http www.all-copenhagen-apartments.com

斯德哥爾摩公寓型訂房網：
http www.cocoonstockholm.com
http www.stockholmbudget.com

這些是專門訂公寓型住宿的網站，適合旅行人數多、可共同分擔房費或長期住宿的人。網站需要預付訂金。

行家祕技 如何選擇合適的住宿地點？

交通便利性

北歐各個城市首選的住宿地點當然都是其市中心附近，因為來去機場的交通方便，同時也靠近中央火車站。但如果考量到停車或價格的問題，也可以選擇交通便利，徒步不超過10分鐘就有地鐵、巴士等大眾交通工具可到市區的地點。

Zone區影響交通費

除了從住宿地點到大眾交通工具的地點要鄰近外，所屬的Zone區也須注意，因為這會影響到交通票券的價格，同時也會影響到每日所耗的行車時間。最好是與市區為同一Zone區或不超過1個Zone區的距離。

北歐四國特色旅館集錦

出發前先大開眼界吧！「北歐設計」正流行！近年吹起簡約舒適的北歐居家美學，當然要趁旅途下榻時好好享受！除了設計的巧思妙用，北歐人也大玩創意，監獄、機艙、船艦大變身，成為不可錯過的主題式旅館。看完介紹後，包你直呼好～想～住～！

丹麥 船屋旅館 Hotel CPH Living

01旅館總共分為3層，住房有兩層，最上面是甲板 / 02旅館正面外觀 / 03每間房間都面海，且視野超優 / 04甲板區是欣賞風景和享用早餐的好地方 / 05位於船頭挑高的櫃檯大廳，這裡同時也是享用簡單早餐的地方

在面海房間、陽光甲板上，
　　享受開闊的城市海岸風景

這個位於哥本哈根市中心的帆船旅館，位置非常好，過個橋徒步15～20鐘左右就可以到中央火車站或Strøget人行徒步區的街口。旅館中的每個房間都採用大片的落地窗，讓房客從房間的窗戶就可以清楚地看見市政廳的鐘樓和海上來往的船隻。

不僅如此，房間內的家具和建材都很講究，家具和飾品混合了丹麥古典和現代設計的風格，建材則是選用不鏽鋼和防水性較強的珍貴木材。浴室的牆上特意設計了一個景觀玻璃窗，就連洗澡都可以欣賞風景。

旅館櫃檯設有自動販賣機，還有免費的咖啡、茶和冰箱可以使用。船的最上層甲板也有桌子和躺椅，可供房客吃早餐或吹著海風看風景時享用。

http www.cphliving.com
@ info@cphliving.com
✉ Langebrogade 1A, 1411 Copenhagen K, Denmark
☎ +45-61608546
$ 雙人房1,380 DKK起

丹麥 設計旅館 *AC Hotel Bella Sky Copenhagen*

01 Bella Sky的建築外觀像一對害羞情侶的互動 / **02** 黑白簡約的房間配色,房間落地床窗玻璃的形狀相當特殊 / **03** 明亮寬敞的浴室讓人放鬆 / **04** 浴室與房間僅用霧沙玻璃相隔 / **05** 餐廳空間設計的明亮俐落,早餐採用自助式的方式

交通機能方便,
像家一樣輕鬆自在的設計Hotel

這間坐落在哥本哈根Ørestad新區、Marriott集團旗下極具設計感的建築,是斯堪地那維亞地區最大的一間Hotel,樓高23層,擁有812間客房。建築外觀像一對害羞情侶的互動姿勢,既親密又有距離,這種傾斜的設計,是為了讓2座建築中的所有房間都能擁有開闊的視野和採光。一進入寬廣的大廳,就會被自然的採光和綠意盎然的綠色植物環繞,室內空間搭配木頭色系的裝潢和北歐風桌椅,讓人雖置身在五星級飯店,卻像回到家裡一樣輕鬆自然。

房間內的擺設承襲北歐簡約風格,以黑白色調為主,2層自動式的窗簾,可隨著時間和陽光調整室內光線。飯店也設有45間殘疾人士專用的大空間房,

和以粉紅色系為女性打照的專屬Bella Donna樓層,此樓層房內多了許多為女性準備的貼心設備和用具,讓單身女子入住時感到更舒適安心。

飯店雖不在市中心但離捷運站很近,坐捷運進市區只需10分鐘,且旁邊Field's購物中心的營業時間較長,也設有大型的超市和餐廳,方便晚歸回家的人採買食物。另外,購物中心對面就有火車站,可直接搭火車去機場、其他城市和瑞典,非常便捷。飯店住房價格頗高,但不時會推出特惠價格,想體驗的朋友要不厭其煩地追蹤訂房優惠資訊。

http www.marriott.com/hotels/travel/cphac-ac-hotel-bella-sky-copenhagen
✉ Center Boulevard 5, 2300 København, Denmark
☎ +45-32473000
$ 雙人房1,030 DKK起

丹麥 公寓式房型旅館 *Stay Apartment Hotel*

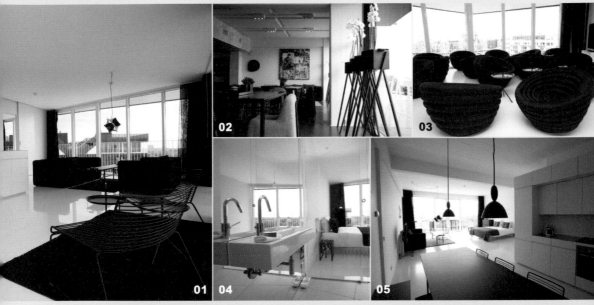

01四人房型，有2間獨立的房間和2套衛浴設備 / 021樓大廳旁享用自助式早餐的區域 / 03頂樓的公眾交誼廳，也可私人租來辦活動 / 04衛浴間也使用大鏡面設計，使空間更明亮 / 05房間走黑白極簡風格，室內擺設相當寬敞 / 06開放式雙人房型

來濱海社區旅館，
體驗簡約時尚的北歐居家公寓

這是一間極富有現代簡約感的公寓式旅館，原本建商要蓋的是一個濱海社區，可惜後來公寓的銷售量不如預期，於是建商索性不賣了，把社區變成旅館。Stay共有180間大小不一的房型，每間房型都是一戶完整的住家，客廳、餐廳、廚房、衛浴、陽台一應俱全。而且所有房型都全然以黑白的色調呈現，這樣簡單俐落的家居擺設和用色，讓空間顯得大器且明亮。

旅館的共用設施有健身房、交誼廳、會議室、屋頂露臺、有機超市、麵包店和餐廳。這間旅館的價格頗高，但備有獨立廚房可使用，比較適合家庭或3人以上、多人分租才划算。

06

http stayapartments.dk/copenhagen
@ cph@stayapartments.dk
✉ Islands Brygge 79A, 2300 Copenhagen S, Denmark
☎ +45-72444434
FAX +45-72444435
$ 雙人房2,500 DKK起

丹麥 古典北歐風酒店 *Copenhagen Admiral Hotel*

01

02

03

04 05

06

01豪華四人套房，還有寬敞的客廳客間 / 02豪華四人套房，樓下樓上各睡兩人，保有私密性 / 03接待大廳旁的休息區 / 04房間內的窗戶可以看到對面的歌劇院 / 05經典雙人套房 / 06飯店附設的餐廳用餐區

悠久的古蹟建築，著名的景點環繞，頂尖設計師群協力完造的古典丹麥風格

　　這棟位於哥本哈根市中心歷史悠久的建築，本身就是一個古蹟，它建於1787年，原本是作為倉庫之用，但由於所在的位置就在皇宮和海港旁，所以它也曾經在歷史事件中扮演著重要的角色，特別是1801年的哥本哈根戰役。現今改造成旅館後擁有366個房間，且坐擁著絕佳的地理位置，著名的景點都圍繞在附近，例如：新港、小美人魚銅像、阿瑪連皇宮、黑鑽石圖書館、皇家歌劇院、Strøget人行徒步街等等。

　　酒店中每一間房間的室內設計都不盡相同，是由丹麥最好的一組室內設計師，共同協力設計完成的，大部分的房間都還保有最原始的木頭結構和梁柱，是最古典的丹麥風格。不僅如此，酒店中的Salt餐廳和酒吧也曾獲得設計獎。酒店有租借單車的服務，也可自費預訂蒸氣室和烤箱的SPA享受。

　　飯店離市中心的景點、餐廳、商家都非常近。

http www.admiralhotel.dk
@ booking@admiralhotel.dkToldbodgade 24-28, 1253
✉ Copenhagen K, Denmark
☎ +45-33741414
$ 雙人房1,300 DKK起

瑞典 監獄旅館 *STF Långholmen Hostel*

01 保有原牢房尺寸的小型雙人套房 / 02 房門外的公共區域 / 03 小間雙人套房，床型是上下鋪，上鋪可以推上去收納 / 04 旅館中有趣的犯人椅 / 05 旅館附設的餐廳酒吧 / 06 監獄旅館外觀的大門口處

吃牢飯、睡監獄、林蔭小徑散步放風？ 還有沙灘戲水兼作日光浴？最另類的牢房體驗

相信大多數的人一生中從來都沒有住進監獄的經歷，斯德哥爾摩這間由19世紀監獄改裝而成的旅館可以幫你完成這個難忘的體驗。位於Långholmen島上的這棟建築，在1840～1975之間是專為關政治犯的皇家監獄。從1975年後停用，一直到2008年才重新裝修後搖身一變成為主題旅館。旅館中還是保有了許多監獄原本的設計，像是牢房大小的房間尺寸、厚重矮小的房門、後院囚犯放風時的扇形空地等等。

另外旅館還設有一間小博物館，介紹這間監獄過往的歷史點滴。旅館周邊的環境相當清幽，有草木扶疏的林蔭步道可以散步，還有小沙灘可以曬太陽

兼戲水。其他設施有包括餐廳、酒吧、洗衣間、無線上網等。由於旅館坐落在小島上交通比較不方便，最近的地鐵站Hornstull走路約15分鐘，比較適合有租車或是早出晚歸、不需來來回回跑的遊客。

http www.langholmen.com
@ info@langholmen.com
✉ Långholmsmuren 20, 117 33 Stockholm, Sweden
☎ +46-8-7208500
$ 單人房990 SEK起，雙人房1,250 SEK起

波音747飛機旅館 *Jumbo Stay Hostel*

瑞典

01 Jumbo Stay Hostel的波音747外觀 / **02**由原機艙座椅區改裝成的走廊 / **03**機艙中含衛浴的雙人房 / **04**旅館外面設有電梯，方便攜帶大型行李的旅客搭乘 / **05**早餐座位區 / **06**飛機頂部的大眾休閒區

機艙變舒適旅館，
捧著咖啡看飛機起降和日昇月落

這架位於瑞典斯德哥爾摩愛蘭達國際機場的747-200大型噴氣式退役客機，建於1976年，它最後由一家瑞典的航空公司Transjet所擁有，但自從2002年該公司宣布破產後，飛機一直停在愛蘭達機場。直到商人Oscar Diös決定將它買下並改裝成青年旅舍。2007年飛機開始進行室內改裝，隔年夏季飛機被拖曳到最終目的地——愛蘭達機場的入口處，並在2009年1月正式對外開放入住。飛機一共拆下了450個座椅，將機艙內部空間隔成了27個房間、76張床位。其中有2間房間設有獨立衛浴設備，分別是由機頭的駕駛艙和機尾部分改建而成的雙人房。旅館裡還設有小吃部販賣咖啡、三明治等簡單的零食。飛機頂部更有小陽台，可以讓你一邊喝咖啡，一邊欣賞愛蘭達機場跑道上飛機的起降。

此旅館離市中心將近1小時車程，但對於晚班機抵達，或隔天一早飛機要離開斯德哥爾摩的遊客來說，相對方便許多。

http www.jumbohostel.com
@ booking@jumbohostel.com
✉ Jumbovägen 4, 190 47 Arlanda, Sweden
☎ +45-8-59360400
$ 單人房間850 SEK起，雙人房間1,295 SEK起

瑞典 **湖邊帆船旅館**

01帆船旅館外觀(攝影：Bosse Lind) / **02**船上普通雙人房型(攝影：Bosse Lind) / **03**M/S Birger Jarl船屋雙人房 / **04**Den Röda Båten外觀 / **05**M/S Birger Jarl船屋外觀

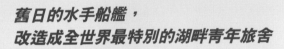

一棟皇家建築中。這棟鵝黃色的建築建於1785年，原本是皇宮儲存木柴之用，在19世紀重新建造後變為海軍工匠的宿舍，之後也一度成為郵局和雜貨店。直到1983年才正式成為青年旅舍的一部分。

另外還有2間帆船旅館——M/S Birger Jarl - Hotel & Hostel和Den Röda Båten，都保存了原有的木頭內部裝潢，室內擺設和用餐環境都很有懷舊氣息，M/S Birger Jarl船屋有時會在週末12:00～15:00來趟巡遊之旅，航行穿過斯德哥爾摩群島，非常值得體驗！

舊日的水手船艦，改造成全世界最特別的湖畔青年旅舍

這間位於斯德哥爾摩市中心Skeppsholmen島嶼上的帆船旅館，是全市最著名的地標之一。船於1888年在英格蘭建造，最初的25年是掛著英國和挪威的旗幟，航行在智利的合恩角和南非的好望角之間，進行貿易上的往來。後來先後被瑞典的私人和海軍買下來做為訓練艦，直到1934年完成最後一次航行為止。現在Chapman這個名字就是當時的瑞典海軍所命名的。1937年帆船被拖到現在的位置Skeppsholmen島上停靠，作為海軍住宿。但自二次世界大戰以後，帆船就沒有再做任何使用。於是斯德哥爾摩市政府便將船賣給了瑞典旅遊俱樂部，於1949年盛大的開幕，成為一個世界上獨一無二的帆船青年旅館。

這間青年旅館的房間不只設在船上，還有岸邊的

STF Af Chapman & Skeppsholmen Vandrarhem
http www.svenskaturistforeningen.se/en
@ chapman@stfturist.se
✉ Flaggmansvägen 8, 11149 Stockholm, Sweden
☎ +46-8463-2280
$ 單人床位310 SEK起，單人房間720 SEK起

Rygerfjord Hotel & Hostel
http www.rygerfjord.se
✉ Söder Mälarstrand, Kajplats 13, 118 25 Stockholm
☎ +46-884-0830
$ 單人房 505 SEK起，雙人房 625 SEK起

Den Röda Båten
http www.theredboat.com
✉ Södermälarstrand kajplats 10, Södermalm, 118 20 Stockholm, Sweden
☎ +46-8120-90150
$ 單人房520 SEK起，雙人房650 SEK起

挪威 新式簡約旅館 Comfort Hotel Xpress Youngstoret

01 旅館外觀 / **02** 書桌可以推上去收納，節省房內空間 / **03** 櫃檯大廳旁的飲料販賣區 / **04** 樓下交誼廳 / **05** 房內風格簡約時尚 / **06** 大廳電腦自助Check-in區

省荷包，兼享受設計巧思的新潮旅館

挪威的消費居北歐之冠，在世界各國中也是數一數二的高消費國家，所以要找一個價格親民地段好的旅館，這間絕對是首選。這間位於奧斯陸市區的三星級旅館，走新潮簡約風格，一進入大廳就可以明顯感受到它的活潑氛圍，牆上的布置都是鮮豔大膽的圖案，旁邊還有極具設計感的休息區，更有有趣的大型彈珠台，就連Check-in都是使用大廳的電腦自助式方式。房間的設計風格也很現代，空間雖然不大，但可以看到許多為房客設想的小巧思，例如：可以收起來的書桌和行李架。價格實惠的它還附有免費咖啡和免費無線上網的服務。最棒的是旅館地理位置很好，徒步到市區的購物商圈大約只需10分鐘左右的時間。

http pse.is/5lknmm
@ xpress.youngstorget@strawberry.no
✉ Møllergata 26, 0179 Oslo, Norway
☎ 020 10 93 78
$ 單人房 780 NOK起，雙人房 880 NOK起

挪威 精品酒店 *Att / Revier*

01 **02** **03** **04** **05**

01雙人套房內的廁所與大床僅隔一層霧砂玻璃 / 02房內的床墊、電視和音響設備都是北歐一線大牌 / 03低調奢華的接待櫃檯 / 04大廳旁的酒吧坐椅區 / 05大廳旁的座椅區 / 06Revier(AttStays)的全新外觀

65間主題房間，奧斯陸著名的設計旅館，精品設備低調奢華！

　　這是一間極具斯堪地那維亞北歐設計風格的精品旅館，也號稱是奧斯陸唯一的設計型旅館。旅館一共有65間不同主題的房間，以不同的色調來區分。房間內的設備都是採用北歐一線品牌，例如：Bang & Olufsen的電視、Jensen的床鋪等。

　　旅館位於奧斯陸市中心外圍，徒步到購物商圈約25分鐘左右的時間。不過此間價格稍高，只適合體驗一晚，比較不適合長期住宿，除非口袋夠深。

06

http www.attstays.com
✉ Kongens gate 5, 0153, Oslo, Norway
☎ +47-90 48 84 40
💲 雙人房 2,020 NOK起

 豆知識

斯堪地那維亞風格

　　斯堪地那維亞風格即是我們常聽到的北歐風。北歐設計創新簡約，但以符合人性為出發點，用色簡單大膽，卻不失典雅，最重要的是與大自然做緊密的結合。例如：大量採用木頭原料和木製的家具，重視自然光源，注重綠色植物的擺放等，居家氛圍讓人置身其中會感到自在放鬆。

芬蘭 監獄旅館 *Hotel Katajanokka, a Tribute Portfolio Hotel*

01監獄旅館的外觀 / **02**享用早餐的座位區 / **03**經典大床房型 / **04**自助式早餐拿取區(以上圖片提供 / Hotel Katajanokka)

監獄和審前拘留中心改建的飯店

Hotel Katajanokka酒店最初為赫爾辛基市監獄和審前拘留中心,其歷史可以追溯到1888年,監獄於2002年關閉。經過大規模的翻修和改建工作,在2007年重新成為一家現代化的高級酒店。在芬蘭國家文物局的保護下,舊監獄主要的走廊,外殼和周圍的紅磚牆仍然完整的保留著。

監獄改建的旅館因為磚牆厚度有1米厚,使得房間的隔音效果很好,再加上3層玻璃窗戶隔離了城市外的喧囂,保證讓旅人有個安靜的夜晚可享受良好的睡眠。另外房內挑高的天花板也讓室內空間感覺更寬敞了。

旅館有4種房型,分別是經典大床房、經典雙床間、高級特大床的家庭間和擁有私人桑拿的套間。所有的房價包括使用無線網絡連接,免費使用24小時健身房和免費週末桑拿。

飯店內的Linnankellari餐廳,除了有美味的早餐,其他時間也供應斯堪地那維亞的美食,均使用當季最好的在地食材。

http www.hotelkatajanokka.fi/en
✉ Merikasarminkatu 1A, 00160 Helsinki, Finland
☎ +358 2 93200 620
💲 €130~250

芬蘭 典雅的精品酒店 *Hotel F6*

01酒店旅館大廳休息區 / **02**豪華寬敞的客房設計 / **03**標準客房型 / **04**房內布置兼顧典雅時尚和舒適感 / **05**酒店內的附設酒吧(以上圖片提供／Hotel F6)

提倡環保的酒店，離鬧區很近。

　　位於市中心，坐落在著名的濱海藝術中心(Esplanade)的一條小街上。步行到購物大街、市集廣場和老農貿市場都只有幾分鐘的路程。酒店共有66間典雅而時尚的客房，房間布置得非常舒適溫馨，並選用高品質的材料，不僅是為了風格，也是為了可持續發展，是一個非常環保的酒店，酒店的電力全是用風和水來發電。這是一間家族經營的酒店，所以非常重視服務品質。旅館有3種房型，分別是標準客房、高級客房和豪華客房。所有的房型都有包含芬蘭風味的自助早餐，同時酒店還有4輛自行車供客人免費使用。

http www.hotelf6.fi/en
✉ Fabianinkatu 6, 00130 Helsinki
📞 +358 9 68999 666
💲 €190～270

飲食篇
Gourmet

在北歐，吃哪些道地美食？

北歐的料理走簡單而無負擔的路線，就像他們的民族性一樣。雖然處在較為寒帶的地方，卻依然喜愛生食或只經醃製的海鮮。正餐雖然簡單，但甜點卻偏愛重口味、略為甜膩的，若能適當的配上一杯黑咖啡，就能綜合口感讓美味加分。

飲食文化

嚴格來說北歐料理就跟它的風格一樣，崇尚簡單自然。幾乎所有的料理都沒有繁複的加工，盡量以最接近天然的方式呈現。亞洲人的胃可能比較不喜愛生冷的食物，但是身處氣候寒冷地區的北歐人，卻非常習慣吃生食和醃製的食物，不僅常見的生菜沙拉，就連花椰菜和豆子等蔬菜、海鮮都時常生吃。

北歐人的三餐習慣
Gourmet

北歐料理縱然簡單，但三餐的選擇還是有講究的。大部分北歐人的早餐和午餐以麵包為主，而且午餐用餐時間比較早，通常上班族11點左右就會開始用午餐了。丹麥有名的開放三明治(Open-Sandwich)通常只出現在午餐桌上，晚餐則大多以熱食為主。由於北歐的幾大城市地理位置大多靠海，所以海鮮也是料理中不可或缺的食材，特別的是許多魚類料理方式都是直接生醃後食用。

貼心 小提醒

露天座位不加價

北歐人特別享受曬太陽，無論天氣是冷是熱，只要有陽光的日子，就喜歡在室外享受餐點，於是許多餐廳都設有戶外露天的用餐場地，冬天還會開暖爐和放置毛毯在每張椅子上，供用餐的客人使用，而且在室外與在室內的用餐價格都一樣。

▲ 在北歐，這種豌豆在夏季才有賣，只剝開生吃豆莢裡的豆子，豆莢則扔掉不吃

▲ 早餐自助吧的冷盤醃鮭魚與各式起士

▲ 三明治

北歐吃喝，樣樣都要錢
Gourmet

不收小費，但寄放大衣要收費！

北歐餐廳的消費頗高，所以用餐習慣中沒有額外支付小費的這種文化。不過，還是有些餐廳會收取掛外套大衣的服務費。這些餐廳會在收放大衣的櫃檯處，掛上收費金額的告示牌，服務生收到大衣後會給一個號碼牌，用餐完畢取回大衣時再付費。如果外套沒有很厚重也可選擇不寄放。

速食店沾醬，要收費！

在丹麥幾乎所有速食店的薯條沾醬（番茄醬、美乃滋、芥末醬）一律需要額外付費，一包收取2克朗，所以當點餐店員詢問時，請斟酌是否要醬包及數量。挪威和瑞典速食店的番茄醬則是無限供應，採取自助吧檯自己按壓拿取。

喝瓶裝水，也需另外付費！

在餐廳用餐如果想點水時，需特別說明要瓶裝水（Bottled Water）還是自來水（Tap Water）。一般若是點自來水，不會額外收取費用，若是礦泉水則需另外付費，而瓶裝水還有分氣泡式（Sparkling）或是非氣泡式（Still）可選擇。

買飲料，會加收瓶罐費！

在北歐買飲料大多會加收瓶罐費，而這些瓶罐千萬不要就這樣丟了。你可以在各大超市裡的回收機器做退瓶回收的動作，就可以將瓶罐費用拿回來了。機器操作完成後所印出的收據可以做為下次購物時抵用，或是到超市專門的服務檯換取現金。

需要注意的是從哪家超市機器所印的收據，就只能在那家超市抵用，不通用於其他家超市喔！（這裡指的是超市廠牌，不是指店面。例如：在A街的Netto超市退瓶拿到的收據，可以到B街的Netto超市購物時抵用）

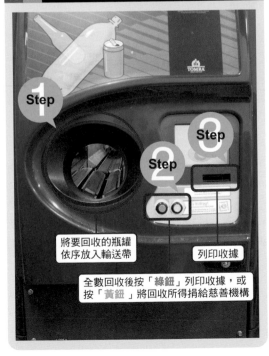

行家祕技 | **瓶罐退費機操作步驟**

將要回收的瓶罐依序放入輸送帶

列印收據

全數回收後按「**綠鈕**」列印收據，或按「**黃鈕**」將回收所得捐給慈善機構

特色食物

北歐人最愛吃什麼？

開放三明治 Open Sandwichs

北歐擅長用醃魚和蝦等海鮮，做成各式搭配沙拉或三明治的料理。最常見也最受歡迎的就是丹麥開放三明治，將各式生鮮食材鋪在黑麵包上，就完成了色彩豐富又營養十足的午餐。當然不只有海鮮的選項，還有火腿或燻肉等不同口味。平價的開放三明治可以在超級市場的專櫃，或生鮮市場中買到。

貼心 小提醒

開放三明治請用刀叉

丹麥著名Open Sandwich的食用方式：先用刀將麵包分為幾小口後，再由叉子固定其料入口，千萬不要大刺刺地用手抓起來吃喔！

丹麥燒肉 Flæskesteg

丹麥傳統菜色，也是聖誕晚餐中常見的一道主菜。特色是香脆的外皮，料理通常搭配馬鈴薯、焦糖薯(brunede kartofler)和紅甜菜(rødkål)一起吃。

魚餅 Fiskefrikadeller

使用牛奶、麵粉、鹽、洋蔥和鱈魚混合煎成。食用魚餅時，會沾取塔塔醬、Piccalilli醬或檸檬醬汁，並搭配馬鈴薯、魚子醬或是黑麵包食用。

攝影：Bo Lykkeberg

鯡魚料理

將鯡魚浸泡在醋、咖哩或鹽等各種不同的口味。這是北歐非常受歡迎的料理。在超市也一定可以找到這類的罐頭料裡。

飲食篇

黑麵包 Rugbrød

口感與一般麵包不同，較有彈性，北歐開放三明治最下面使用的麵包就是黑麵包，這種麵包的營養價值很高。

瑞典肉丸 Frikadeller

大部分用牛肉或豬肉做成，不過也有是用麋鹿肉或羊肉做成的。醬汁有佐紅酒醬、洋蔥醬、瑞典特產莓果醬

攝影／Igor Korenev

（Lingonberry）。肉丸通常都是搭配馬鈴薯泥一起食用。

瑞典臭酸鯡魚 Surströmming

只有在8～9月舉行活動時才有的傳統料理，人們會一同把醃製好的臭鯡魚打開，味道十分腥臭特殊，不是每個人都能接受，就像咱們台灣正港臭豆腐一樣。瑞典人倒覺得這是臭到好滋味。

煙燻鮭魚(Laks)＆魚子醬

超市裡光是鮭魚產品，就有許多不同的口味。這些都是買回後不需料理就可以吃的。瑞典人喜歡直接放在一種瑞典傳統脆烤餅上食用。

煙燻鮭魚　魚子醬

瑞典傳統脆烤餅　在瑞典的超市有賣麋鹿肉

路上觀察 街頭路邊攤

北歐街頭較少有路邊攤，路邊攤的選擇種類也很少，常見的熱食就是熱狗麵包。特別的是，這裡的熱狗不只是夾在長條麵包裡，還有一種專門為熱狗設計的圓桶麵包。老闆會先詢問你要什麼醬料，然後先擠進圓桶麵包中，最後再插入熱狗即完成。

至於常見的點心類，則是杏仁果裹糖後再去煎熟，在煎炒的過程中，杏仁果會散發甜甜的香氣，讓路過的人實在難以抗拒。瑞典街頭除了熱狗外，還多了漢堡、薯條的選擇，甜食類則是冰淇淋。這些路邊攤雖不是街道上的店鋪，但大都是固定的攤位。

熊肉與麋鹿肉罐頭

北歐有為數不少的麋鹿和熊，所以這裡有亞洲不可能出現的麋鹿肉和熊肉罐頭，雖然很新奇，都其實味道並不太好，有濃濃的腥味，而且肉質偏硬。但是照張相片還是滿有噱頭的。

熊肉與麋鹿肉罐頭

甜點大集合

北歐四國的甜點種類都很相似，尤其是肉桂和杏仁口味的點心，幾乎搶攻了大部分的甜點市場。北歐人吃的甜點甜度似乎比亞洲人甜上了許多，所以在品嘗美味點心前，請先做好心理準備，並點上一大杯不加糖的黑咖啡，才是最恰當的搭配。

法式丹麥酥捲

肉桂口味的丹麥酥捲

長條型的巧克力丹麥酥

紅莓水果塔上面鋪上紅莓蓋上糖漿，下面是杏仁口味的塔底

肉桂口味的麵包，
摻有少許巧克力和杏仁片

巧克力丹麥酥
(這款口感較扎實)

檸檬塔、蛋白杏仁片塔和草莓塔，塔底都加入了杏仁味。草莓塔是最常見的塔類口味

北歐最傳統的肉桂捲，
上面的小白點是糖霜

口感介於餅乾和蛋糕之間，通常最外面刷上薄薄的糖層，中間夾果醬，切成一塊一塊的販賣

Æbleskiver，傳統的丹麥球煎餅，超市有賣冷凍的球煎餅，只需買回來用烤箱加熱即可

類似Risalamonde聖誕節的米布丁，不過不用等到聖誕節，超市有賣可撕開直接拌果醬吃的盒裝米布丁

Flødeboller約出現於200年前，是種類似泡芙的甜點，裡面填滿了用蛋清打成的綿密蛋白發泡，外層則是用巧克力包覆。現在還有多種不同的口味，像是在外層再淋上椰粉或是內餡和入紅莓的水果口味

義大利式杏仁片杯子蛋糕

胡蘿蔔口味的杯子蛋糕

外表沾滿椰子粉的巧克力泥球

慕斯蛋糕主體鬆軟，搭配上面綿密的慕斯和可中和甜味的桑　和藍莓，真是酸甜好滋味

瑞典杏仁捲的外層是用杏仁泥，內裹松露麵團，兩邊沾上巧克力醬封口，是較為甜膩的甜點

瑞典的檸檬蛋糕有清香內餡，加上一層綿密不膩的鮮奶油

平價餐廳

想吃平價美食要去哪找？想省荷包的快來看吧！

丹麥 ## 綜合市場
Torvehallernekbh

http www.torveha llernekbh.dk / ✉ Frederiksborggade 21, 1360 København / 🕐 週一～五10:00～19:00，週六、日10:00～18:00

　　位於Nørrport St地鐵站後方的Torvehallernek-bh，是一處由2棟玻璃建築組合而成的綜合型市場。市場所在位置曾經也是哥本哈根蔬菜市集所在地，自從50年前蔬菜市集結束後此地便冷清了一段時間。直到Torvehallernekbh集合各式店家重新開幕，讓此處又活絡了起來。2棟玻璃建築區隔了不同的食物類別，一棟是專賣海鮮、火腿等肉類食品和起司，還有熟食餐廳。另一棟是以麵包甜點居多，還搭配咖啡和茶葉的販售。夏天天氣好的時候，可以選擇到2棟建築中間的室外用餐區，享受餐點和陽光。

丹麥 ## 三明治店
Sunset Boulevard

http www.sunset-boulevard.dk

　　這間三明治店就是丹麥版的Sub-way，專門販賣各式麵包三明治和漢堡，連賣法也和Subway很像。首先挑好想吃的三明治口味，接著開始選麵包種類，麵包種類有3種，最特別的是丹麥人愛吃的黑麵包，黑麵包比較有嚼勁，到丹麥很推薦來試一試。選好麵包後再選5種沙拉配料和2種醬料即完成了，主餐可以加選薯條和飲料配成套餐。套餐價格約在65～115 DKK之間。

瑞典 **綜合食堂**
Stockholm City Food Hall

http www.cityfoodhall.se / ✉ Klarabergsgatan 29, 111 21 Stockholm / ⏰ 週一～六11:00～22:00，週日11:00～21:00

　　Stockholm City Food Hall是位於斯德哥爾摩市中心Åhléns百貨公司對面的綜合食堂，內部約有8家不同風味的料理，餐廳的種類包含瑞典本地料理、墨西哥料理、披薩、異國風味、壽司、歐式料理、熱飲冷品等，提供多元特色餐食的選擇。價位在瑞典當地屬中等價格，約60～200 SEK。

瑞典 **速食餐廳**
MAX

http www.maxburgers.com

　　這是一間瑞典自家品牌的速食連鎖店，北歐人都很支持國貨，所以據說這家的生意比麥當勞這類的外來速食店生意好得多，價格也似乎比其他速食店便宜一點點。MAX特製的漢堡醬非常受到當地人的青睞，受歡迎的程度已經到專門推出整瓶的醬汁來販賣。MAX也兼顧素食族群，推出4款素食漢堡和1款素食雞肉沙拉，詳情請見P.170。

瑞典 **室內生鮮市場**
Hötorgshallen

http www.hotorgshallen.se / ✉ Hötorgshallen, 11157 Stockholm / ⏰ 週一～四10:00～19:00，週五10:00～20:00，週六10:00～17:00，週日和國定假日休

　　在市中心Hötorget廣場旁還有一個室內的Hötorgshallen生鮮市場，裡面不僅有販賣許多新鮮的食材，例如：火腿、海鮮、蔬菜水果、起司、咖啡豆和茶葉、麵包等，還有8家餐廳和咖啡店也在其中。這裡餐點的價格更便宜，很貼近攤販的價格，但是這裡店家的座位不多甚至沒有座位，餐點只能外帶。不過位置在市中心，價格也實惠，很適合午餐來此填飽肚子後再繼續下午的行程。

挪威 購物中心美食街
Byporten、Olso City

■ **Byporten購物中心** / http www.byporten.no / ✉ Jernbanetorget 6, N-0154 Oslo / 🕐 週一～五10:00～21:00，
週六10:00～20:00，週日休
■ **Olso City購物中心** / http www.oslocity.no / ✉ Stenersgata 1, 0050 Oslo / 🕐 週一～五10:00～22:00，週六10:00
～20:00，週日休

Byporten和Olso City兩間大型購物中心裡都設有餐廳、輕食咖啡廳和速食類的快餐，價格比外面的餐廳稍微平價一些。Olso City裡有8家可選擇，Byporten有12家可挑選。這裡是平價快餐比較集中的地方。

挪威 海港區餐廳

預算比較高的話就建議到市政廳前的阿凱爾布里格海港（Aker Brygge）邊享用，這裡一條街上全部都是一家接著一家的餐廳和酒吧，夏季的用餐氣氛非常棒。

挪威 複合式連鎖店
Deli de Luca

http www.delideluca.no

這間算是挪威的平價食物連鎖店，店內是複合式經營，有像便利商店一樣賣零食，也有兼賣熱食及用餐的地方。熱食價格與外面的店家比起來算是相當的便宜，

不只有麵包、三明治的選擇，還有各式義大利麵、披薩餃、披薩捲、雞腿和雞塊等食物。當然店內也少不了咖啡和蛋糕的供應。

挪威 超級市場熟食區

如果預算不多，那就直接選擇超市裡的熟食、沙拉或三明治等會更加省荷包。市中心的中央火車站裡有間Coop Prix超市，Byporten購物中心裡也有KIWI mini pris平價超市。

芬蘭 口袋餅店
FAFA'S

📟 fafas.fi / ✉ Kauppakeskus Citycenter, Kaivokatu 8, 00100 Helsinki / Urho Kekkosen katu 1, 00100 Helsinki / Iso Roobertinkatu 2, 00120 Helsinki (靠近市區的3間分店) / ⏱ 每間分店營業時間不同，週一至週日都有開門，平均營業時間10:00～22:00(有些至隔日清晨4點) / 💲 口袋餅約€11

赫爾辛基最好的炸豆丸子，店內販售的口袋餅有相當多的素食選擇。該店在赫爾辛基市內有6家分號，設在Iso-Roobertinkatu大街、Kamppi購物中心和Mikonkatu大街的幾家在雙休日開張至深夜。不過用餐地方狹小，可考慮外帶。

芬蘭 超市熟食區
K Supermarket

位於Kamppi購物中心裡的K Supermarket超級市場中的熟食區，是旅人們在這高物價的國家中最省荷包的選擇，有沙拉、義大利麵、烤雞和素食等冷熱食可選。

貼心 小提醒

酒價昂貴

北歐除了丹麥可以自由的在商店和超市買到酒外，在挪威、芬蘭和瑞典買酒都需要特別到酒的專賣店購買，超市只能販賣酒精濃度低於3.5％的啤酒類。北歐酒的價格非常高昂，比較起來丹麥賣的最便宜，挪威則賣得最貴。

私房咖啡廳推薦

不說你可能不知道，全球咖啡銷量第一的地區就是北歐，每人每年平均銷耗10公斤的咖啡豆，大約是1,000杯的咖啡量，比西歐、南歐人的5～6公斤多出許多。也因為如此的熱愛，使得北歐人在世界咖啡大師錦標賽WBC(World Barista Competition)中多次取得佳績。大賽從2000年舉辦至今，從原來的十幾個國家，到現在每年超過60個國家的選手參賽，從大賽成績中，可以看出來北歐人對於咖啡的重視，不得不佩服他們對咖啡的熱愛與執著！

| 丹麥 | *PALUDAN Bog&Café*
人文氣息的書店咖啡館 |

http www.dagensmenu.dk/paludan-bogcafe / ✉ Fiolstræde 10 1171 København K, Denmark / 📞 +45-33150675 / 🕐 週一～四09:00～22:00，週五19:00～23:00，週六10:00 ～23:00，週日10:00～22:00 / 💲 蛋糕1塊約39 DKK，咖啡 1杯約20～45 DKK，餐點59～139 DKK

PALUDAN BØGER書店咖啡館，原本真的是一間書局，專賣學生用的教科書，後來慢慢轉型成複合式的經營，書籍也從原本的教科書，發展到現在各式不同種類、偏向休閒娛樂的書種。這間咖啡館營造出一種讓人置身於圖書館的氛圍，流露出濃濃的人文氣息。

書店咖啡館的空間很大，室內分成了3塊區域，1樓有左右兩區外，2樓還有更像圖書館的空間，另外室外也有曬太陽的露天雅座。餐點不只有咖啡、蛋糕等甜點，還有供應午餐三明治、混合輕食料理可以選擇，夏日更提供草莓水果奶昔等冰飲。

丹麥 *Café Glyptoteket.*
綠意盎然的美術館咖啡

http www.glyptoteket.dk / ✉ Dantes Plads 7, 1556 København V, Denmark / ☎ +45-33418128 / ⏰ 週二、三、五、六、日10:00～16:30，週四10:00～20:30，週一休 / 💲 蛋糕1塊約45 DKK，咖啡1杯約40 DKK，餐點95～200 DKK

　　這是一間位於新嘉士伯博物館中庭的冬季花園咖啡廳，座位都被一旁園中的綠色植物環繞著，擁有非常優雅舒適的用餐環境。咖啡廳有供應早餐、午餐、三明治、沙拉等輕食，而且食材大都是取自有機食品，這裡的蛋糕甜點很受好評，更是每日限量供應，保持高度的新鮮狀態。要進咖啡廳用餐必須先買門票入博物館。不過每個週日或持有哥本哈根卡可免費入館。

丹麥 *La Glace*
最歷史悠久的蛋糕店

http www.laglace.dk/en / ✉ Skoubogade 3-1158 København / ☎ +45-3314 4646 / ⏰ 週一～五08:30～18:00，週六09:00～18:00，週日10:00～18:00 / 💲 蛋糕1塊約62 DKK，丹麥糕點約49 DKK，咖啡1杯約64 DKK

　　La Glace蛋糕店是丹麥最古老也是最好的甜點店，從1870年成立至今歷經了6代的傳承，裝潢和擺設也都還保留了老哥本哈根時期的樣貌。平日店內提供的蛋糕選擇就有20幾種，其中還有以Tivoli樂園和安徒生大師命名的蛋糕。除了蛋糕外也有16種丹麥式的糕點可以品嘗。雖然該店的糕點非常美味，但價格比較高昂，飲料選擇也有限，進來品嘗可能要先做好心理準備。

丹麥 *Espresso House*
少數提供冰咖啡的連鎖店

🌐 www.dk.espressohouse.com / ⏰ 每家不一定，不過營業時間很長，一般平均為07:30～19:00 / 💲 咖啡1杯約40 DKK

　　這是丹麥的連鎖咖啡店，舉凡機場、中央車站、購物中心，甚至郵輪上都是它的地盤。飲料選擇很多元，除了正統的咖啡選擇外，還有特調式飲品，例如：提拉米蘇拿鐵、橙橘拿鐵、東方茶、各式水果茶、各式巧克力飲料、義式冰淇淋牛奶等等。這裡也是少數有賣冰咖啡的店。

瑞典 *Mr Cake*
來個美式糕點&瑞典咖啡組合吧

🌐 www.mrcake.se / ✉ Rådmansgatan 12, 114 25 Stockholm / 📞 +46-8-400 171 90 / ⏰ 週一～五08:00～18:30，週六09:00～18:30，週日09:00～18:00 / 💲 蛋糕1塊約59 SEK起，肉桂捲一個約36 SEK，咖啡1杯約59 SEK

　　咖啡館於2017年開店，其特色是提供最優質的溫馨空間及與眾不同風味的各種烘焙甜點與鹹口味食品，是斯德哥爾摩所受歡迎及好評的咖啡館。招牌糕點有紅絲絨羊角麵包（紅色天鵝絨甜味和奶油）、濃郁椰子味的巧克力球（Choklad Ruta）、維多利亞海綿蛋糕、覆盆子／白巧克力芝士蛋糕、果仁糖、沙拉、三明治、煎／捲餅、草莓甜甜圈、奶昔等，種類多樣，可盡情選擇，體驗在當地品嘗美式糕點+瑞典咖啡組合的優閒風情。

丹麥 *The American Pie*
滿足味蕾～鹹甜都有的美國派

🌐 www.theamericanpieco.mealo.dk / ✉ Skindergade 25, 1159 København k / 📞 +45-24 22 88 22 / ⏰ 週一～六11:00～18:00，週日12:00～17:00 / 💲 鹹派1塊85 DKK、一組2塊165 DKK，咖啡約40 DKK

　　哥本哈根第一家美國派專賣店，創店人Erin來自美國，長時間離開家鄉讓她非常思念家鄉的食物，於是開始研發家鄉味的美國派。創店人之二Dorte，生於丹麥但在美國讀大學，回到丹麥工作後始終忘不了美國的一切。於是2人攜手打造了這間美國派專賣店，和大家分享她們的好手藝。

　　店面雖然不大，但美式風格的布置很溫馨，讓用餐者感受到活潑輕鬆的氣氛。店內的派是季節性提供的，每3個月更換一次口味。甜派、鹹派和蔬菜派都有，鹹派還可以多加10 DKK搭配沙拉。

瑞典 *Espresso House*
十足北歐風的咖啡連鎖店

http www.espressohouse.se / $ 點心1塊約52 SEK起，咖啡1杯約44 SEK起

　　Espresso咖啡屋是一間連鎖的咖啡店，在瑞典幾個大城都能輕易的找到他們的分店。雖然這是一間連鎖店，但是每間分店的裝潢卻絲毫不馬虎，大量使用木頭的店內布置，散發一股濃濃的北歐風。他們擁有自己的中央廚房烘焙坊，每日製作新鮮的麵包、甜點、三明治到各分店。飲料的選項很齊全，從咖啡、果汁、奶昔或特調冰飲通通都有，重點是餐點好吃又不貴。這間連鎖咖啡廳正以飛快的速度成長，北歐各大城市皆看得到它的蹤影。

瑞典 *Vete Katten*
斯德哥爾摩第一名的甜點店

http www.vetekatten.se/en / ✉ Kungsgatan 55, 111 22 Stockholm / ☎ +46-8-20 84 05 / ⏰ 週一～～五07:30～20:00、週六～日09:00～19:00

　　Vete Katten創建於1928年，致力於提供高品質的糕點和麵包，它是斯德哥爾摩第一名的甜點店。店內環境優雅且空間寬敞，每日供餐時段分為早餐07:30～10:00、午餐套餐11:00～14:00，套餐一律提供麵包、奶油、沙拉以及茶或咖啡；每週二15:00開始提供下午茶吃到飽特惠，價格為175 SEK／人。

挪威 *Grand Café*
擁抱歷史匯集藝術波西米亞風格咖啡館

http www.grandcafeoslo.no/english / ✉ Karl Johans Gate. 31, 0159 Oslo / 📞 +47-981 82 000 / 🕐 週一06:30～20:00，週二～五06:30～22:00，週六07:00～22:00，週日07:00～10:30 / 💲 甜品約125～195 NOK，餐點約255～495 NOK

Grand Café開業於19世紀，一百多年來仍然是挪威最著名的地標之一。如果沿著卡爾約翰斯大道（Karl Johans Gate Street）一路漫步走過咖啡館，可以探索許多在這宏偉圍牆背後的故事。創作《吶喊》的挪著名威畫家愛德華・孟克（Edvard Munch）也曾在1928年寫道：「關於Grand Café，我們可以一一說出很多它將成爲奧斯陸的一段歷史。」

2016年重新改造，作爲不僅能擁抱歷史，更擁抱現代的大咖啡館，以奧斯陸波西米亞風格呈現了新的面貌，Grand Café自豪地迎接著新客與故人。在新穎的餐廳和酒窖空間，客人們可以感受悠閒的氣氛，品嘗來自該國最有才華的廚師們的絕佳北歐美食菜肴，並享受精選的稀有葡萄酒。

在這裡還可以欣賞到挪威藝術家佩爾・克羅格（Per Krohg / Christian Krohg)的3幅著名壁畫，其中最大的畫作匯集了19世紀末曾在大咖啡館裡度過精神生活的許多著名作家、藝術家。非常推薦來此享受一次這匯聚波西米亞風格藝術的用餐體驗。

挪威 *United Bakeries Paleet*
百貨咖啡廳

http www.united-bakeries.no、www.apentbakeri.no/#/paleet / ✉ Karl Johans gt. 37-43, 0162 Oslo / 📞 +47-9402 4102 / 🕐 週一～五08:00～20:00，週六09:00～18:00，週日11:00～17:00 / 💲 咖啡1杯約35 NOK，麵包約20～40 NOK

位於Paleet百貨公司裡的這間咖啡廳，擁有自己的烘焙坊。從Karl Johans Gate大街經過時，會看到店前半部的麵包店提供客人外帶的服務。如果是從Paleet百貨公司內部進來，就會看到後方布置得相當法式的座椅區。

這間店的麵包都是採用古法製造，並用純天然的成分製成，而且種類很多，不僅有傳統的挪威麵包，還有法式麵包、蘋果派等各式糕點可以選擇。價格以挪威的消費來說，走中價位路線。

飲食篇

芬蘭 *Fazer Café*
芬蘭老字號巧克力的專屬咖啡館

🌐 www.fazer.com / ✉ Kluuvikatu 3, 00100 Helsinki / 📞 +358 40 5902434 / 🕐 週一～五07:30～22:00、週六09:00～22:00、週日10:00～20:00

　　Fazer咖啡館於1891年開業，巧克力向來榮登芬蘭必買伴手禮第一名，這間咖啡館不只販售蛋糕、三明治、沙拉及咖啡等輕食，同時也有巧克力專賣店，販賣各項包裝精美可愛的巧克力商品，有些包裝和口味可是其他地方買不到的喔！這裡平日供應早餐和午餐，週末供應早午餐，還有湯品配麵包吃到飽的選擇。在赫爾辛基就多達15間分店。

芬蘭 *Café Regatta*
海邊芬蘭傳統咖啡館

🌐 caferegatta.fi / ✉ Merikannontie 8, 00260 Helsinki / 📞 +358 40 414 9167 / 🕐 全年每天09:00～21:00

　　Regatta是一家擁有芬蘭靈魂的咖啡館，靠近海邊，是一棟建於1887年的傳統紅色小屋，這裡以新鮮的肉桂麵包和藍莓派聞名。小屋充滿了讓人放鬆的氛圍，雖然室內的位置也不多，但戶外也有提供座位可眺望海景，冬季更會生起爐火，讓人坐在室外別有風情。在夏季，這裡還可以租用立式槳板、獨木舟、皮划艇和划艇戲水呦！

芬蘭 *Scandinavia Café Helsinki*
小而溫馨的市場咖啡

🌐 scandinaviacafe.fi / ✉ Eteläranta 1, 00130 Helsinki (Old Market Hall) / 📞 +358 9 660046 / 🕐 週一～六08:00～18:00、週日10:00～17:00

　　位於赫爾辛基老市場內，一走進市場就能聞到咖啡香，逛完市場後就可以直接坐下來休息，在濃濃芬蘭鄉村風味中享受一杯美味的咖啡。這裡一共有29個座位，雖然地方不大，但是妝點得很溫馨，這裡賣的大多是北歐當地的特色甜點。

素食餐廳推薦

丹麥 *RizRaz*

🔗 www.rizraz.dk / ✉ Store Kannikestræde 19 1168 Kø-benhavn / 📞 +45 33 15 05 75 / ⏰ 週日～四11:30～23:00，週五、六11:30～24:00 / 💲 素食吧吃到飽中餐約145 DKK，晚餐約185 DKK

這間餐廳並非全素餐廳，但有全素食的自助吧吃到飽專區，而且不只有冷盤的各式蔬食，也有全素的熱食區，有義大利千層麵、2種口味的比薩、油炸鷹嘴豆餅等，素食者可以選擇享用自助吧專區，無須再點主餐就可以吃得非常豐盛。

這間店吃午餐比較划算，因為午餐時段有熱食區可以享用，晚餐時段就沒有提供熱食了，想吃熱食的人需要加點主餐，但是主餐價格偏高。

Bane Gaarden

🔗 www.kaf.com
✉ Otto Busses Vej 45, 2450 København
⏰ 週六09:00～23:00，週日09:00～20:00
　 週二08:00～16:00，週三～五08:30～23:00
💲 約245 DKK

Grød Torvehallerne
連鎖北歐風味粥餐廳

🔗 www.groed.com/en/restaurants
✉ Hal 2, Stade 8A, Linnøsgade 17, 1362 Copenhagen
⏰ 週一～五07:00～19:00，週六、日09:00～18:00
💲 低中價位

42 Raw

🔗 www.42raw.dk
✉ Pilestræde 32, 1112 København
⏰ 週一～五08:00～20:00，週六、日09:00～18:00
💲 中價位

Morgenstedet

🔗 www.morgenstedet.dk
✉ Fabriksomrødet 134, 1440 København (at Christiania)
⏰ 週二～日12:00～21:00，週一休
💲 低價位

The Fragrance of the Heart

挪威

🌐 fragrance.no / ✉ Majorstuveien 33, 0160 Oslo(Majorstuen) / 🕐 週一、二、四、五07:00～18:00，週三07:00～17:00，週六09:00～18:00，週日09:00～17:00 / 💲 捲餅約85 NOK，咖啡一杯約40 NOK，本日特餐約90～130 NOK

　　這是一間位於市政廳旁的小咖啡廳，店內提供三明治、捲餅等輕食，也有每日特餐和幾種熱食可選擇，但種類不多。店內座位約20多位，室外另有8個座位，整間店小巧溫馨氣氛輕鬆，可以給疲憊的旅人一個短暫休息放鬆的片刻。

Hermans Vegetaria Restaurant and Garden Café

瑞典

🌐 hermans.se / ✉ Fjällgatan 23B 116 28 Stockholm / 🕐 每天11:00～22:00 / 💲 週一～五中餐(11:00～16:00)178 SEK，晚餐(16:00～21:00)268 SEK，週六～日全時段268 SEK

　　這間餐廳位於距離舊城區很近的一座小山丘上，靠著水岸邊，可以俯瞰斯德哥爾摩市，室內有110個座位，戶外有200個座位。這間餐廳採用吃到飽的用餐方式，對於北歐高消費的國家來說非常划算，但吃到飽的價格不包含飲料和甜點，店內的甜點都是自製的而且大多是無奶無蛋的。

　　餐廳重視環保意識和提倡地球友好的飲食習慣，為了顧客和地球的健康店內皆提供有機飲料，包括有機咖啡。

♥ 貼心 小提醒

便利商店物價驚人

　　丹麥、瑞典和挪威都有7-11等便利商店，記住看到熟悉親切的7-11招牌時千萬要冷靜，不要太興奮一股腦的就衝進去購物，因為除了咖啡以外，裡面商品的價格可是會嚇死你的。除非是迫切需要，否則不建議在便利商店內購物，還是盡量到超級市場會便宜許多。

Hermitage

🌐 hermitage.gastrogate.com
✉ Stora Nygatan,11 Stockholm (Gamla Stan)
💲 低價位

Lao Wai

🌐 www.laowai.se
✉ Luntmakargatan 74, Stockholm
💲 中價位，台灣料理

芬蘭 *Pupu Stockmann*

http www.pupu.fi / ✉ Pohjoisesplanadi 41, 00100 Helsinki / ☎ +358 50 517 0093 / 🕐 週一～五10:30～21:00，週六11:00～19:00，週六11:00～19:00，週日12:00～18:00 / 💲 咖啡一杯約€4.5，平均價位€13.9～16.2

　　Pupu是赫爾辛基第一家生活風格連鎖餐廳，以粉紅色氛圍綴飾用餐空間，深受當地人的喜愛。提供有沙拉、拌飯、捲餅、薩夫卡、咖啡、飲料等多元的選擇，都是使用新鮮的食材去搭配。目前有4家連鎖餐廳，各家營業時間不一樣，可先於網站查詢。

芬蘭 *Morton*

http www.morton.fi/konttiravintola/helsinki / ✉ Ruoholahdenranta 8, 00180 Helsinki / ☎ +358 40 080 5062 / 🕐 週一、四08:30～21:00，週二08:30～22:00，週三、日11:00～21:00，週五08:30～17:00，週六10:00～22:00 / 💲 中高價位

　　位於赫爾辛基市中心Jätkäsaari區和Ruoholahti區的拐角處，附近的Clarion酒店是一個很好的地標。是一家深受喜愛的貨櫃餐廳，屋頂還有個很愜意的露台，自2020年秋天，莫頓是唯一一家全年開放營業的餐廳。除了以其漢堡聞名之外，還提供美味的自助早餐、咖啡廳美食及特色咖啡。午餐相對實惠。假如你是坐船來赫爾辛基的，可以直接從西碼頭（Länsiterminaali）步行抵達這裡。從市中心可搭乘往Jätkäsaari方向的6、7、8、9號電車前往。

行家祕技 　　素食用餐指南

北歐三大首都MAX連鎖店

　　瑞典的MAX漢堡連鎖店響應素食趨勢，推出4款的素食漢堡和1款素食沙拉，讓素食者也能享受大口吃漢堡的爽快滋味。

餐廳	推薦餐點	備註
Oumph! BBQ Burger	燒烤漢堡	純素(可要求去掉洋蔥)
Crispy Beanburger	脆皮豆漢堡	蛋奶素(可要求去掉洋蔥)
Halloumiburger	哈羅米乾酪漢堡	蛋奶素(可要求去掉洋蔥)
Max Green Burger	招牌綠漢堡	蛋奶素(可要求去掉洋蔥)
Caesar Halloumi Salat	凱撒哈羅米乾酪沙拉	蛋奶素(可要求去掉洋蔥)

熱狗路邊攤也有素熱狗

　　北歐的路邊攤選擇不多，走來走去看到的幾乎都是熱狗攤，沒想到現在連熱狗攤都搭上素食風潮，多了素熱狗的選項。熱狗可選擇搭配不同形狀的麵包和配料，若不想要吃麵包，也可搭配馬鈴薯泥。

芬蘭 *KIPPO*

http kippohelsinki.com / ✉ Mannerheimintie 20 00100 Helsinki (Kauppakeskus Forum 3rd Floor) / ⏰ 週一～五10:30～18:00，週六11:00～18:00，週日休息 / 💲 三明治約€8.4，飲品類約€7.5

如果想在赫爾辛基市中心吃點小吃的話，不妨去Forum購物中心內頂樓的KIPPO享用三明治、果汁、蔬果奶昔和咖啡。除了它的位置是個優點外，食材新鮮與美味兼備，這裡的蔬果奶昔絕對值得期待。而另一最大的好處是——100%素食主義！

指指點點北歐語

常用單字／會話	丹麥語	瑞典語	挪威語	芬蘭語
早餐	Morgenmad	Frukost	Frokost	Aamiainen
午餐	Frokost	Lunch	Lunsj	Lounas
晚餐	Middag	Middag	Middag	Päivällinen
飲料	Drikkevarer	Drycker	Drinker	Juomat
海鮮	Skaldyr	Skaldjur	Sjømat	Merenelävät
牛肉	Oksekød	Biff	Storfekjøtt	Naudanliha
豬肉	Svinekød	Fläsk	Svinekjøtt	Sianliha
雞肉	Kylling	Kyckling	Kylling	Kana
魚／蝦	Fisk / Rejer	Fisk / Räkor	Fisk / Reker	Kala / Katkarapu
素食	Vegetarisk	Vegetarisk	Vegetarisk	Kasvissyöjä
水	Vand	Vatten	Vann	Vettä
果汁	Juice	Juice	Juice	Mehu
牛奶	Mælk	Mjölk	Melk	Maito
菜單／帳單	Menu / Regning	Meny / Räkning	Meny / Regning	Valikko / Laskuttaa
湯匙／叉子	Ske / Gaffel	Sked / Gaffel	Skje / Gaffel	Lusikka / Haarukka
我是素食者	Jeg er vegetar	Jag är vegetarian	Jeg er vegetarianer	Olen kasvissyöjä
我不吃 …	Jeg spiser ikke …	Jag äter inte …	Jeg spiser ikke …	En syö …
這多少錢？	Hvor meget er dette?	Vad kostar det?	Hvor mye er dette?	Kuinka paljon se on?
可以用信用卡嗎？	Kan jeg bruge kreditkort?	Kan jag använda kreditkort?	Kan jeg bruke kredittkort?	Voinko käyttää luottokorttia?

購物篇
Shopping

在北歐購物，要買些什麼？去哪裡買？

北歐的設計風靡全球，無論是高檔設計師家具，或是兼具實用和時尚的居家小物，都讓人愛不釋手看得目不暇給，雖然北歐物價高，但還是有許多購物的好去處和省錢的小撇步要報給你知。另外稅率超高的北歐，購物後退起稅來也是大快人心省很大，絕對讓你大呼一趟機票值回票價啦！

必敗名牌商品　風靡全球的北歐設計圖鑑

　　近幾年來北歐品牌逐漸活躍於國際舞台，它的魅力來自於細膩的質感、經典不敗的設計、簡單卻始終保持人性化的風格，和永遠與大自然貼近的質材運用。仔細研究過北歐品牌的人不難發現，大多數的家飾和居家用品都出自丹麥設計，而衣飾品和背包類則源自於瑞典，挪威的設計產品比較少，最多是在保暖的衣物類，像真材實料的羊毛衣、超禦寒的羽絨外套等，這些都是因為當地氣候寒冷的緣故。喜愛北歐設計的朋友千萬不要留下入寶山空手而回的遺憾喔！

Royal Copenhagen

　　丹麥皇家品牌，始創於1775年，是丹麥最具代表性的百年品牌。每個皇家哥本哈根瓷器上的精緻花紋都是手繪的，細膩的質感，讓日本人尤其喜愛，到丹麥都是大量蒐購回去的。

GEORG JENSEN

　　丹麥銀飾設計品牌。簡約、優雅是此品牌的特色。每一年都有針對該年特別設計的項鍊款式或系列，讓許多此品牌愛好者忙著收集，也可藉由年度項鍊來紀念生命中特殊的年分。

Iittala

　　芬蘭百年經典國寶品牌。設計的特色是與大自然做結合並兼顧生活實用性。每件Iittala的玻璃作品都晶瑩剔透，高超的工藝技術讓人愛不釋手，不但是居家用品，也是藝術品。

PANDORA

　　丹麥飾品設計品牌。可依個人喜好或值得紀念的節日、事物來購買串在手鍊上的小墜飾而聞名。

LEGO

　　丹麥知名玩具積木品牌。現在有越來越多的周邊商品推出，讓喜愛樂高的大人們也能擁有樂高。

SKAGEN DENMARK

　　丹麥知名手表品牌。主要訴求材質的輕薄，讓人時刻帶著手表也不覺得負擔。

marimekko

這是芬蘭的在地品牌，以美麗的花樣圖騰為最大特色。尤其UNIKKO罌粟花圖樣是最經典的款式。

Peak Performance

挪威戶外用品和服飾品牌，深受北歐人喜愛。

KAY BOJESEN DENMARK

丹麥家飾品牌。最有名的是各式木製的小擺飾。

Fjällräven

瑞典品牌的北歐國民包，特性超防水。在北歐不論大人、小孩全部都是愛用者。

HAGLÖFS

瑞典戶外用品和服飾品牌。北歐上班族也很常使用此品牌的背包。

normann COPENHAGEN

丹麥居家用品品牌。還有出桌子和DIY組合式吊燈等小型家具。

Stelton

丹麥廚房用品品牌。最知名的莫過於啄木鳥保溫壺系列。

eva solo

丹麥廚房用品品牌。各式玻璃咖啡壺等都很受歡迎。

ARABIA

風格簡約線條柔和，是芬蘭陶瓷的代名詞，也是首相官邸的御用品牌。

紀念品&伴手禮

北歐有許多特色小物和設計品牌商品都值得擁有，不妨可以挑一些重量輕又不占位置的商品回去點亮你的家，提高生活的質感。

傳統服飾小人偶

穿著北歐統服飾的小人偶，可以放在家中的小角落，不時提醒你北歐的文化和記憶。

仿古模型小屋

逼真的仿古模型小屋，有許多不同類型的建築可選，像是教堂、風車、獨棟房屋或整排的小房屋。

森林小精靈

源自於北歐神話，小精靈身材矮小、鼻子尖尖看起來有點怪異。在北歐各大景區、機場和紀念品店門前，都能看到他們舉著不同國旗的蹤影。

丹麥皇家小衛兵

北歐三國都保有皇室家族，所以都有城堡在其中，每個城堡都有衛兵站哨，這是北歐每個首都的特色，皇家小衛兵是另類皇室象徵。

居家保暖鞋

各式各樣的居家保暖鞋是挪威最常看到的紀念品。

造型吸鐵

各式充滿北歐圖樣的可愛吸鐵，是讓人充滿旅遊回憶又最易攜帶的紀念品。

木製玩偶

KAY BOJESEN DENMARK各式可愛的木製玩偶擺設，在北歐人的居家裝飾中時常出現喔！

小燭台

北歐人愛點蠟燭，家家戶戶都有數量不少的燭台，所有家飾品店都不可能沒有賣燭台，來北歐不妨入境隨俗買一個小燭台回去做紀念。

脫水風味野菇

北歐有需多原始森林，熟門熟路的北歐人總是能在不同的季節，深入森林採集當季野菇，貼心風乾的包裝，便於旅人們買回家。

LANOLIN瑞典雞蛋皂

這款維多利亞雞蛋皂，曾是皇家使用的護膚品，能夠清潔收縮毛孔，增強皮膚彈性，並含有玫瑰的芳香、具有很好的保濕效果。

維京海盜周邊商品

北歐人共同的祖先就是維京海盜，所以這的紀念品店常可見各式可愛的維京海盜小人。

手工羊毛衣

挪威有許多羊毛織成的毛衣相當保暖，有些價格高昂的原因是因為手工縫製。

景點紀念瓷盤

紀念瓷盤上通常都會有該地區經典景點的繪樣或是全國景點分布圖等圖樣。

瑞典手繪木馬

瑞典著名的手繪木馬，尺寸有從大到小都很齊全，最經典的顏色應該就屬紅色、藍色、白色和黑色。

船模型

北歐人的祖先是維京人，所以這裡不乏許多船式樣的模型，有帆船、海盜船等。

耶誕裝飾小物

北歐聖誕氣氛濃厚，且北歐人熱衷家中的聖誕裝飾布置，因此北歐有些店家終年都有賣聖誕飾品。

北歐保養彩妝品牌

因氣候乾爽，北歐人的皮膚不容易出油，他們注重保養品的成分是否天然，所以北歐當地的保養和彩妝品牌，主打天然、有機，而且質地滋潤，專門對抗乾燥的天氣、保持皮膚的水潤彈性。不要聽到天然有機就聯想到價格驚人，這兒的保養彩妝品牌普遍都價格親民喔！

Tromborg

丹麥天然的護膚彩妝品牌，創辦人憑藉多年的化妝護膚經驗，創造出化妝同時護膚的產品。產品嚴格挑選天然活性有機的原材料，於丹麥本土製作，標榜絕不含防腐劑等有害物質。

Estelle & Thild

瑞典新生代的護膚品牌，被譽為瑞典最有功效的有機認證護膚品牌，品牌源起於一位母親想保護女兒的皮膚而開始研發，產品配方皆採用有機原料，提倡有機護膚生活。

Oliva by CCS

瑞典有機護膚品牌。北歐氣候寒冷，空氣乾燥，橄欖油系列因其超強保濕力成為北歐人最受喜愛的護膚品。產品成分有85%的有機植物，保濕低敏，適合皮膚乾燥，孕婦和敏感性肌膚使用。

ACO

北歐護膚品及製藥集團，產品兼顧皮膚美容和護理，及私密清潔等產品。致力於透過醫學技術解決皮膚問題，產品適合過敏型肌膚的人使用。

Face Stockholm

原汁原味的瑞典彩妝和皮膚護理品牌，目前全球有超過200間門市，眼影、口紅和腮紅都非常顯色。

GOSH Copenhagen

丹麥平價彩妝品牌，幾乎在哥本哈根每一間藥妝店都看的到它的身影，現在也悄悄進攻亞洲市場。

丹麥購物好去處

人行徒步購物街
Shopping

　　哥本哈根絕對不能錯過的，就是Strøget這條歐洲最長的人行徒步購物街，由Frederiksberggade、Nygade、Vimmelskaftet、Amagertorv、Østergade五條街道組合而成，一路由國王廣場（Kongens - Nytorv）貫穿市府廳（Rådhuset）。其中會經過幾個著名的百貨公司，此外在人行徒步區的中段Amagertorv廣場處，更有Georg Jensen和Royal Copenhagen兩大丹麥知名品牌的旗艦店坐落於此。

　　除了最主要的Strøget很好逛外，從Illum百貨旁的Købmagergade街一直到捷運Nørreport站這一路也都是購物必殺的區段。

➡ 捷運Kongens Nytorv站下車，或至København H中央火車站步行10分鐘

經典百貨公司
Shopping

Magasin du Nord 華麗古典

🌐 www.magasin.dk / ✉ Kongens Nytorv 13. 1095 København K / 🕐 週一～日10:00～20:00(依季節、假日而有所不同) / ➡ Kongens Nytorv捷運站下即是

　　這棟擁有華麗古典外觀的百貨成立於1870年，當初興建就是以巴黎的建築群和羅浮宮為發想設計。裡頭的商店多以北歐品牌為主，當然也有世界各國的知名品牌。不僅如此，百貨公司也常對外國遊客另打10～15%的優惠活動。

Illum 濃濃的丹式風情

🌐 illum.dk/en / ✉ Østergade 52. 1001 København K / 🕐 週一～日10:00～20:00，週日11:00～18:00 / ➡ 從中央車站København H搭乘往Orientkaj(Metro)方向的M4到Gammel Strand站下車，步行約4分鐘

Illum成立於1891年，是一棟古典的丹麥式建築，同時也是哥本哈根展示其設計的時尚舞台。百貨裡有許多連鎖的咖啡廳和麵包店，咖啡廳裡用的桌椅都價值不斐，逛累了坐下來喝杯咖啡，不僅可以放鬆休息，還可以近距離欣賞這些設計家具和享受濃濃的丹式情調。

Illum Bolighus 北歐設計朝聖天堂

🌐 www.illumsbolighus.dk/en / ✉ Amagertorv 10, 1160 København / 🕐 週一～六10:00～20:00，週日10:00～19:00 / ➡ 從中央車站Kon-gens Nytorv捷運站步行10分鐘或中央火車站步行15分鐘

1925年成立，1941年改名為現在的Illum Bolighus，這麼多年來見證了丹麥的絕代風華和歷久不衰的家具家飾品設計，一直到今天都是喜愛北歐設計的粉絲們必定來朝聖的天堂。

這棟擁有4層樓的百貨，匯集了不只丹麥還有許多來自北歐和不同國家的設計品牌。1樓多是家飾用品、廚房用具、燭檯餐具等。2樓為床單被套、衛浴用品和服飾。3樓是赫赫有名的設計師家具。4樓則為臥室的床鋪和燈飾。

Outlet暢貨中心
Shopping

誰說名牌一定高不可攀買不起？哥本哈根就有2處幫你省荷包的Outlet暢貨中心，分別是位在Frederiksberg區的Royal Copenhagen A/S（皇家哥本哈根和喬治傑生）暢貨中心，和位於小美人魚港邊不遠處的Langelinie Outlet暢貨街。這些地方的價格都比市價多打了20～70%不等的折扣，是撿便宜的好所在。

Royal Copenhagen A/S

🌐 www.royalcopenhagen.com/en / ✉ Søndre Fasanvej 9. 2000 Frederiksberg Danmark / 🕐 週一～五10:00～18:00，週六10:00～15:00，週日11:00～15:00 / ➡ 捷運Fasanvej St站步行5分鐘或公車4A

室內購物中心
Shopping

哥本哈根有幾間室內購物中心,雖然規模不能與亞洲的相比,但憑著商家集中、部分商品價格便宜,且不受天氣影響的優點下,不失為血拼的好去處。其中最推薦的2家分別是離市中心最近的Fisketorvet購物中心,和北歐最大的Fields購物中心。如果你是北歐家飾品和居家小物的愛好者,建議你可以到購物中心裡的Inspiration、Imerco和Bahne這幾間居家用品店選購。這裡的商品有時比百貨公司專櫃或旗艦店的價格還便宜。

■ Fisketorvet 購物中心

http www.westfield.com/en/denmark/fisketorvet / ✉ Kalvebod Brygge 59. 1560 København K / ⊙ 週一~日10:00~20:00 / ➡ 從中央車站Hovedbanegården,Tivoli搭往Sjælør St.方向的7A公車到Otto Busses Vej(Vasbygade)站步行約4分鐘。或搭S-train至Dybbølsbro St站步行約10分鐘

■ Fields 購物中心

http www.fields.steenstrom.dk//en / ✉ Arne Jacobsens Allé 12. 2300 København / ⊙ 週一~日10:00~20:00 / ➡ 搭捷運至Ørestad St站或搭火車至Ørestad St站,出站後對面即是購物中心

假日市集和骨董市場
Shopping

每逢星期日,哥本哈根各處有許多市集可以逛,如果又逢夏季6~8月分,各地的骨董市集將會更多。這裡來介紹2個較為推薦的假日市集。

國王廣場假日市集 交通最便利

⊙ 週一~三11:00~19:00,週四11:00~20:00,週五、六11:00~21:00,週日12:00~19:00 / ➡ 捷運Kongens Nytorv站

位於國王廣場(Kongens Nytorv)的假日市集,這裡攤販不多但人氣很旺,因為其地點鄰近市中心的緣故。不過也正因如此,這裡的價格會較其他地方貴上一點,也不太好講價。

骨董市場 品質最優良

⊙ 週日08:00~13:00 / ➡ 同國王廣場假日市集

位於克里斯汀堡Christiansborg的Thorvaldsen - Museum廣場前,夏季6~8月的每週日都有骨董市集。這裡的攤販多是骨董店的老闆,所以賣的東西品質都不錯,但相對價格也會高一些。

瑞典購物好去處

市區購物區域
Shopping

Drottninggatan人行徒步街

斯德哥爾摩商店最集中的購物大街，就在Drott-ninggatan（人行徒步街），其實整條街相當長，但最精華的區段是從與Kungsgatan街交會處開始，一路到Fredsgatan街交會處結束。沿這條路可一路走到Gamla Stan舊城區。街道上的商家除了瑞典本地牌子外，還有其他北歐與國際品牌，商店琳瑯滿目。

Briger Jarlsgatan精品街

想逛精品名店，請到Briger Jarlsgatan精品街，這裡有國際知名一線大牌，LV、Gucci、Loewe、GJ等等。另外緊臨著此街旁的Smalands Gatan、BibliotekSgatan、Master Samuelsgatan這些小街道也頗好逛，更有許多露天咖啡座坐落在其中。

Hötorget廣場

在捷運Hötorget T-bana站旁的Hötorget廣場也很熱鬧，平時就有鮮花和新鮮蔬果的攤販，廣場到了假日搖身一變成為跳蚤市場，雖然就在市中心，但是價格實惠、種類也多，還可以稍微再議價，而且市集直到下午4點左右才結束。不只如此，廣場一旁就是PUB百貨和Kungshallen美食街以及Hötorgshallen市內生鮮市場。逛累了就到這裡來覓食，選擇既多元化，價格又比餐廳便宜唷！（見飲食篇P.159）

Västerlånggatan商店街

斯德哥爾摩舊城區最主要的商店街Västerlång-gatan，是紀念品店或手工藝品店最集中的地方。

經典百貨公司
Shopping

NK百貨 皇室成員都愛

http www.nk.se/sv/nk-stockholm / ✉ Hamngatan 18-20, Stockholm / 🕐 週一～五10:00～19:00，週六10:00～18:00，週日11:00～17:00 / ➡ 搭乘7號線地面電車至Kungsträdgården站步行2分鐘

　　Nordiska Kompaniet成立於1902年，是一間貴氣十足的古典百貨公司。一共6層樓高的百貨，擁有超過100多個世界品牌，百貨公司裡頭的商品和服務更是應有盡有，從衣服、鞋子、飾品、化妝品、精品、14家餐廳和咖啡廳到外幣兌換櫃檯。甚至是商品海外寄送服務等都有，連瑞典皇室成員都是其擁護者。所以就算不購物，也可以把它當成景點進去欣賞一下。

Westfield Mall of Scandinavia
北歐最新的室內購物商場

http www.mallofscandinavia.se / ✉ Stjärntorget 13C 169 79 Solna / 🕐 週一～日10:00～21:00 / ➡ 從中央火車站的Stockholm City搭乘通勤火車40、41、42X到Solna站下車，步行約7分鐘

　　Mall of Scandinavia開幕於2015年11月，目前是北

歐地區最大最新的室內購物商場，內部設計新穎，品牌齊全，又有眾多餐廳和咖啡廳坐落在其中。交通方便，從中央車站出發20分鐘即可到達，是一個斯德哥爾摩的購物新據點，冬季寒冷下雪或下雨的時候，更是溫暖你身又溫暖你心的好選擇。

ÅHLÉNS百貨
瑞典設計師的特別商品

http www.ahlens.se / ✉ Klarabergsgatan 50, Stockholm / 🕐 週一～六10:00～20:00(週四～21:00)，週日11:00～19:00 / ➡ 從中央車站(T-Centralen)步行約5分鐘

　　位於中央火車站旁，緊鄰著Drottninggatan購物街。這間百貨成立於1899年，是瑞典最知名的品牌之一，不但販售來自世界各國的品牌，還與瑞典當地設計師合作，創造出只屬於ÅHLÉNS的商品，且只在ÅHLÉNS百貨販賣。

購物商城

Shopping

Mood Stockholm 衣飾風格獨特

http moodstock holm.se / ✉ Regeringsgatan 48. Stockholm (西側門) / 🕐 週一～五10:00～19:00，週六10:00～18:00，週日11:00～17:00 / ➡ 從中央車站(T-Centralen)步行約10分鐘

整棟建築的內部設計明亮、清新且時尚。裡面的品牌比較特別、也較個性化一點，不似一般的連鎖品牌。如果想要挑些獨特的衣服飾品等，不妨來這裡瞧瞧。

Gallerian 中價位商品百貨

http www.gallerian.se / ✉ Hamngatan 37, Stockholm / 🕐 週一～五10:00～20:00，週六10:00～18:00，週日11:00～18:00 / ➡ 1.從中央車站(T-Centrale)步行約15分鐘。2. 搭乘7號有軌電車至Kungsträdgården站下車，步行約4分鐘

位於Hamngatan街上，斜對面就是NK百貨。室內採兩層樓天井式設計，讓人一踏入店內就能將大部分商店一目了然。Gallerian裡面的商店多半

是北歐中價位的品牌，也有多家當地電信業者的門市，販賣與飲食有關的店家更占了將近三分之一。

Sture Gallerian 精緻質感的購物中心

http www.sturegallerian.se / ✉ Stureplan 4, Stockholm / 🕐 週一～五10:00～19:00，週六10:00～17:00，週日12:00～17:00 / ➡ 搭乘T-bana至Östermalmstorg站步行5分鐘

位於Briger Jarlsgatan街和Sturegatan街交會處轉角，是一間布置相當典雅的精緻型購物中心，雖然整體面積不大，但店家都具有高度質感和細緻品味，漫步其中讓人氣質都不禁高雅了起來。

挪威購物好去處

市區購物大街
Shopping

Karl Johans Gate購物街道

Karl Johans Gate大街是奧斯陸最主要的購物街道，筆直且寬大，一路從中央火車站開始到市議會街道前半部以紀念品店、流行服飾居多，過了市議會後的街道，就都是飯店和餐廳了。與Karl Johans Gate大街交會的Akersgata街近年來也慢慢成為一條奢華的購物街區，國際大牌LV、Hugo Boss、Moods of Norway等，都已經在此開店。

阿凱爾布里格海港附近

沿著市政廳前的阿凱爾布里格海港（Aker Brygge）邊有許多商店、酒吧和餐廳林立，還有Aker Brygge室內購物中心。夏天的時候這裡一帶非常熱鬧，不只是觀光客會來，挪威當地人也很愛約在這裡相聚。

挪威最大室內設計百貨商城House of Oslo

同樣坐落在Aker Brygge區，專賣北歐設計的家具、家飾品和居家用品。這裡甚至集合了來自丹麥和瑞典的兩大家知名百貨，4層樓的空間都是滿滿的北歐設計品，就算只看不買都很過癮。

平價購物中心看這裡

2間大型購物中心都在奧斯陸的中央火車站附近。品牌大都以平價路線為主，還附有相片沖洗店、手機電信門市部、醫療診所、超市等服務。

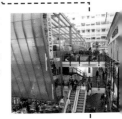

Byporten
http www.byporten.no / ✉ Jernbanetorget 6, N-0154 Oslo / 🕐 週一～五10:00～22:00，週六10:00～20:00，週日14:00～20:00 / ➡ 從奧斯陸中央火車站步行2分鐘

Olso City
http www.oslocity.no / ✉ Stenersgata 1, 0050 Oslo / 🕐 週一～五10:00～22:00，週六10:00～20:00，週日休 / ➡ 從奧斯陸中央火車站步行約5分鐘

經典百貨

Shopping

GlasMagasinet 奧斯陸最具規模

http www.glasmagasinet.no / ✉ Stortorvet 9, 0155 Oslo /
🕐 週一～五10:00～19:00，週六10:00～18:00，週日
休 / ➡ 從奧斯陸中央火車站步行7分鐘

GlasMagasinet創立於1860年，是奧斯陸最古老、最具規模的百貨公司，購物區一共有4層樓，最特別的是一般百貨的1樓多是化妝品專櫃，這裡的1樓卻展示了許多北歐的家飾家居品牌。整棟百貨的品牌雖然不多，卻都很脫俗，絕對是一般在市面上不常看到的，大多來自挪威當地品牌。

Steen&Strøm 品牌最齊全

http www.steenogstromoslo.no / ✉ Nedre Slottsgate 8, Oslo
/ 🕐 週一～五10:00～20:00，週六10:00～19:00，週日
14:00～18:00 / ➡ 1.從奧斯陸中央火車站步行約12分
鐘。2.從中央車站搭乘往Majorstuen方向的12號線路面電
車到Øvre Slottsgate站下車即抵達

百貨公司位於與Karl Johans Gate大街交會的Nedre Slottsgate街上，擁有6層樓高的它，品牌非常齊全，從國際間耳熟能詳的大牌，和北歐當地的知名品牌這裡通通都有。

Paleet 最多設計師款

http www.paleet.no / ✉ Karl Johansgate 37 - 43, 0162 Oslo
/ 🕐 週一～五10:00～20:00，週六10:00～19:00，週日
休 / ➡ 搭乘T-bana至Stortinget站步行5分鐘

面積不大，但裡頭的品牌無論是衣服、鞋子、飾品、幾乎全都是設計師品牌，其中當然不少出自挪威當地設計師之手。

EGER 時尚又溫馨的購物空間

http promenaden.no / ✉ Karl Johans gate 23B, 0150 Oslo
/ 🕐 週一～五10:00～19:00，週六10:00～19:00，週日
休 / ➡ 搭乘T-bana至Stortinget站下車，出站即可看到

EGER就位於Karl Johans Gate大街上，這棟面積不大的百貨，同樣是走高單價以設計師品牌為主的風格。不過EGER的室內裝潢很有北歐格調，不但以巧妙的室內設計功力善加利用了每一寸空間，並且讓整體氛圍在簡單時尚中又帶有溫馨的氣息。

芬蘭購物好去處

市區購物大街
S h o p p i n g

曼海姆大街（Mannerheimintie）、亞歷山大大街（Aleksanterinkatu）和濱海大道（Pohjoisesplanadi）是赫爾辛基的主要商業街，各大知名購物中心，百貨公司和專賣店大多位於這三條街上。這三條街臨近中央火車站，彼此相聯，步行即可到達。每當仲夏節和聖誕節打折季來臨時，各大商場和專賣店都會瘋狂特價，有時低至兩折的價格會讓你買到欲罷不能。

市集廣場
S h o p p i n g

Market Square

✉ Eteläranta, 00170 Helsinki / 🕐 每天08:00～17:00 / ➡ 從中央車站Rautatieasema搭乘往Olympiaterm. via Kauppatori方向的2號線路面電車到Eteläranta站下車即達

市集廣場位於赫爾辛基市中心的南碼頭旁，鄰近愛斯普拉納地公園（Esplanadi），這裡也是波羅的海上著名的詩麗雅號及維京號郵輪的停靠點。赫爾辛基市集廣場是想要購買北歐風情的特色紀念品、手工製品、家居用品的好去處，除了各種紀念品，這兒也有出售當地人最愛的醬料、食品海鮮熟食的攤位。

購物中心
Shopping

Kamppi Shopping Centre
購物商城與交通轉運樞紐

🔗 kamppi.fi/en / ✉ Urho Kekkosen katu 1, 00100 Helsinki / 🕐 週一～五10:00～20:00，週六10:00～19:00，週日12:00～18:00 / ➡地鐵Kampin metroasema站，從中央火車站徒步700公尺

這裡除了是擁有6層樓的購物中心外，也是地鐵站、市內巴士站、長途巴士站和停車場等的總匯處，商場內物價走親民路線，餐廳選擇種類也較多元。而其中的K-Supermarket超級市場更是當地人也會來購買日用品的地方，因為這間超市占地大、貨品全，是來往各地的旅人們一定會來補充食物和購買巧克力伴手禮的最佳所在。

Forum 赫爾辛基歷史最久

🔗 www.forum.fi/en / ✉ Mannerheimintie 14-20, 00100 Helsinki / 🕐 週一～五10:00～20:00，週六10:00～19:00，週日12:00～18:00 / ➡地鐵Kampin metroasema站，從中央火車站徒步500公尺

赫爾辛基最老的購物中心建築，歷史悠久，60多年前為了奧運會而建造的購物中心，幾年前經過翻修，內部專注於3個主題：時尚、休閒和多功能餐廳。Forum最值得一提的是它2樓有嚕嚕米（Moomin）商品的專賣店，嚕嚕米可是家喻戶曉陪伴芬蘭人成長的著名卡通人物。嚕嚕米商店當天購物超過€40就可以辦理退稅。買不過癮的朋友還可以到市區的Kankurin Tupa禮品店繼續搶購嚕嚕米周邊商品。

Stockmann Department store
北歐最大百貨集團

🔗 www.stockmann.com / ✉ Aleksanterinkatu 52, 00100 Helsinki / 🕐 週一～五10:00～20:00，週六10:00～19:00，週日12:00～18:00 / ➡從中央火車站徒步400公尺

百貨公司品牌成立於1862年，已超過150年歷史的Stockmann是北歐最大的百貨集團，這裡品牌齊全，從最新潮品、流行化妝品、世界知名的芬蘭設計、紀念品等等一應俱全。位於赫爾辛基市中心的這間旗艦店，購物空間占地10層樓，超過

5萬平方米。並在8樓設有遊客服務中心，提供退稅事宜的辦理，並提供旅遊優惠券。

禮品店和暢貨中心
Shopping

Kankurin Tupa
長年銷售聖誕飾品

http www.kankurintupa.fi / ✉ Pohjoisesplanadi 35, 00100 Helsinki / ⏰ 週一～日10:00～18:00 / ➡ 從中央火車站徒步600公尺

這是一間芬蘭紀念品專賣店，店內從木質藝品、蠟燭、北歐小精靈、羊毛手套、帽子、毛氈靴和衣飾品都有，地下1樓常年都在賣聖誕節飾品，2樓則是嚕嚕米專賣樓層，這裡的嚕嚕米商品種類和花色比較齊全，但是價格比Forum購物中心裡的稍貴一些。

Marimekko Herttoniemi Outlet *經典紅色大花圖案*

http www.marimekko.com / ✉ Kirvesmiehenkatu 7, 00880 Helsinki / ⏰ 週一～五10:00～18:00，週六10:00～17:00，週日12:00～17:00 / ➡ 地鐵Hertonäs站下，再步行約850公尺

Marimekko的暢貨中心占地寬敞，種類俱全，從服飾到家居布置全部都有。除了折扣出清的季節性商品外，也有經典的UNIKKO罌粟花圖樣商品及當季品，但經典圖樣和當季商品沒有折扣。這裡的員工餐廳在中午時有供應自助餐式的午餐，價格實惠也對外開放，可以安排中午前來飽餐後大採購。

圖片提供 / Yiping Feng and Ling Ouyang (c) Helsinki Marketing

購物指南

在北歐購物有什麼注意事項和省錢小妙招呢？

注意事項
Shopping

商店營業時間

北歐大部分商店開始營業時間為10:00，超級市場則較早些約08:00，星期假日則營業時間較短。另外百貨公司營業時間比一般商店長。每間店家和百貨營業時間還是有些許出入，計畫行程務必先查看想逛店家的營業時間才好前往。

付款方式

北歐使用信用卡付款的方式非常普遍，所以幾乎每間店家都能刷卡，有些就連跳蚤市場的攤上都有刷卡機。比較特別的是，丹麥對於國外信用卡都需加收2～5%不等的手續費，所以比較不划算。除此之外瑞典、挪威都沒有這種困擾，不會針對國外的信用卡加收任何額外的手續費用。所以這裡商品的價錢，不會因為付現金與刷卡而有所不同。

商品可退換

北歐在商店內選購的商品，購買後都可以無條件退換，但是要保持購買時的完好模樣和標籤不能剪下，退換時也要一併附上收據。每家店的退換期限有些許不同，大多都在14～30天內，商品收據的下方會標示可退換貨的期限。

切莫隨意亂砍價

這邊沒有殺價的習慣，所有商店裡的物品價格都是公開透明的。若是到跳蚤市場購物，除非商品單價很高，還可以小幅度地詢問可否優惠一些。如果想要像東南亞國家一樣大幅度的砍價，在這是絕對不可能發生的，甚至有損形象唷！

省錢小撇步
Shopping

每年1月和7月的優惠打折季

每年的1月初～2月中旬，和6月中旬～8月初就是北歐大打折的兩大特惠時期，雖說北歐物價高，但是打起折來的時候卻誠意十足，所有商品下殺到3折5折都是非常普遍的事，再加上退稅，包你買起來殺紅了眼絕不手軟。

部分百貨退稅以外還享15%折扣

在北歐逛百貨公司的時候，要多加留意特別為外國人做的打折優惠，通常折扣約10～15%不等，折扣完還可以再退稅，不過只限正價商品，已經打折的商品不享有此優惠。通常這種針對外國人的打折優惠都會貼在百貨公司的大門口，或是每一個結帳櫃檯有豎立小立牌。北歐習慣一切證件皆出示正本，所以請隨身攜帶護照正本，方便退稅時使用。

知名品牌的Outlet

這裡有很多大品牌或北歐自家品牌的Outlet，可以讓你一年到頭都

撿便宜，折扣數大約是市價的20～50%左右，不過Outlet規模不算大，而且有些位置比較偏遠。

購物商城裡一樣可買到好設計商品

北歐家居設計商品不一定要到專賣店去買，反而在商場中的家飾品店，可以用更便宜的價格買到一樣的商品。通常在市中心的旗艦店或專賣店比較不常打折，就算打折折數也不多，因為精華地段大多是專賣給觀光客的。如果想撿便宜，不妨到市區以外的購物商城看看，每間Mall幾乎都有固定幾間連鎖的家飾品店，這些店家時常推出不同商品的輪流打折活動，折數也比專賣店的還低，絕對是選購北歐家用品的好去處。

Outlet資訊看這裡

欲知相關資訊或近期各家打折訊息，請連結以下網址查詢。

丹麥： www.visitcopenhagen.com/shopping/outlets
（哥本哈根分別有2處Outlet）

瑞典： qualityoutlet.com
（斯德哥爾摩附近的大型Outlet城）

挪威： www.norwegianoutlet.no
（挪威境內唯一的Outlet，距離奧斯陸35公里）

退稅需知

免稅商家

Tax Refund

在北歐除了住宿、交通及餐飲這類消費無法退稅，其他大部分的商店都可以退稅，多數免稅商家會在門口或結帳櫃檯貼有TAX FREE字樣，建議在每間商店結帳前都可詢問可否退稅，以免錯失自己的權益。居住在歐盟的人是不享有退稅資格的，只有歐盟以外的觀光客才具備條件，因此在購物時記得攜帶護照，以便店家填寫退稅單。

一般商家退稅步驟

購物完付款時需出示護照，並向店家索取退稅

單將資料填寫齊全。仔細核對退稅單上資料，尤其是仔細檢查信用卡卡號是否正確，一定要保留好退稅信封。抵達機場出境前，須到退稅櫃檯將退稅信封、商品、護照、登機證和信用卡交給海關人員檢查，你可以選擇將稅金退回信用卡，或直接領取現金退稅。

如何看懂退稅單

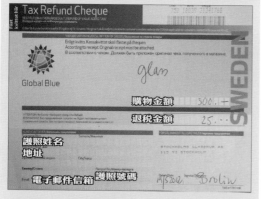

退稅門檻與稅率

退稅門檻之金額，都是以同一天在同一店家的單筆結帳金額來計算，但不是指單一商品，所有商品可以多樣累積至退稅金額。

國家	退稅門檻	VAT商品稅率	實際退稅率	退稅期限
丹麥	300 DKK（含稅）	19%	11.8～17.5%	購買當月起3個月內
瑞典	200 SEK（含稅）	19%	8.3～19%	購買當月起3個月內
挪威	315 NOK（商品）290 NOK（食物）	19%	11～19%	購買當日起30天內
芬蘭	€40（含稅）	大部分商品24%食物飲料14%書本雜誌14%	14～24%	購買當月起3個月內

退稅方法
Tax Refund

歐盟規定外國遊客必須在離開歐盟時的最後一個國家辦理退稅手續。也就是說假如你旅遊完丹麥還要去挪威，再從挪威去瑞典，最後從瑞典離開歐盟回家的話，退稅手續必須在瑞典的機場統一辦理。機場退稅見機場篇各國機場退稅介紹。

選擇1：信用卡退稅

將退稅金額轉入當初購物時所刷的信用卡中，這種方式的優點是不需要扣手續費，可以實拿多些稅金回來。但缺點是要等幾個星期的時間，稅金才會退回帳戶中。

選擇2：現金退稅

你可以到各城市的機場、奧斯陸市區指定的Forex替換崗或哥本哈根的百貨公司辦理。不過除了各國機場外，其他退稅處只辦理當地國家的現金退稅，像奧斯陸Forex替換崗只針對挪威的Tax Free Worldwide退稅機構承辦的退稅商品進行現金退稅服務，而哥本哈根也只有Magasin百貨公司可退現金於自家商品。只要你購物完後到指定的退稅櫃檯辦理現金退款手續，經過核算後櫃檯會直接將稅金現金先退還給你。

務必記得將退稅單拿到機場退稅櫃檯，蓋上有效章印後投入郵筒中。使用這種預先將現金退還的方式，必須在30天內將蓋上有效章印的退稅單寄回。否則退稅金會從信用卡上再全數扣回。

貼心 小提醒

一定要去海關蓋章

退稅單必須加蓋海關章。如果海關窗口由於過早或者深夜或者其他原因沒有人值班,海關窗口通常會留有聯繫方式,可以聯繫值班人員進行辦理。

收據原件要附上

退稅必須附上收據原件,完整有效的原始購物單據是退稅的必要條件。在海關蓋章完畢後,請不要將購物單據從退稅單上撕下。

商品在退稅前最好不要使用或者拆封

購物付款後,免稅商品會在包裝外被貼上海關查驗用特殊封條(出境前不能使用該商品),在

海關處蓋章時,需要檢查商品是否完好、封條是否未拆封,包括食品、藥品、糖果等。若退稅商品已被開封或使用,海關會拒絕蓋章,無有效海關章的商品無法進行退稅。

指指點點北歐語

常用單字 / 會話	丹麥語	瑞典語	挪威語	芬蘭語
黑色 / 白色	Black / Hvid	Svart / Vit	Svart / Hvit	Musta / valkoinen
紅色 / 綠色	Rød / Grøn	Röd / Grön	Rød / Grønn	Punainen / vihreä
藍色 / 黃色	Blå / Gul	Blå / Gul	Blå / Gul	Sininen / keltainen
灰色 / 橘色	Gray / Orange	Grå / Orange	Grå / Orange	Harmaa / oranssi
紫色 / 棕色	Lilla / Brown	Lila / Brun	Purple / Brown	Violetti / Ruskea
出口 / 入口	Udgang / Indgang	utgång / Ingång	Utgang / Inngang	Exit / Pääsy
襯衫 / 洋裝	Skjorte / Kjoler	Skjorta / Klänning	Skjorte / Kjoler	Paita / mekko
褲子 / 裙子	Bukser / Nederdel	Byxor / Kjol	Bukser / Skjørt	Housut / helma
鞋子 / 襪子	Sko / Sokker	Sko / Strumpor	Sko / Sokker	Kengät / sukat
帽子 / 圍巾	Hue / Halstørklæde	Mössa / Halsduk	Lue / Skjerf	Hatut / huivit
皮帶 / 皮包	Bælte / Lædertaske	Skärp / Läderväska	Belte / Lærveske	Vyöt / kukkarot
項鍊 / 耳環	Halskæde / Øreringe	Halsband / Örhängen	Halskjede / Øredobber	Kaulakoru / korvakorut
牙膏	Tandpasta	Tandkräm	Tannkrem	Hammastahna
牙刷	Tandbørste	Tandborste	Tannbørste	hammasharja
大 / 小	Stor / Lille	Stor / Liten	Stor / Liten	Iso / pieni
折扣	Rabat	Rabatt	Rabatt	Alennus
這是一個禮物	Dette er en gave	Detta är en gåva	Dette er en gave	Tämä on lahja
有別的顏色嗎?	Flere farver?	Fler färger?	Flere farger?	Onko muita värejä?
我想要這一個	Jeg vil have denne her	Jag vill ha den här en	Jeg vil ha denne	Haluan tämän
有其他尺寸嗎?	Der er andre dimensioner?	Det finns andra dimensioner?	Det er andre dimensjoner?	Onko muita kokoja?

玩樂篇
Sightseeing

北歐，哪裡最好玩？

北歐因其所在的緯度和地理位置特殊，造就了獨特的自然風貌和人文氣息。挪威有美得震撼人心的峽灣風光，丹麥處處有童話故事般的場景和童趣氛圍，瑞典斯德哥爾摩則有令人陶醉的北方威尼斯湖岸風光，芬蘭則是因為聖誕老人的家鄉而讓人嚮往想親自拜訪。本篇景點精選最推薦、最值得一看的地方，並介紹城市旅遊卡，和跨國行程規畫建議。

● 瑞典北極圈內極光朝聖
P.215

● 聖誕老人村
北極博物館
P.234~235

P.233 Polar Explorer破冰船 ●

● Sampo破冰船 **P.233**

挪威
Norway

瑞典
Sweden

芬蘭
Finland

P.227 奧勒森 ●

● 蓋倫格峽灣 **P.227**

P.224 松恩峽灣 ●

● 弗拉姆 **P.225**

P.224 沃斯 ●

P.223 貝爾根

● 孟克博物館 **P.231**

斯德哥爾摩
Stockholm

赫爾辛基
Helsinki

奧斯陸 ◉
Oslo

康提基博物館 **P.229**

P.226 聖壇岩

挪威民俗博物館 **P.230**

極圈探險博物館 **P.229**

維京博物館 **P.229**

歌劇院 **P.230**

維格蘭雕塑公園 **P.230**

舊城區 **P.216**

皇宮 **P.216**

◉ 諾貝爾博物館 **P.216**

市政廳 **P.217**

瓦薩博物館 **P.217**

海洋博物館 **P.218**

國家博物館 **P.218**

北歐博物館 **P.218**

天空之景 **P.219**

斯康森露天博物館 **P.219**

皇宮劇院 **P.220**

皇后島宮 **P.220**

中國亭 **P.220**

◉ 赫爾辛基主教堂 **P.236**

岩石教堂 **P.236**

靜默禮拜堂 **P.237**

烏斯佩斯基大教堂 **P.237**

芬蘭國家博物館 **P.237**

阿莫斯瑞克斯美術館 **P.238**

基亞斯瑪當代藝術博物館 **P.23**

赫爾辛基設計博物館 **P.238**

阿黛濃美術館 **P.239**

老農貿市場 **P.239**

西貝流士公園 **P.240**

芬蘭堡 **P.240**

丹麥
Denmark

哥本哈根 ◉
Copenhagen

◉ 馬爾摩
Malmö

旋轉中心 **P.221**

馬爾摩城堡 **P.221**

市政廳廣場 **P.221**

丹麥
Denmark

P.198 克倫堡

● 路易斯安那現代美術館 **P.210**

P.201 樂高樂園

P.199 菲特烈堡

哥本哈根 ◉
Copenhagen

阿瑪連堡皇宮 **P.202**

嘉士伯啤酒廠、美術館 **P.208**

克里斯蒂安堡宮 **P.203**

Tivoli樂園 **P.209**

玫瑰宮城堡 **P.203**

哥本哈根動物園 **P.209**

小美人魚雕像 **P.204**

救世主教堂 **P.209**

新港 **P.206**

克利斯提安尼亞區 **P.210**

國家美術館 **P.207**

國家博物館 **P.207**

丹麥藝術與設計博物館 **P.207**

P.205 烏丹斯
安徒生童年故居
St.Kunds教堂
安徒生公園

● 伊格斯考夫堡
P.200

逛歐洲最長行人步行街Strøget

找尋安徒生童話足跡

品嘗開放三明治

走一趟設計建築大賞之旅

參觀皇室傳統的皇宮和城堡

造訪世界最古老的Tivoli樂園

坐遊船體驗新港運河風光

乘遊輪跨越北海到挪威

體驗樂高樂園的積木世界

登救世主教堂俯瞰市區全景

騎單車漫遊大街小巷享受丹
式慢活樂

在克利斯提安尼亞區體驗
自由之城的另類藝術

到博物館和商店欣賞設計
與質感兼具的居家用品

丹麥童話三堡

丹麥這充滿歡樂氣氛的國度，因為在安徒生童話光環的加持下，明正言順的被喻為童話王國，而安徒生大師筆下的許多童話故事場景也的確發生在丹麥的大城小鎮裡。雖然因為時光的久遠，故事中的場景已不可考。但慶幸的是丹麥還保有3座濃濃童話氣息的城堡，讓滿懷童心的你來探索體驗。

克倫堡
Kronborg
推薦指數 ★★★★

http www.kongeligeslotte.dk(進入頁面後至右上方點選切換英文) / ✉ Kronborg 1B, 3000 Helsingør / 🕐 開放時間依月分不同而有調整，詳情見官網 / 💲 1～5月與9～12月，成人125 DKK、學生115 DKK；6～8月，成人145 DKK、學生135 DKK；18歲以下免費(15以下須由成人陪同)；持哥本哈根卡免費 / ➡ 從哥本哈根搭灰線列車至終點站Helsingør，步行15分鐘

位於西蘭島最北邊的大城赫爾辛格（Helsingør），是丹麥離瑞典最近的城市，在赫爾辛格的碼頭向對岸望去，就可清楚地看見對岸瑞典的赫爾辛堡（Helsingborg），兩城坐渡輪往返約18分鐘。而赫爾辛格之所以成為丹麥觀光重地之一，克倫堡功不可沒，這座文藝復興風格的城堡是莎士比亞筆下赫赫有名的悲劇《哈姆雷特》故事的發生地。城堡最初在1574～1585年間是由國王菲特烈二世建造用來控制御勒森峽灣（Øresund）間船隻的航運以及稅收。而1629年9月的一場無情大火，將整個克倫堡吞蝕殆盡，只有其中的禮拜堂倖存留了下來。後來克里斯汀四世重新整修了克倫堡，並將其添加了一些新式風格和巴洛克式裝飾。隨後數年克里斯汀五世又將克倫堡變為一座

大鬍子巨人的地牢

傳說這個大鬍子巨人霍爾格(Holger the Dane)是丹麥人心目中的守護神，每當有外來者入侵的時候，他就會甦醒誓死捍衛家園。

01雄偉的克倫堡保留了完整的外觀 / 02克倫堡也曾是兼具防禦以及瞭望功能的軍事堡壘 / 03克倫堡帶有新式風格和巴洛克式裝飾的中庭

兼具防禦及瞭望功能的軍事堡壘，所以當時的城堡內並沒有任何皇室成員居住。1785年還一度整修了幾間房間變為軍隊的駐營地，一直到1923年軍隊撤退後，才將那些房間恢復成菲特烈二世和克里斯汀四世時期的樣貌。

菲特烈堡
Frederiksborg Slot

推薦指數 ★★★★★

http www.dnm.dk/zh-hant / ✉ Frederiksborg Slot 10 3400 Hillerød, Danmark / 🕐 全年10:00～17:00 / 💲 成人110 DKK，持有效學生證及老人(65歲以上)90 DKK；18歲以下免費(15歲以下須由成人陪同)；殘疾同伴出示同伴卡可免費；持哥本哈根卡免費 / ➡ 從哥本哈根搭坐S-tog至Hillerød站，可在火車站前轉搭公車前往(不需另外買票)，也可沿指標步行20分鐘

位於哥本哈根北方40公里的Hillerød區，從市區搭火車前往僅約30分鐘的車程，是北歐規模最大也最出色的文藝復興式建築。城堡四周被湖水環繞，可搭船遊湖，後方則擁有一大片浪漫的巴洛克式花園。城堡室內的裝潢金碧輝煌非常講究，充分展示了當時精湛的工藝技術，因此被列為北歐最美麗的城堡之一。

菲特烈堡曾在1859年冬天發生一場大火，幾乎焚毀了城堡區內所有建築，也使得三分之二的珍貴油畫收藏付之一炬。如今室內大部分展品是重建時透過徵集文物而收集來的。其中大部分為嘉士伯啤酒公司創始人J.C. Jacobsen捐獻。

至1878年，丹麥國王才正式宣布將其改為國家歷史博物館，之後開始對外開放參觀。館內大量珍貴的展示品，向遠道而來的遊客展示丹麥王國悠久的歷史經歷與文化內涵。

城堡中的教堂裡，有一架製造於1610年的古老管風琴珍品。自1617年被裝置在城堡教堂內，至今仍可彈奏。1995年丹麥二王子Joachim與第一任香港籍王妃Alexandra的婚禮，就是在這裡舉行。

玩樂篇

01從城堡後花園的上方眺望城堡，視野極好 / 02城堡內的裝潢已恢復為舊時期的輝煌樣貌 / 03磚紅色的城堡映著藍天白雲的風光，極富有童話故事色彩 / 04菲特烈堡是北歐最具代表性的文藝復興式建築 / 052樓大廳充分展現出城堡的華麗氣勢

伊格斯考夫堡
Egeskov Slot

推薦指數 ★★★★★

http www.egeskov.dk/en / ✉ Egeskov Gade 22, 5772 Kværndrup, Danmark / 🕐 每天10:00開放參觀，但關閉時間依季節略有調整，出發前建議至官網確認 / ➡ 從哥本哈根前往：火車坐到Nyborg轉搭920號公車，下車後步行5分鐘。從烏丹斯前往：火車坐到Kværndrup轉搭920號公車或直線走2.5公里 / ℹ 1.開放日期、時間及票價，每年淡旺季或特展時都會調整，出發前建議至官網確認。2.建議事先於官網購票，省去現場排隊購票的時間

位於丹麥的菲英島（Fyn）上，是一座私人城堡，現任的主人因父母在肯亞狩獵時意外喪生了，所以就繼承了這棟祖父遺留下來的城堡。這座城堡建於1554年，原本是因為考慮當時政治情勢不穩定，特意打造這座城堡並將它建在湖中央，好用來保護自己，不過據說所有的防禦功能都未曾派上用場。

城堡占地1,131公頃，除了城堡建築群外，園區內還規畫出戶外小花園、兒童遊戲區、戶外迷宮，最特別是在空中架設的鐵橋，讓大家用不同的角度來觀賞這座城堡和花園。建議大家可以自備食物進去野餐，或是園內也有一間餐廳兼咖啡廳可以供應餐食，還可為遊客預訂野餐籃。

01

02

| 木偶娃的傳說 |

景點放大鏡

城堡有個關於木偶娃娃的傳說，據傳只要有人動了這個娃娃，城堡就會在聖誕夜時被淹沒水中。有一年這個娃娃被借去哥本哈根展覽，結果城堡果真出現異樣，嚇得城堡主人趕緊將娃娃要回來放好。這是真是假不得而知，不過詭異的燈光打在舊娃娃身上，還真有幾分恐怖哩！

城堡中有許多關於汽車、馬車、機車、飛機、洋娃娃等的各式收藏品，都是城堡主人一代一代累積下來的，至今仍受到良好的呵護和保養。

03

01園區面積很大，非常適合夏日的午後來此參觀外加野餐 / 02城堡主人的書房，沉穩的色調加上各式動物標本，很像電影場景，超有貴族氣勢喔 / 03伊格斯考夫堡佇立在湖中央，天氣好時可見城堡倒影在湖水中

主題玩樂
樂高樂園

樂高源於丹麥木匠奧爾，在丹麥西部的一個小鎮比隆(Billund)開始製作木製玩具，讓積木組合能演變出許多不同的創意發想，並於1949年生產。公司名稱LEGO來自丹麥語的「leg godt」，意指「play well」，中文翻譯為「好好的玩吧！」。

http www.legoland.dk / ✉ Nordmarksvej 9, 7190 Billund, Denmark / $ 不同季節和入園天數、身分有不同票價，請上官網查詢 / ➡ 火車：從哥本哈根中央火車站到VEJLE火車站(行車2小時或2小時14分鐘)，再轉搭143號(行車約39分鐘)或43公車(行車約43分鐘) / 飛機：卡斯楚機場飛到比隆機場約50分鐘。票價不一定比火車貴，但班次沒有火車多，去回的時間可能不理想

全世界目前有7座樂高樂園，分別在丹麥、英國、德國和美國、杜拜、馬來西亞和日本，上海也在規畫建造全球第8座。第一座樂高樂園毫無疑問的就在發源地比隆誕生，整個樂園用超過5千萬塊的積木架構而成。樂園幾乎每年都會推出新的遊樂設施，園中大多數的公共設施都是用樂高組合而成，讓遊客走到每處都會驚喜連連，這樣貼心的規畫，讓樂高樂園的魔力不斷吸引來自世界各地的樂高迷前來朝聖。

樂高園區規畫成不同的區塊，前半部是迷你園區，這有細膩逼眞的世界著名景點和建築，大到太空總署的火箭發射，小到牛奶工廠輸送帶上的牛奶瓶都精緻呈現。有些模型甚至會動，如：新港的遊船、機場停機棚裡的飛機和好萊塢拍片現場等。迷你園區近年還新增星際大戰主題作品。

樂園後半部屬於動態區，有小快艇、小火車、雲霄飛車或獨木舟，帶你進入由有趣的樂高人偶組成的故事，或是遊覽大型樂高建築。園中還有許多針對炎炎夏日設計的海盜船水上設施，不只讓大人小孩清涼一下，也讓遊戲外的遊客都能趣味互動。也別忘了準時欣賞搞笑誇張的戲劇演出和4D電影。

在丹麥幾乎所有的大人和小孩都曾擁有過樂高積木或周邊商品，名符其實是歡樂的代名詞，也是丹麥人的驕傲。樂高樂園旁還有專門的樂高主題旅館，如果嫌一天玩得不過癮，可以考慮入住。訂房請至樂高樂園網站。

主題玩樂
城堡與皇宮

丹麥至今都還保有皇室的文化傳統，這是人民投票後的共同決定。現今哥本哈根境內留下來的3座城堡，分別是作為皇室居所的阿瑪連堡皇宮、接待外賓宴客廳的克里斯汀堡宮和皇家寶物展覽廳玫瑰宮城堡。若想要一窺丹麥皇室的面貌，了解其歷史文化內涵，就絕對不能錯過這皇室三堡。

阿瑪連堡皇宮
Amalienborg
推薦指數 ★★★★

02

http www.kongernessamling.dk/en/amalienborg / ✉ Amalienborg, 1257 København / 🕐 按月分有不同調整，出發前請先上網查詢 / 💲 成人90 DKK，學生證60 DKK；聯票(阿瑪連堡+玫瑰宮堡)成人215 DKK，學生證150 DKK，只能現場購票，並限2天內使用；，17歲以下免費，持哥本哈根卡免費 / ➡ Kon-gens Nytorv St捷運站，步行20分鐘

現任女王的住所，也是丹麥最雄偉的洛可可式建築作品之一。皇宮由4棟完全相同的建築、成八角形的排列方式圍繞出一個寬大的廣場。每天中午12點，廣場上都有皇家衛隊換崗交接的儀式。造訪皇宮時不妨注意一下國旗有否升起，如果有升起表示女王在家。皇宮4個宮殿中開放參觀的有2個宮殿，一個在Christian VIII宮殿處的皇宮博物館，另一個是女王接待賓客的Christian VII宮殿。

01

01皇宮廣場中間的雕像，是法國雕塑家薩利為菲特烈五世國王製作的騎馬銅像 / 02皇宮前的大頭衛兵，後方像鉛筆形狀的就是衛兵的崗哨

玩樂篇

克里斯蒂安堡宮
Christiansborg Slot

推薦指數 ★★★★★

http www.kongeligeslotte.dk(進入頁面後至右上方點選切換中英文) / ✉ Prins Jørgens Gård 1, 1468 København / 🕐 10～4月週二～日10:00～17:00(週一休館);5、6、9月週一～日10:00～17:00;7、8月週一～日10:00～18:00。時有異動,建議出發前至官網確認 / 💲 聯票成人175 DKK,持學生證155 DKK,18歲以下免費,持哥本哈根卡免費 / ➡ Kongens Nytorv St捷運站,步行10分鐘

　　坐落在市區旁的Slotsholmen小島上。目前丹麥的議會、最高法院、國務部,以及女王接待各國使節和元首的大廳都設在克里斯蒂安堡宮內。現今開放參觀的是女王接待廳,接待廳參觀重點在主大廳,因為大廳中掛了11幅色彩鮮明且巨大的掛毯,是丹麥商協會送給女王50歲大壽的賀禮,出自大師Bjørn - Nørgaard之手,他先將尺寸一模一樣的底稿畫好,再編織而成。此系列掛毯主要描繪了丹麥1千年來的歷史。購票後可以自行參觀接待廳或參加免費導覽。

01

02

01城堡大廳中掛了11幅色彩鮮明的掛毯,內容非常有創意且顛覆傳統(攝影:I-Ting Lu) / 02克里斯蒂安堡宮同時也是丹麥的議會、最高法院、國務部所在地(攝影:Yee-Wen Wu)

玫瑰宮城堡
Rosenborg Slot

推薦指數 ★★★★★

http www.kongernessamling.dk/en/rosenborg / ✉ Øster Voldgade 4A, 1350 København / 🕐 按月分有不同調整,出發前請先上網查詢 / 💲 成人140 DKK,學生證90 DKK,聯票(玫瑰宮堡+阿瑪連堡)成人215 DKK,學生證150 DKK,只能現場購票,並限2天內使用;18歲以下免費 / ➡ Nørreport St捷運站,步行約550公尺

　　這棟歷史悠久的美麗建築,最初是國王克里斯蒂安四世建造,用來存放皇家寶物的地方,現今成為博物館,展示著丹麥皇家400多年來最珍貴的文化歷史寶藏。玫瑰宮中最值得一看的是位在Long Hall裡的國王加冕寶座,和一旁用銀鑄的3隻守衛獅,以及珍貴的皇冠和皇冠上的珠寶。玫瑰宮城堡和阿瑪連堡皇宮的門票可以至阿瑪連堡皇宮櫃檯購買聯票,這樣比單獨各買一張來得便宜。

01

02

01玫瑰宮城堡中收藏珍貴的皇冠 / 02國王的加冕寶座和用銀鑄的3隻守衛獅

主題玩樂
安徒生童話路線

　　可以安排一天的時間，從哥本哈根開始到烏丹斯，一路探索安徒生大師的身影，和追尋著他的足跡來段深入童話故事背後的知性之旅。也從了解安徒生的背景來了解他每個故事更深層的含意。

小美人魚雕像

➡ 可至新港(Nyhavn)尾端搭乘991、992號交通船至Nordre Toldbod站下車，步行約10分鐘；或至國王新廣場(Kongens Nytorv)搭乘捷運(2個停靠站)在Østerport下車，步行約15分鐘

　　安徒生筆下的小美人魚，雕像位於Langelinje碼頭，儼然已經成為丹麥的標誌，也是來到哥本哈根不能不朝聖的景點。這座雕像是在1913年由嘉士伯啤酒公司贈送給哥本哈根市的禮物。每年8月23號小美人魚生日當天，會有氣球、鮮花和音樂等慶祝活動。

安徒生雕像

　　市政廳旁H.C. Andersens Blvd街道上有一座望向Tivoli樂園的安徒生銅像，看他膝蓋的亮度，不難想像一年有多少人想坐在大師的腿上聽故事。

攝影：I-Ting Lu

新港住所

　　安徒生從家鄉歐丹斯來到哥本哈根後，先後住過幾間公寓，位於新港這就有3處，分別是門票號碼18、20、67。他曾在20號公寓裡創作出了《賣火柴的小女孩》《小克勞斯和大克勞斯》以及《豌豆公主》這些膾炙人口的故事。另外，他在67號公寓裡住了20年，18號公寓住了2年。可惜的是現在這些公寓都為私人所有，不開放參觀，只能在外追憶這位大師啦！

01

02

01紅色建築就是安徒生曾經居住過的20號公寓 ／ **02**新港67號公寓是安徒生大師居住了20年的地方

烏丹斯（Odense）

童話大師安徒生的故鄉烏丹斯（Odense），是位於菲英島上的丹麥第三大城。安徒生14歲離開家鄉獨自一人到哥本哈根打拼時，他的媽媽曾經期許他：「有一天讓烏丹斯因為你而榮耀」。結果他真的沒有辜負媽媽的期望。如今遊覽烏丹斯的路線全是圍繞著安徒生轉，主要參觀路線從安徒生博物館、安徒生兒時故居、安徒生紀念公園、安徒生受洗的教堂等等，街道上公園裡也滿是他的雕像，安徒生真的將丹麥和他的故鄉打造成了一個童話王國。從哥本哈根坐火車前往只需約90分鐘的時間。

安徒生博物館
The Hans Christian Andersen Museum

館內非常詳細地介紹了安徒生生長年代的歷史背景，和他從小到大的故事生平。還有展示大師的剪紙作品、繪畫、手稿、生前睡過的床和用品，連他出生時的房屋與哥本哈根位於新港的寓所都有複製出來。

安徒生童年故居
H.C. Andersen's Childhood Home

安徒生到14歲去哥本哈根前，都是住在這間狹小的房屋，一家三口擠在5坪大的空間。屋內右半邊是安徒生故居，左半邊是有關安徒生的介紹。

St.Kunds教堂

烏丹斯St.Kunds教堂是安徒生5歲時受洗的地方，教堂裡刻有安徒生的名字。

安徒生公園

安徒生紀念公園在獨立的一塊小綠地上，一旁有小河環繞四周，小河中還停了一艘形狀像紙摺出來的小船。

安徒生雕像

市政廳的廣場旁是最熱鬧的Vestergade購物街，街上有個巨大的安徒生銅像，是安徒生捲高褲管光著腳丫的樣子，相當俏皮。RADISSON SAS飯店門口的椅子上也有大師的銅像，樣貌刻畫得栩栩如生，把大師憂鬱的氣質都表現出來了。

01安徒生博物館外觀像是個玻璃屋 / **02**這個狹小的空間就是安徒生幼年時全家人的居住空間 / **03**RADISSON SAS飯店門口的安徒生銅像 / **04**安徒生公園 / **05**St.Kunds教堂 / **06**光著腳丫的安徒生雕像

01 02 03

04 05 06

哥本哈根
市區重點行程

哥本哈根是享譽國際的都市，擁有完好的公共設施、綠色環保的城市理念、規畫完善的觀光路線、親切友善的人民，以及獨有的丹式慢活情趣。雖然都市面積不大，但值得參觀的地方卻豐富多元，足以滿足不同年齡層旅客的需求。這兼具童話王國及設計之都的魅力城市值得親身來體驗。

新港
Nyhavn

推薦指數
★★★★★

➡ Kongens Nytorv St 捷運站，步行3分鐘

新港的原名為Den Nye Havn，最初是個繁忙的商業碼頭，每天有來自世界各國的船隻往返，在此上下貨物，也因此這區充滿著水手、妓女和酒吧，是哥本哈根治安最差的區域。後來，隨著時代變遷，港口兩旁老舊的屋舍開始翻修，改建為一棟棟優雅鮮豔的建築，餐廳、咖啡廳也紛紛進駐，因此被改名為現在的Nyhavn（中文翻譯為新的港口）。這裡是哥本哈根最熱門的觀光景點之一，也是到此一遊拍照留念的首選地標。

01

02

運河遊船(Canal Tour)
景點放大鏡

在新港搭乘遊船是用另一種角度視線來欣賞哥本哈根的好方法。遊船一路從新港出發，經歌劇院和其後方的

舊船廠運河，前往看小美人魚，再繞過沿著Slotsholmen小島開鑿的運河開回新港結束。

沿途經過幾個重要景點歌劇院、黑鑽石、小美人魚、阿瑪連堡皇宮、克里斯汀堡宮、救世主教堂等。遊船有2家公司在運行，時間都是1小時，船上有英文導覽。持哥本哈根卡可免費搭乘www.stromma.dk/en這家的船。

運河遊船公司網址：
http www.stromma.dk/en/Home
http www.havnerundfart.dk

01哥本哈根明信片中最著名的取景點 / **02**新港這條街不只房子色彩繽紛活潑，餐廳更是密集

丹麥藝術與設計博物館
Designmuseum Danmark

推薦指數 ★★★★★

http designmuseum.dk/en / ✉ Bredgade 68, 1260 København / ⏰ 週二、三、五～日10:00～18:00，週四10:00～20:00；週一休息 / $ 成人130 DKK，青少年(18～26歲)、持學生證90 DKK，0～17歲以下免費，持哥本哈根卡免費 / ➡ Kongens Nytorv St捷運站，步行10分鐘

博物館主要展世丹麥的設計產品，其中包括了喬治傑生(Georg Jensen)歷年來的經典傑作，以及著名設計師的作品，展示品有桌椅、餐具、居家用品等等，其中有許多的展品甚至還在市面上販賣，這證明了經典設計的永恆不朽。部分展區不定時更換展覽主題，對於鍾愛北歐設計風格的人來說，博物館展出的內容絕對精采可期。

博物館中展示了許多著名大師的經典設計，有些展品至今都還在商店中販賣(攝影：Yee-Wen Wu)

國家美術館
SMK–Statens Museum for Kunst

推薦指數 ★★★★

http www.smk.dk/en / ✉ Sølvgade 48-50, 1307 København K / ⏰ 週二～日10:00～18:00，週三10:00～20:00；週一休息 / $ 成人130 DKK，27歲以下95 DKK，18歲以下免費 / ➡ Nørre-port St捷運站，步行10分鐘

館內珍藏的作品量相當豐富，從擁有700年古老歷史的作品，一直到19世紀的作品都含括在內。館內不只珍藏丹麥和北歐地區的畫作，還有來自歐洲各國大師的作品。像是高更、梵谷、畢卡索等耳熟能詳的藝術大師的作品。

美術館內的空間設計也非常特別，還會不定時舉辦音樂會

國家博物館
Nationalmuseet

推薦指數 ★★★★

http www.natmus.dk / ✉ Ny Vestergade 10, 1471 København / ⏰ 每日10:00～17:00，11～3月的週一休息 / $ 免費 / ➡ København H中央火車站步行10分鐘

丹麥最大的文化歷史博物館，展示了全丹麥從古至今的歷史文物，還有來自全世界其他國家的

01

文物，從格林蘭到南美洲的都有。博物館的外觀看起來不太大，但實際展示面積是由好幾棟建築連接而成，要全部逛完至少得花上半天的功夫，館內收藏豐富，非常值得參觀，且門票免費喔！

01各展間為了真實的模擬出當時的建築風格，就連天花板的裝飾都毫不馬虎 / **02**博物館內展示了丹麥17世紀的居家布置

嘉士伯啤酒廠
Carlsberg
推薦指數 ★★★

http www.visitcarlsberg.com(網頁開啟後須先輸入出生年分按Enter才能進入網站) / ✉ Ny Carlsberg Vej 100, 1799 Copenhagen V / ⏰ 10:00～18:00 / 💲 週一～三成人160 DKK，青年(6～17歲)90 DKK；週四～日成人190 DKK，青年(6～17歲)120 DKK；0～5歲免費(須成人同伴) / ➡ **1.**搭23號或26號公車，步行約8分鐘(600公尺)。**2.**搭M3到Enghave Station(Square)站，步行約11分鐘(800公尺)

嘉士伯啤酒是世界知名啤酒商之一，創始人J.C. Jacobsen創立啤酒廠於1847年。這間啤酒廠是許多新技術的領航者，它開創了使用蒸氣來釀造啤酒，以及先進的冷藏技術等發明。現今釀酒廠已遷移到別處，此處開放最早期的釀酒廠給遊客參觀，啤酒廠裡展示了上萬個來自世界各國不同時期的啤酒瓶。門票包含了免費的啤酒品嘗喔！

01啤酒廠中還保留了早期用來裝運啤酒的小貨車 / **02**參觀行程中還包括試嘗2杯免費的新鮮啤酒喔

新嘉士伯美術館
Ny Carlsberg Glyptotek
推薦指數 ★★★

http www.glyptoteket.com / ✉ Dantes Plads 7, 1556 København / ⏰ 週二～日11:00～17:00，週四10:00～21:00，週一休息 / 💲 成人125 DKK，27歲以下和學生證95 DKK，18歲以下免費，持哥本哈根卡免費。每個月的最後一個週三免費參觀 / ➡ København H中央火車站步行10分鐘(600公尺)

新嘉士伯美術館的創始人Carl Jacobsen，是嘉士伯啤酒創辦人J.C. Jacobsen的兒子。他於1897年創立美術館，並將許多自己收藏的古希臘羅馬時期的大理石雕像擺放在館中展示。館內有分3大類的展區，有丹麥藝術、法國藝術，以及古物收藏，其中古物收藏中又有埃及、希臘、古羅馬等文物的展示，收藏相當多元。

另外，美術館本身的設計也很值得一提，尤其是一進入大門後的冬季庭院，庭園是一座以熱帶植物為主的大型溫室，一旁更有開放式的咖啡廳（見P.163），陽光透射相當明亮，讓人有置身於大自然的感覺。而且咖

啡廳所供應的輕食三明治、蛋糕、咖啡等，全都是採取有機食材製作而成，逛累了還可以選擇在這裡歇歇腳，是逛美術館最理想的安排。

許多館藏雕像是創辦人Carl Jacobsen的私人收藏

Tivoli樂園
Tivoli Gardens

推薦指數 ★★★

🌐 www.tivoli.dk / ✉ Vesterbrogade 3, 1630 København / 🕐 3/22～9/22週日～四11:00～23:00，週五～六11:00～24:00(時間僅供參考，每年開放時間略有不同，詳細見官網) / 💲 0～7歲免費，成人不同季節、入園時間和週末價格會不同，詳情請參考官網；若不想付一票玩到底的價格，樂園中的每項遊樂設施都可單一購買，但不划算；持哥本哈根卡免費入園，但不包含遊樂設施 / ➡ Køben-havn H中央火車站對面

　　成立於1843年，是世界上現存最古老的樂園之一，也是啓發華德·迪士尼(Walt Disney)先生在遊園回去後，有了蓋迪  士尼樂園的靈感。樂園占地不大，遊樂設施也不算多，但大大小小的餐廳、咖啡廳、麵包店和攤販加起來卻有40多處，有丹麥傳統美食、美式餐廳、義大利餐廳、日式料理等應有盡有。所以進園不只是遊玩，還可邊聆聽現場樂隊表演，邊一飽口福地吃著美食，享受這份特有的丹式歡樂。

01Tivoli門口插滿了丹麥國旗，可見丹麥對它的重視程度，這裡的大人小孩都愛它 / **02**樂園中有2009年才推出的360度旋轉式轟炸機(Vertigo)，歡迎大膽的你來挑戰 / **03**樂園中的小衛兵遊行隊伍，每個人一頂大黑帽，模樣甚是可愛

哥本哈根動物園
Zoologisk Have

推薦指數 ★★★★

🌐 www.zoo.dk / ✉ Roskildevej 32, 2000 Frederiksberg / 🕐 週一～五10:00～16:00，週六、日10:00～17:00 / 💲 成人249 DKK，3～11歲149 DKK，0～3歲免費，持哥本哈根卡免費 / ➡ 1.巴士4A至Roskildevej站，步行5分鐘。2.搭26路公車至De Sm Haver(Pile Allé)站下車，步行約9分鐘(650公尺)

　　這是遊客與動物距離最近的動物園，每一隻動物都能隔著護欄看得非常清楚，去過的人都大呼過癮。園內分爲幾大區塊，最不能錯過的是北歐區，區內有麝牛、馴鹿、北極熊這些比較少見的動物。

救世主教堂
Vor Frelsers Kirke

推薦指數 ★★★★★

🌐 www.vorfrelserskirke.dk / ✉ Sankt Annæ Gade 29, 1416 København / 🕐 教堂每日09:00～20:00；旋轉塔開放時間見官網(冬季關門，天氣狀況不佳、大雨或狂風也暫時關門) / 💲 教堂免費；上塔：成人69 DKK，學生和65歲以上53 DKK，5～14歲20 DKK，0～4歲免費；持哥本哈根卡免費 / ➡ Christianshavn St捷運站，步行5分鐘

　　救世主教堂建築建於1682～1696間，是座巴洛克式風格的建築。教堂一旁的旋轉型塔樓建於1749～1752年間，出自建築師Lauritz de Thurah之手，

他的靈感來自羅馬聖伊沃(University Chapel at St Ivo)大學的教堂。旋轉塔是俯瞰哥本哈根市區最棒的地方,塔上視野極好,可以360度無障礙地將風景盡收眼底。塔上參觀限時30分鐘。

01據說若是能摸到旋轉塔最上方的金銅可帶來好運 / **02**旋轉塔堪稱欣賞哥本哈根風光最佳的選擇

克利斯提安尼亞區
Freetown Christiania
推薦指數 ★★★★

http www.visitdenmark.se/danmark/resmal/kopenhamn/christiania / ➡ Christianshavn St捷運站,步行約10分鐘

克利斯提安尼亞區又稱為自由之城(Freetown),這個區域當初是由一群嬉皮建立,他們在此訂立了自己的規矩,完全獨立於丹麥政府。雖然近年來政府不斷地在試著改變和調整,但克利斯提安尼亞區卻依然保持著它的獨特性。區內有自己的住家房屋、藝術家的塗鴉區、音樂表演場地、餐廳、工作坊、畫廊等。

這個區域越晚越熱鬧,有些假日的小攤販也是傍晚才會擺出來。不過在這裡要多加注意安全,因為出入人士的背景比較複雜,為了自身的安全,也要遵照指示牌不要隨意照相。

01克利斯提安尼亞區的標誌 / **02**克利斯提安尼亞區裡有許多藝術家的作品和即興塗鴉

路易斯安那現代美術館
Louisiana Museum of Modern Art
推薦指數 ★★★★

http en.louisiana.dk / ✉ Gl Strandvej 13, 3050 Humlebæk / ⏰ 週二～五11:00～22:00,週六～日11:00～18:00;週一休息 / 💲 成人145 DKK,學生證125 DKK,18歲以下免費,持哥本哈根卡免費 / ➡ 搭乘開往Helsingør方向的火車,至Humlebæk St.站下車,步行約15分鐘

位於美麗的Øresund海岸旁,占有絕佳的地理位置,它是與大海、藝術和自然相互結合的博物館,同時也是斯堪地那維亞地區最大的美術館,館內一共收集了超過3,000件的作品。除了固定的展示外,每年也不定期推出4～6種不同主題的現代藝術展覽,都是當代偉大的現代派藝術家和最新的國際藝術系列作品。館內咖啡廳的用餐氣氛很好,就坐落在海岸邊半戶外的場地,可以悠閒的享受海景和美食。

01餐廳中的大拇指藝術品 / **02**美術館的設計喜愛採用自然光與大自然完美結合 / **03**現代藝術作品 / **04**美術館的餐廳與草地相連,還有無敵棒的海景相伴

哥本哈根
建築設計大賞

丹麥是設計的大本營，其設計不單只是在家具或居家用品上，也在建築設計的領域大放異彩，贏得許多世界級的建築大獎。你知道嗎？赫赫有名的雪梨歌劇院就是出自丹麥設計師Jorn Utzon之手！丹麥值得欣賞的設計建築真是多的不勝枚舉，到了哥本哈根怎能不來大開眼界？趕緊好好計畫一趟建築大賞之旅吧！

玩樂篇

歌劇院
The Royal Danish Opera

推薦指數
★★★

http www.kglteater.dk / ✉ Ekvipagemestervej 10, 1438 København / ➡ Kongens Nytorv St捷運站，沿新港走到底搭991、992交通船過去

歌劇院是由丹麥建築師亨寧·拉森（Henning Larsen）主操刀設計，再配合丹麥其他藝術家的裝飾而成。外觀是用德國南部的Jura Gelb石灰石砌成，門廳則是用西西里島的Perlatino大理石打造，主廳的天花板更是裝飾著1萬5千片用24K金雕成的葉子。從新港碼頭搭乘運河遊船就會順道經過歌劇院。

科技大學圖書館
IT-University Library

推薦指數
★★★★

http itu.dk/en / ✉ Rued Langgaards Vej 7, 2300 København / ➡ DR Byen st捷運站，往電視台的方向步行10分鐘

位在Amager區，也是由丹麥建築師亨寧·拉森（Henning Larsen）設計的建築。形狀像一個巨大的H，還有一個中庭在中間。建築最具特色的設計是在內部，圖書館中5間不同層樓的會議室都被特別設計延伸出每個樓層外，像是浮在半空中被人拉出來的透明抽屜，每層樓的會議室位置都相互錯落且長短不同。

學生宿舍
The Tietgen

推薦指數 ★★★

http www.tietgenkollegiet.dk(可看到宿舍室內照片) / ✉ Rued Langgaards Vej 10, 2300 København / ➡ Islands Brygge St捷運站,往宅區方向步行約10分鐘

　　設計靈感來自於中國東南部的土樓式建築。設計師是希望能同時兼顧私人生活和公眾空間的和諧性,所以將幾棟建築設計成圓弧形,圍繞成一個圓形。學生宿舍和科技大學圖書館(見前頁)是在同一區,兩者之間只需步行5分鐘即可到達。

Bella天空飯店
Bella Sky Hotel

推薦指數 ★★★★

✉ Center Boulevard 5, 2300 København / ➡ Bella Center 捷運站對面

　　Bella飯店在國際飯店獎項中脫穎而出,得到了2012歐洲最佳建築獎。這間北歐最大的飯店擁有獨一無二的設計外觀和室內裝飾,從它白色的外觀、三角形的窗戶設計,到些微傾斜的大樓弧度,很難不讓人想進去一探究竟。每到了夜晚飯店外觀會打上不顏色的燈光。Bella飯店和VM&山型建築就在對,所以到了哥本哈根跑一趟Ørestad新興區,就以同時將許多特色建築盡收眼底。

黑鑽石
The Black Diamond

推薦指數 ★★★★

http www.kb.dk/en / ✉ Søren Kierkegaards Plads 1, 1219 Copenhagen / 🕐 週一～五08:00～21:00,週六09:00～19:00,週日休 / ➡ Kongens Nytorv St捷運站,步行約15分鐘

　　黑鑽石建築是哥本哈根皇家圖書館。建築中間以玻璃帷幕呈現出一個大切口形狀,主要是為了白天時能將自然光線引入室內的中庭裡。它黑亮光澤的外表不但能將天空和海水的景色都反射出來,還因這些光線的折射讓黑鑽石的外觀總是有著閃閃發亮的感覺。從新港碼頭搭乘運河遊船就會順道經過黑鑽石圖書館。

01

02

01從運河遊船上就能欣賞到黑鑽石的外觀 / **02**黑鑽石大片玻璃帷幕讓內部的採光良好,還能清楚地看見來往的遊船

玩樂篇

VM & 山型建築
VM & Mountain Houses

推薦指數
★★★★

🌐 www.vm-husene.dk/auth / ✉ M-Huset, Ørestads Blvd. 57-59, 2300 København / ➡ Bella Center捷運站，往前走約5分鐘

　　VM & Mountain Houses是由丹麥知名的BIG建築公司設計蓋成，BIG曾負責2010年上海世博會時丹麥館的建造。這裡有三大不同棟的住家建築，2棟是使用大片落地玻璃為外觀建成的樓中樓式開放型住家，分別以V和M兩個字母的形狀呈現，V型建築的陽台是三角形的相當特別。

　　另一棟是仿造山的形狀來建的公寓，每一戶住家的屋頂就是上層家的陽台，讓每戶陽台就像電影院座位一樣由低至高，互相不會擋住彼此的視野。來到此處只需再往前走7分鐘，即可抵達北歐最大的室內購物中心唷！

01V字型社區的陽台成尖形，整體看來很像刺蝟 / 02山形建築的設計讓樓層間互不擋住視線和光線

八字型社區
8Tallet

推薦指數
★★★★

🌐 www.brasseriet-8tallet.dk / ✉ Richard Mortensens Vej 81, 2300 København / ➡ Vestamager捷運站，步行約9分鐘

　　也是由丹麥BIG建築公司建造，坐落於捷運的底站Vestamager的新興開發區。整個社區的設計就如它的名字一樣，呈現一個數字8的形狀。社區特別的設計是通行無阻的動線，整個社區的通道都可以相通，對於推著娃娃車或想要慢跑的住戶來說非常方便。另外，社區有一面特別不蓋滿，留出一個大V型的空間，讓社區內部的住戶也能有好的視野與光線。

八字型社區建築的尖角處有一間咖啡廳，參觀完社區後不妨來咖啡廳歇歇腳。

01公寓轉角處有一間以此社區命名的咖啡廳 / 02社區V字型的開口設計是為了讓內部住戶有更好的採光 / 03社區內的坡道可無障礙的繞社區一圈，方便推嬰兒車或輪椅

Sweden
瑞典
來瑞典必做的事!

探訪最具歷史風情的Gamla Stan舊城區

依坐在水色湖畔曬太陽,欣賞北方威尼斯之景

品嘗全瑞典都愛的MAX速食連鎖店漢堡套餐

到斯康森露天博物館親身體驗瑞典傳統文化

到瓦薩博物館觀賞世界上唯一保存完好的17世紀船舶

到近郊的皇后島來趟優雅的皇家貴族之旅

假日去Hotorget廣場的跳蚤市場尋寶

到各大經典百貨和購物商城欣賞俊男美女和北歐時尚

到NK百貨樓下或Birger Jarlsgatan 18號的Espresso House享用咖啡

爬上市政廳塔登高俯瞰市區全景

主題玩樂
瑞典極光祕境

極光是令人興奮且震撼的自然奇觀,能夠親睹其絢麗多彩曼妙的景象,來到瑞典北部的阿比斯庫(Abisko),在這鄰近地球邊線的國度,不再是件遙不可及的願想!

照片提供 / Frank Lee

阿比斯庫(Abisko)村莊隸屬於基律納(Kiruna)市鎮的管轄範圍區,是北歐斯堪地維亞半島擁有最清澈天空的地方,因為它就在北極圈內且遠離城市,不僅看到極光的機率非常之高,而且不同的季節裡,都可以感受到大自然鬼斧神工所呈現的奧妙景觀。

夏天時,喜歡徒步的遊客可以盡情享受長晝的愜意景區;冬季在毫無光害的大環境裡擁抱極光,夢想成真,同時也是滑雪勝地;到了春天,它更是健行活動的基地之一,沿著皇家路線(Kungsleden)健走,平常難得一見的高山美景全部盡收眼底,身心靈滿載而歸。

追北極光的最佳時間點大約為每年的9月中旬後到隔年的3月底。阿比斯庫沒有機場,有兩種交通方式可以抵達:一是搭飛機,自阿蘭達(ARN)機場飛基律納(直達約1小時35分鐘),再轉乘接駁車到市中心(約10公里),然後轉搭火車往Abisko(直達車程約1小時)。二是自斯德哥爾摩中央車站搭乘夜舖火車(車程約17小時)。

斯德哥爾摩
市區重點行程

斯德哥爾摩有北方威尼斯之稱,也有千島之都的雅號。它擁有獨特的地理位置,是一個由許多小島所組成的城市。漫步在其中可以欣賞到美不勝收的湖景和一艘艘小船航行在其中的風情畫。除此之外,它還是諾貝爾獎的發源地、瑞典皇室的皇宮住處,以及中世紀舊城區保留的最完整的地方之一。

舊城區
Gamla stan

推薦指數 ★★★★★

➡ Gamla Stan T-bana地鐵站下車

此區最早的歷史可追溯至13世紀,島上的街道細長而狹窄,一踏進這座小島就立即被一股濃濃的中世紀懷舊氛圍所包圍。舊城區中至今仍有大約3,000民住戶居住在其中,而島上遺留的建築都是17～18世紀時候所建造的。這個斯德哥爾摩最熱門的景點吸引了許多餐廳和咖啡廳的進駐,使整個Gamla stan成為市區餐廳密度最高的區域。

皇宮 (Royal Palace)

http www.kungligaslotten.se(進入頁面後至右上方點選切換英文,右下方可點入購票及查票價) / ✉ Kungliga slottet, 107 70 Stockholm,The Western Vault / ⏰ 按月分有不同調整,出發前請先上網查詢 / 💲 5～9月成人200 SEK,學生證180 SEK,兒童(7～17歲)100 SEK;10～4月成人180 SEK,學生證160 SEK,兒童(7～17歲)90 SEK,0～6歲免費 / ➡ Gamla Stan T-bana地鐵站,步行5分鐘

位於舊城區的皇宮是瑞典國王陛下的官邸,擁有超過600間客房。皇宮主體建築為義大利巴洛克式風格,建造於18世紀。皇宮一共包含了5間博物館,除了皇宮本身外還有古斯塔夫三世博物館(Gustav

III's Museum of Antiquities)、軍械庫(The Royal Armoury)、Tre Kronor Museum和寶藏室(Treasury)在其中。

諾貝爾博物館 (Nobel Prize Museum)

http www.nobelprizemuseum.se / ✉ Stortorget 2, Stockholm / ⏰ 按月分有不同調整,出發前請先上網查詢 / 💲 成人140 SEK,學生證及65歲老人票100 SEK,18歲以下免費,持斯德哥爾摩卡免費 / ➡ Gamla Stan T-bana地鐵站,步行15分鐘抵達

館內將歷年來所有得獎人的資料掛在天花板上,用機械軌道的方式不停運轉,讓每位得獎人的相貌和履歷都可以展示在眾人面前。博物館中也有介紹諾貝爾先生的生平事蹟,不過,最好是配合導覽時間參加免費導覽講說,因為館內展示空間不大,若無解說則獲取的資訊有限,可能會覺得乏味。

博物館頂上使用機械軌道來展示歷年來每位得獎人的資料

市政廳
City Hall

推薦指數
★★★★

http www.stadshuset.stockholm/en / ✉ Hantverkargatan 1, 111 52 Stockholm / ☎ 08-50829058 (導覽預約電話) / ◷ 英文導覽每天10:00～15:00一小時一場,但每天場次不定。夏季有中文導覽場次,但每月時間不同,出發前請上網查詢 / 💲 成人150 SEK,學生和65歲以上老人120 SEK,7～18歲60 SEK,0～6歲免費 / ➡ Rådhuset T-bana地鐵站,步行約7分鐘

市政廳是斯德哥爾摩最有名的身影之一,其塔樓尖頂上的黃金三冠更是最醒目的特色。市政廳於1923年的仲夏前開幕,內部大廳一共用了800萬塊磚堆砌而成。著名的諾貝爾晚

01登上市政廳塔可近距離飽覽斯德哥爾摩市區景色 / 02市政廳內最有名的黃金大廳,廳內金碧輝煌閃亮無比

宴就是在這裡舉行,得獎者在藍廳用晚餐後,緊接著進入用1,900萬片金色的馬賽克磁磚裝飾的金色大廳中跳舞。參觀市政廳必須跟著導覽,不能自行隨意走動。參觀完市政廳後記得前往塔樓登頂,俯瞰斯德哥爾摩的市景。

瓦薩博物館
The Vasa Museum

推薦指數
★★★★

http www.vasamuseet.se / ✉ Galärvarvsvägen 14, Djurgården, Stockholm / ◷ 6～8月08:30～18:00,9～5月10:00～17:00(週三～20:00) / 💲 1～4月、10～12月190 SEK;5～9月220 SEK;聯票(瓦薩博物館+弗拉克沉船博物館)310 SEK,18歲以下免費 / ➡ 1.搭7號輕軌電車或巴士69、76至Djurg Rdsbron站下,步行約5分鐘。2.搭地鐵至Karlaplan站下車,步行約18分鐘;或轉搭巴士67至Nordiska museet/Vasamusee站下,步行約1分鐘

瓦薩博物館中展示的瓦薩號是世界上唯一保存完好的17世紀船舶,也是相當獨特的藝術珍品。瓦薩號1628年第一

次在斯德哥爾摩下海數分鐘後,就因為船上大砲太多造成船身過重而沉沒了,直到333年後才被打撈上岸。之後又花了近半個世紀才將船逐漸修復成原有的風采。現在瓦薩號保留了95%的原始樣貌,包括那數百個雕刻裝飾都是原來就有的。

01瑞典的航海板圖也擴展到世界各國留下蹤跡 / 02、03瓦薩博物館中的主角——瓦薩號

北歐博物館
Nordic Museum

推薦指數
★★★★

http www.nordiskamuseet.se / ✉ Djurgårdsvägen 6-16, 115 93 Stockholm / 🕐 週一～日10:00～18:00，週三～20:00 / 💲 成人170 SEK，學生證及退休人士150 SEK，19歲以下60 SEK，持斯德哥爾摩卡免費 / ➡1.搭7號輕軌電車至Nordiska museet / Vasamusee站下，步行約1分鐘。2.搭巴士69、76至Djurg rdsbron站下，步行約4分鐘。3.搭地鐵至Karlaplan站下車，步行約18分鐘，或轉搭巴士67至Nordiska museet / Vasamusee站下，步行約1分鐘

　　北歐博物館是瑞典最大的民俗博物館，主要介紹瑞典的文化歷史。館內詳細的展示了瑞典從古到今的服飾演變、風俗習慣、居家擺設和傳統生活方式等。展示內容相當豐富多元，絕對是想認識瑞典文化歷史的首選博物館。

瑞典舊時代的木屋

海洋博物館
Sjöhistoriska Museet

推薦指數
★★★

http www.sjohistoriska.se / ✉ Djurgårdsbrunnsvägen 24, 115 27 Stockholm / 🕐 週二～日10:00～17:00，週一休息 / 💲 成人120 SEK，學生證及退休人士100 SEK，18歲以下免費 / ➡1.搭巴士69至Sjöhistoriska Museet站下車，步行約2分鐘。2.搭7號輕軌電車至Djurg rdsbron站下，步行約20分鐘

　　海洋博物館是瑞典斯德哥爾摩的一座以海軍歷史、商船和造船為主題的博物館。收藏約有90萬張照片、5萬件物品和4.5萬件繪畫藏品。館內可欣賞許多珍品並了解瑞典的航海歷史，除此之外也有令人驚嘆的景色，還有咖啡館（10:30～16:00）提供午餐、三明治、美味的咖啡、餅乾和糕點。

國家博物館
National Museum

推薦指數
★★★

http www.nationalmuseum.se / ✉ Södra Blasieholmshamnen 2, 111 48 Stockholm / 🕐 週二～日11:00～17:00(週四20:00)，週一休息 / 💲 成人160 SEK，每日閉館前60分鐘80 SEK，20歲以下免費 / ➡搭7號輕軌電車或地鐵藍線至Kungsträdg Rden站下，步行約5分鐘

　　國家博物館最主要展示了瑞典從古到今的藝術和設計收藏，內容包括繪畫、雕塑和工藝品等。都是出自瑞典最出色的藝術家，像是Carl Larsson、Hanna Pauli、Anders Zorn、Bruno Liljefors，以及其他國際大師的作品。另外，在斯堪地那維亞的設計和工藝品發展的展覽中，你還可以了解瑞典從1900年至今的現代設計經典之作。

玩樂篇

斯康森露天博物館
Skansen Open Air Museum

推薦指數 ★★★★★

http www.skansen.se / ✉ Djurgårdsslätten 49, 115 21 Stockholm / 🕐 整個園區及園區內許多小園區的開放時間不同，如欲前往請至官網輸入當日參觀日期，系統會顯示各區詳細的開放時間 / 💲 夏季、冬季票價不一樣，夏季中不同月分票價也不相同，冬季則有分平日票和假日票，詳情請參照官網。持斯德哥爾摩卡免費 / ➡️ 1.搭7號輕軌電車至Skansen站下車走到對面，步行約2分鐘。2.地鐵紅線13至Karlaplan站下，再轉搭67巴士至Liljevalchs / Gröna Lund下車，步行約3分鐘。3.從中央火車站搭地鐵綠線至Odenplan下車，再轉搭67巴士至Liljevalchs / Gröna Lund下車，步行約3分鐘

斯康森露天博物館位在皇家尤爾格丹（Royal Djurgården）島上，對岸可以眺望到整個斯德哥爾摩市區。它是世界上最古老的露天博物館，同時也和斯德哥爾摩動物園結合。露天博物館就像是一個瑞典的縮影，園內有收集來自瑞典全國不同地方運來的房舍，房舍內更生動地演繹著瑞典傳統的生活方式，有吹玻璃和捏陶土的工廠，不時飄出陣陣香味的傳統麵包店，錫

匠的工作室等。

不僅如此，園區中的各個咖啡小屋也很有風味，室內不但布置得溫馨懷舊，還開放後面的小庭院成露天雅座。瑞典有許多特殊節慶也會在此露天博物館裡慶祝，例如瑞典仲夏節、沃爾帕吉斯夜、聖露西亞日、聖誕節等傳統慶典。你也可以在園區內的動物院中，見到原產於斯堪地那維亞的動物，例如馴鹿、熊、狼、狼獾等。

01園區中展示瑞典舊時期的居家布置 / **02**Skansen門口購票處 / **03**瑞典舊時期的木屋，主要功能是儲放物品

天空之景
SkyView

推薦指數 ★★

http www.aviciiarena.se/en/skyview / ✉ Avicii Arena, Arenatorget 2, 121 77 Johanneshov / ➡️ 地鐵綠線至Gullmarsplan站下車，步行約10分鐘 / ℹ️ 目前重整升級，因此暫時關閉，預計於2025年恢復營運

SkyView是斯德哥爾摩最顯著的景點之一，它是一個以玻璃製成的圓球狀纜車，軌道就裝置在地球上最大的球形建築Ericsson Globe球場的建築體外牆。SkyView從球形建築底部開始一路攀爬至頂端，可欣賞到遠處的風景。SkyView的門票

不菲，能看到的景觀面也有限，所以只建議持斯德哥爾摩卡的朋友來免費體驗，如果純粹想看風景，就選擇電視塔或市政廳塔樓較佳。

斯德哥爾摩
近郊重點行程

瑞典皇室的建築蹤影不只在斯德哥爾摩的舊城區可以欣賞而已，在近郊更有一大片環境優美，且被列入世界文化遺產的皇家宮殿和花園。這裡是瑞典人夏季最愛來的景點之一。你可選擇搭船從市中心出發，直達皇后島下船，沿途吹著和煦微風，伴隨著兩岸迷人景色，還可在船上享用午餐，優雅的來趟皇家貴族之旅。

世界遺產

皇后島宮
Drottningholm Palace

推薦指數 ★★★★

http www.kungahuset.se(先選擇語言＞上方Menu欄點選 Visit the Royal Palaces＞點選Drottningholm Palaces) / ✉ Drottningholm, Sverige / ⏰ 按月分有不同調整，出發前請先上網查詢(pse.is/5lllpm) / 💲 成人160 SEK，學生證140 SEK，兒童(7～17歲)80 SEK，6歲以下免費。持斯德哥爾摩卡免費 / ➡️ **1.**搭綠線地鐵(T-bana)至Brommaplan站下車，轉搭巴士311、323、176、177至Drottningholm站下車，步行約10分鐘。或搭藍線地鐵至Solna strand站下車，走到Solna strand - Huvudstaleden轉搭巴士176、177至Drottningholm站下車，步行約10分鐘。**2.**持有斯德哥爾摩通行卡，可免費在市政廳對橋旁的碼頭搭乘遊船前往，約自5月中～9月22日開放，平日船班(6月開始)去程10:00～14:00或16:00，回程11:00～15:00或17:00，來回2小時一班；7、8月分來回每小時一班；週六、日去程加一班18:30，回程加一班20:00

　　位於斯德哥爾摩14公里處的近郊，皇宮園區占地很大，環境清幽景色宜人，適合規畫成一天的小旅行。皇后島宮建於17世紀，是瑞典保存最完好的皇家宮殿，也是斯德哥爾摩3項世界文化遺產之一，更是瑞典境內第一個被編列的世紀文化遺產。自1981年以來皇后島宮一直是瑞典皇家成員的主要住所，目前宮殿南邊的房間仍保留給王室成員居

住。參觀重點除了皇宮本身外，還有皇后劇院以及中國亭，當然還有美麗的大花園。

皇宮劇院(Drottningholm Court Theatre)

　　歐洲保存最完好的18世紀劇院之一，200年歷史的舞台機械和室內裝飾幾乎沒有改變，依然保有它最初的風貌。想參觀劇院內部一定要參加導覽，劇院不開放私自參觀。每年5～8月劇院有歌劇和芭蕾舞的表演。

中國亭(The Chinese Pavilion)

　　中國亭建於1750年，是國王阿道夫‧弗雷德里克送給洛維薩烏爾麗卡女王的生日禮物。這座300年前建造的中國亭，也是全歐洲洛可可式建築最好的代表。中國亭也被聯合國教科文組織列為世界遺產。

馬爾摩
市區重點行程

馬爾摩是瑞典第三大城，從哥本哈根坐火車只需經過御勒森大橋(Öresund Bridge)，約45分鐘即可達。這最熱鬧的逛街區塊和景點都圍繞在市政廳廣場(Stortorget)附近。每年從8月的第3週開始有為期8天的馬爾摩節(Malmöfestivalen)，期間會有音樂表演和異國美食。若北歐行時間不夠去瑞典的話，也可在停留哥本哈根期間，安排來逛逛，既可體驗瑞典風情，又可發洩購物慾，因瑞典為北歐四國中消費最便宜的國家。

馬爾摩古色古香的街景

旋轉中心
Turning Torso

推薦指數 ★★★

✉ Lilla Varvsgatan 14, 211 15 Malmö / ➡ 從中央火車站步行約2.2公里，或從中央火車站搭乘開往Malmö Fullriggaren的8路公車到Malmö Turning Torso下車，步行約2分鐘

這個2005年9月正式啟用的旋轉樓，出自西班牙大師Santiago Calatrava之手，原始概念來自於扭轉的人體軀幹，整座白色建築由下往上旋轉了90度，沒有一個樓面是方正格局，從外觀看每個窗子都是斜的！這在建築上是一個很大的突破與創舉，可惜大樓用途是租給公司行號或私人公寓用。旋轉大樓旁是西港，這裡有停靠遊艇的碼頭，同時也是環境優美的高級住宅區，可以在此享受片刻悠閒的北歐住宅氣氛。

馬爾摩城堡
Malmöhus Castle

推薦指數 ★★★

http malmo.se / ✉ Malmöhusvägen 6, 211 18 Malmö / 🕐 週二～日11:00～17:00，週四11:00～19:00，週一休息 / 💲 成人60 SEK，19歲以下免費；聯票(馬爾摩城堡+技術和海事事務館)成人100 SEK，學生證／退休人士50 SEK，19歲以下免費 / ➡ 從市政廳廣場徒步約1.1公里

馬爾摩城堡始建於1434年，它是整個斯堪地納維亞半島現存最古老的文藝復興時期城堡，也是當時的防禦要塞。現在這裡包含了藝術，民俗和自然歷史的收藏。城堡內常年都有特展。

市政廳廣場
Stortorget

推薦指數 ★★★

➡ 從馬爾摩中央火車站步行500公尺即可抵達

市政廳前的大廣場有座噴水池和瑞典國王卡爾五世的雕像，紀念他從丹麥手中又奪回斯堪省，也就是現在馬爾摩的所在地區。

Norway
＊挪威＊
來挪威必做的事！

到奧斯陸歌劇院品味這個美麗的新城市地標

到奧斯陸維格蘭公園欣賞大師栩栩如生的人物雕像

逛逛奧斯陸最主要的購物街道Karl Johans Gate大街

走訪一趟奧斯陸博物館島深度認識維京文化和挪威航海歷史

到奧斯陸市政廳旁的Aker Brygge海港邊享受徐徐海風和一頓美食

親身走一趟「挪威縮影」見識峽灣的震撼

前往貝爾根造訪這個曾是歐洲主要的漢薩同盟城市

搭遊輪進蓋倫格峽灣登高俯瞰峽灣的壯麗

在峽灣旁的小木屋住一晚享受人間仙境的神仙生活

主題玩樂
峽灣與自然風光

挪威的自然景觀絕美得令人不可思議，狹長型的它一路從南到北擁有多條大大小小的峽灣和濱海城市，其中許多都已列入了世界文化遺產。挪威人尊敬大自然，將這些上帝賜予的禮物保存得相當原始而完好，保存維護之餘又不吝嗇的與全世界的旅人分享。因此規畫了峽灣郵輪、登山火車、接駁巴士等交通工具，方便慕名而來的遊客能更貼近欣賞這些絕世美景。

貝爾根
Bergen

推薦指數 ★★★★★

http www.en.visitbergen.com / ➡1.從哥本哈根、斯德哥爾摩和奧斯陸均有飛機直飛。2.從奧斯陸坐火車約6.5～7個小時抵達

貝爾根曾是挪威首都，現在是挪威第二大城也是峽灣的門戶。貝爾根曾是歐洲主要的漢薩同盟城市之一，也是相當重要的貿易中心。現在位於Bryggen區的一排漢薩時期遺留下來的木造房舍是著名的觀光景點，也被列入世界文化遺產。

貝爾根的地理位置很特殊，被7座山環繞，又是臨海的峽灣地形，最適合大型船隻操作，所以成為歐洲大型郵輪港口之一，曾有統計指出全挪威超過50%的貨物來往都在此作業。建議從港口魚市場旁搭纜車到海拔320公尺高的Fløyen山上平台，俯瞰整個貝爾根和峽灣風景。

沃斯
Voss
推薦指數 ★★★

http www.visitvoss.no/en / ➡ 挪威縮影交通套票：從貝爾根坐火車前往，或從古德瓦根搭巴士前往

　　沃斯位於挪威峽灣的中間，鄰近貝爾根約100公里的距離。它是貝爾根與松恩峽灣之間必經的城市，也是挪威縮影行程中交通轉乘的地方。除此之外，沃斯是喜歡冒險運動者的天堂，冬天是挪威境內很熱門的滑雪勝地，夏天則提供皮艇漂流、滑翔傘，水上飛機或直升機跳傘等刺激的極限運動。

從古德瓦根開往沃斯的山路上風景絕美

| 挪威縮影行程 |

景點放大鏡

　　挪威縮影(Norway in a Nutshell)是一種交通套票，可以選擇從不同城市進出和不同天數等組合，票價也會因此有些不同。直接買挪威縮影的好處就是不需要再煩惱從哪一個地方上下車或船，也不需要一張一張地買各式交通工具的票。只需要選擇從哪裡出發到哪裡結束，其他的票券都會幫你安排好。目前挪威縮影可選擇的進出入城市有奧斯陸(Oslo)、貝爾根(Bergen)和沃斯(Voss)，還可以選擇單趟、來回或不同城市進出，所有點和點之間的交通都是雙向的。

　　挪威縮影重點除了搭乘鐵路時的沿途風光，最重要的是飽覽位於弗拉姆(Flåm)到古德瓦根(Gudvangen)之間的Nærøyfjorden峽灣。

從弗拉姆開往參觀松恩峽灣的遊輪碼頭

http www.fjordtours.com/en

松恩峽灣
Sognefjord
推薦指數 ★★★★★

http www.sognefjord.no/en / ➡ 挪威縮影交通套票：從古德瓦根搭渡輪往弗拉姆，或從弗拉姆搭渡輪到古德瓦根之間會經過Nærøyfjorden峽灣

　　松恩峽灣位於整個挪威峽灣的心臟地帶，也是挪威最長最深的峽灣，向內路延長了200多公里，直通到Jotunheimen和Jostedalsbreen國家公園。挪威縮影行程中從弗洛姆到古德瓦根(Gudvangen)之間，會經過松恩峽灣中最窄的僅有17公里長、250公尺寬的Nærøyfjorden峽灣，此峽灣已被列為世界遺產。

開往松恩峽灣遊輪上不怕人的海鷗正從遊客手上抓取食物

弗拉姆
Flåm

推薦指數 ★★★★★

http www.norwaysbest.com、www.fjordtours.com/places-to-visit-in-norway/flam / ➡ 挪威縮影交通票套票：從米達搭弗拉姆鐵道火車前往，或從古德瓦根搭渡輪前往

玩樂篇

01在米達Myrdal搭鐵道火車時經過的大瀑布 / **02**鐵道火車即將進入可愛的弗洛姆小鎮

01

弗拉姆是一個風景如畫、超級迷人的小村莊，也是整個挪威峽灣行程中的重點。它位在阿朗斯峽灣（Aurlandsfjord）的盡頭和著名的弗拉姆鐵路的底站。弗拉姆區的居民以前大部分是農夫，現在則幾乎都從事旅遊相關工作了。弗洛姆有設計許多條健行路線，建議至少停留在這天堂小鎮一天，沿著健行路線走走，好好感受這裡美得不可思議的風景！

橡膠艇活動

除了健行外，也可以到遊客中心報團參加滑橡膠艇（Kayaking）的活動，參加這項活動者不需要有經驗，只要接受專業教練的簡單訓練後就可以下海了，從著裝準備到簡單訓練，然後實際海上航行，總共2小時。坐在橡膠艇上往峽灣兩邊的岩壁上望去更是壯觀，還可以近距離地欣賞、觸摸到峽灣的礁岩。此活動只限6/1～9/1之間可報名。

健行路線

對於不是專業登山健行者來說，最推薦的健行路線有3條：

Brekkefossen Waterfall

順著弗拉姆露營區走，會見到Brekkefossen Waterfall瀑布的標示，爬上瀑布的頂端可以俯瞰整個可愛的弗拉姆小鎮。路線總長1.5公里，還需爬山，來回約2小時。

Flåm Church

沿著鐵路走，經過Steinshølen這個最熱門的釣魚處，最後抵達建於1667年的弗拉姆教堂，教堂位於弗拉姆的老城區。路線總長3公里，來回約1.5小時。

Otternes Farmyard

往港口的方向走，前半部的4公里是走公路，接著轉向砂石上坡路段爬300公尺即抵達，這處有27座17世紀留下來的老農舍，入農舍需付門票。路線總長4.5公里，來回約2.5小時。

聖壇岩
Preikestolen

推薦指數 ★★★★★

http www.boreal.no/home；www.pellesreiser.no/en／➡ 從斯塔萬格（Stavanger）到Tau的渡輪，航程約40分鐘，下船後在Tau碼頭可搭Tide巴士前往佈道台山旅館（Preikestolen Mountain Lodge），也就是徒步前往聖壇岩的起點，巴士車程約30分鐘。巴士上不賣車票，請務必事先購買，巴士購票：pse.is/5lzny8、pse.is/5lznwz／ℹ️官方安全宣導：pse.is/5lznv3

貼心 小提醒

使用套票須搭配指定巴士

　　在Tau下船後有兩家巴士公車可選擇，已買套票的旅人要乖乖搭乘Tide reiser的巴士，還未購買車票的，可以選擇搭乘Boreal巴士或Tide reiser巴士前往登山口。

　　聖壇岩是一個聳立在Lysefjord峽灣旁的一座大岩石，高604公尺，上面的平台有25平方公尺大。它給世人的驚歎之處不在高度，而是它在毫無遮蔽物下垂直聳立的霸氣，平台上絲毫沒有任何護欄保護，180度的景觀完完整整地呈現在你眼前，親眼所見此景只能讚歎──真是鬼斧神工呀！

　　Preikestolen入口處說明板上標註了，上山行程總長3.8公里，估計需花費2小時左右。告示牌也標示不宜穿拖鞋、涼鞋來爬聖壇岩，因為雖然路途只有3.8公里，但是一路上都是石頭路，有時還

01石油博物館內展示的逃生艇／02石油博物館內生動的煉油過程展示／03遠處突出的大岩台就是赫赫有名的聖壇岩／04聖壇岩峽灣全景／05斯塔萬格市區附近的STRAEN房舍區／06斯塔萬格市區鮮豔的彩色房屋

得手腳並用攀爬而上，是名符其實的「爬山」。

　　進出聖壇岩的主要門戶，當屬挪威第四大城：斯塔萬格（Stavanger）。人口只接近30萬人的它，在20世紀之前並不有名，但自從20世紀末在北海（North Sea）發現石油的蹤影後，Stavanger這個城市搖身一變，成為挪威最具影響力的石油開採重鎮。斯塔萬格重點景點有Straen房舍、石油博物館（Norwegian Petroleum Museum）。

玩樂篇

蓋倫格峽灣
Geiranger Fjord
推薦指數 ★★★★★

世界遺產

🌐 www.hurtigruten.co.uk / ➡ 1.搭Hurtigruten遊輪從奧勒森港口出發，航行時間約4.5小時。2.搭Hurtigruten遊輪從貝爾根出發，航行時間約18小時（注意：遊輪只在6/31～8/1之間駛入蓋倫格峽灣。遊輪價格依出發日期、航程長短及房間艙等而有所不同。航程如果比較短也可以不買房間艙）

蓋倫格峽灣是挪威最受歡迎的旅遊地之一，位於挪威最南部南默勒地區的一個峽灣。也是斯圖爾（Stranda）峽灣的分支，總長達15公里。2005年與Nærøyfjorden峽灣一起被列爲世界遺產。從奧勒森（Ålesund）搭Hurtigruten遊輪一路航行到峽灣的源頭，就是蓋倫格小鎮。這裡的地形三面環山，因此造就出了許多條健行路線。這裡的健行難度算中等，但是距離比較長一些，對不常從事戶外運動的旅人來說，是有點體力上的挑戰。不過想要居高俯望蓋倫格峽灣壯闊的風景，登山健行是必要的。

天氣好的時候遊客都會爬上遊輪夾板，近距離欣賞峽灣的壯麗

奧勒森
Ålesund
推薦指數 ★★★★

🌐 www.fjordnorway.com/no/attraksjoner/alesund / ➡ 1.從哥本哈根和奧斯陸均有飛機直飛。2.從斯德哥爾摩需轉機。3.從奧斯陸沒有火車直達，火車需先坐到Åndalsnes再下車轉巴士2個小時才能抵達

這座被挪威人票選爲挪威最美麗的城市，其實在1904年被一場可怕的大火將整座城市吞噬，一共焚燒了16個小時，燒毀了850棟建築。所幸經過當地和遠近城市所有挪威人民的努力下，大多數的建築在1907年陸續完工。當時一位負責重建工程的年輕挪威建築師，將文藝復興和當代摩登建築融合而設計出新藝術主義風格的房屋，也使得奧勒森成爲挪威境內及國際間獨特的城市。

奧勒森市中心最有名的景點就是爬上擁有418個階梯的Aksla小山丘，站在Fjellstua觀景台俯瞰整個奧勒森的景色。城市四面環海，隨處可見大小船隻停靠碼頭、快艇在海上奔馳、三三兩兩的人群在碼頭釣魚等畫面，體現最眞實的挪威生活。奧勒森同時也是前往蓋倫格峽灣的重要門戶。

奧斯陸
市區重點行程

奧斯陸是挪威的首都也是第一大城，同時也是諾貝爾和平獎的頒獎地，除此之外，它也是挪威最重要的交通轉運站，無論是參加挪威縮影行程，或是要前往貝爾根、奧勒森等著名觀光城市，甚至想前進北極圈，都建議選擇從奧斯陸開始，可以大幅度的減低交通費用和時間喔！

皇宮
The Royal Palace

推薦指數 ★★★

[http] www.royalcourt.no / [✉] Slottsplassen 1, 0010 Oslo, Norway / [🕐] 只有夏季開放，通常為6～8月，但確切開放日期每年不一定，記得出發前請先上網查詢，參觀必須跟隨導覽。夏季皇宮開放期間每日13:00～14:00，戶外廣場有戶外廣場有衛兵交接儀式 / [➡] National-theatret站徒步前往約7分鐘 / [ℹ] 目前暫時關閉，預計將於2024/6/22～8/18開放參觀，門票透過Ticketmaster發售，詳請查詢官網

皇宮是挪威最重要的建築之一，始建於1824年，1849年7月26日由國王奧斯卡一世正式使用。皇宮目前仍是國王和王后的住所，也是國王主持國務委員和舉行正式晚宴的地方，外國元首訪問挪威期間，也會安排住在皇宮。

市政廳
Oslo City Hall

推薦指數 ★★★

[http] www.oslo.kommune.no/radhuset / [✉] Rådhusplassen 1, 0037 Oslo / [🕐] 每日09:00～16:00 / [$] 免費 / [➡] 地鐵(T-bane)至Stortinget站下步行7分鐘

1950年開幕，是市政府的行政機關和市議會所在地，每年諾貝爾和平獎頒獎也在市政廳舉行，

這裡也有專門證婚的小廳。室內設計和裝置來自1900～1950年的藝術作品，主題與挪威歷史、文化、工作和生活有關，也有孟克的作品。6～8月每日10:00、12:00及14:00提供免費導覽。

阿克斯胡斯城堡
Akershus Slott

推薦指數 ★★★★

[http] www.kultur.forsvaret.no/museer/akershus-slott / [✉] Akershus Slott 0015 Oslo / [🕐] 5～8月週一～六10:00～16:00，週日12:00～16:00；9～4月僅週六、日12:00～17:00開放 / [$] 成人100 NOK，學生證和老人票60 NOK，6～18歲40 NOK，5歲以下免費，持奧斯陸通票免費 / [➡] 從市政廳徒步前往約13分鐘

阿克斯胡斯城堡由國王哈康五世（Håkon V）下令建於1299年，城堡位於戰略性絕佳的位置，曾多次抵禦住外敵圍攻。1588～1648年間，國王克里斯蒂安四世（Christian IV）將它內部建設得更現代化，成為文藝復興風格的城堡，並將其改為皇家住所。阿克斯胡斯城堡是探索奧斯陸的歷史和享受夏日的好去處，同時也是舉辦重大活動的熱門場所，包括音樂會，公眾慶典和儀式的地方。

奧斯陸博物館島
Bygdøy

推薦指數
★★★★★

➡ **1.**在City的Jernbanetorget搭乘往Bygdøy的30號公車至Kongsgården站下車，每20分鐘一班。**2.**從市政廳前的阿克爾3號碼頭-Aker brygge(Oslo Cruise Terminal AS)搭船前往，24小時交通票券不包含博物館島船票，需另外購買，只有持奧斯陸卡者可免費搭乘於每年3月底～10月初的阿克爾3號碼頭Aker brygge(Oslo Cruise Terminal AS)船公司(www.oslocruiseterminal.com)

奧斯陸博物館島是位於市中心西側的一個半島，有5間關於航海和民俗的博物館，這兒的海灘夏天時是奧斯陸人享受日光浴好地方。同時半島上也有幾條美麗的步道，可以騎自行車或步行。以下推薦4個島上的博物館。

康提基博物館(Kon-Tiki Museet)

🌐 www.kon-tiki.no / ✉ Bygdøynesveien 36, 0286 Oslo / 🕐 按月分有不同調整，出發前請先上網查詢 / 💲 成人140 NOK，學生證和6～17歲50 NOK，65歲以上100 NOK，家庭票(2成人加1～5小孩)300 NOK，持奧斯陸卡免費 / ➡ **1.**在City的Jernbanetorget搭乘往Bygdøy的30號公車(每20分鐘一班)至Fredriksborg站下車，步行約12分鐘。**2.**4月初～10月初可從市政廳前的阿克爾3號碼頭搭船前往

主要展示歷史上最著名的科學家和探險家Thor Heyerdahl當年探險歷經的過往和物品，以及原始的探險船，智利的復活節島、底格里斯河、埃及等都有他的足跡。館內還展示了一條長達10公尺大的鯨鯊標本。

探險家Thor Heyerdahl當年用的探險船

極圈探險博物館(Fram Museet)

🌐 www.frammuseum.no / ✉ Bygdøynesveien 36, 0286 Oslo / 🕐 按月分有不同調整，出發前請先上網查詢 / 💲 成人140 NOK，學生證和6～17歲50 NOK，67歲以上100 NOK，家庭票(2成人加1～5小孩)300 NOK，持奧斯陸卡免費 / ➡ 同康提基博物館

博物館裡的主角Fram船，是一艘擁有驚人紀錄的探險船，航程最遠到過地球最北的北極圈與最南的南極圈，至今仍是紀錄保持者。探險船開放給遊客入內參觀，館內有翻譯成多國語言的展覽，專門解說昔日探險的過程，還透過現代科技運用燈光和交換式地圖，帶領你進入一趟探險旅程。

維京博物館 (Vikingskipshuset)

🌐 www.vikingtidsmuseet.no / ✉ Huk Aveny 35, 0287 Oslo / ➡ **1.**在City Hall搭乘10分鐘一班的30號公車至Vikingskipene站下。**2.**5～10月可從市政廳前的碼頭搭船至Dronningen站下，步行15分鐘 / ℹ 目前因改造而關閉，預計將於2026或2027年重新開放。改建期間可在奧斯陸市中心的歷史博物館(P.231)參觀維京時代的文物

收藏了挪威最大量的史前和中世紀的考古藏品，包括Bygdøy的海盜船、中世紀教堂物品、地中海國家的文物，以及挪威的歷史硬幣。其中最吸引目光的就屬3艘超過千年歷史的維京船，不過這些船是當年有錢人家的陪葬品，不為航海用。

擁有超過1,000年歷史的維京船

■ 挪威民俗博物館(Norsk Folkemuseum)

http www.norskfolkemuseum.no / ✉ Museumsveien 10, 0287 Oslo / 🕐 10/1～4/30(淡季)週一休館,週二～日11:00～16:00;5/1～9/30(旺季)週一～日10:00～17:00 / 💲 淡季平日成人140 NOK,學生證和67歲以上120 NOK,17歲以下免費;旺季(包含10/1～12/31和2/1～4/30的週六、日、個假日)成人180 NOK,學生證和67歲以上140 NOK,17歲以下免費,持奧斯陸卡免費 / ➡ 在City的Jernbanetorget搭乘往Bygdøy via Bygdøynes方向的30路公車(每10分鐘一班)至Folkemuseet站下車,步行約5分鐘

挪威最大的歷史文化博物館,集合了來自全國各地超過150幢不同時期、不同城鎮,以及不同社會階層的房舍、器具等文物,用以展示挪威人從1,500年前到現在的生活方式。園區中最老的建築爲已有1,200歲的木板教堂(Gol Stave Church)。

歌劇院
Opera House

http www.operaen.no / ✉ Kirsten Flagstads Plass 1, 0150 Oslo / 🕐 按月分有不同調整,出發前請先上網查詢 / 💲 大廳建築參觀免費;50分鐘導覽成人150 NOK,67歲以上125 NOK,0～16歲和30歲以下85 NOK,持奧斯陸卡享有15%折扣;歌劇票價請至官網查詢 / ➡ 由市區步行前往約15分鐘

歌劇院由著名的挪威建築公司Snøhetta費時5年設計完成,是挪威繼14世紀在Trondheim市的Nidaros Cathedral教堂建造後最大的文化建築。這個像建在海平面上的歌劇院已成爲奧斯陸美麗的新城市地標、賞心悅目的藝術建築。就算不聽歌劇也要走一遭用義大利大理石和白色花崗岩建造的

傾斜屋頂,順道在上面欣賞奧斯陸峽灣的美景。

維格蘭雕塑公園
Vigeland Sculpture Park

http www.vigeland.museum.no/en / ✉ Nobels Gate 32, 0268 Oslo / ➡ **1.**在City的Jernbanetorget搭乘往Østerås方向的2號線地鐵(每4分鐘一班)至Borgen站下車,步行約12分鐘。**2.**在City的Jernbanetorget搭乘往Fornebu方向的31路公車(每6分鐘一班)至Thune站下車,步行約15分鐘。**3.**在City的Dronningens gate搭乘往Lilleaker方向的13號線路面電車(每10分鐘一班)至Skøyen站下車,步行約13分鐘

維格蘭公園是世界上最大的雕塑公園,也是挪威最熱門的旅遊景點之一。有超過200個以青銅、花崗岩和鍛鐵製成的雕塑,全是藝術家古斯塔夫‧維格蘭(Gustav Vigeland)一個人畢生的心血傑作。雕像以人物情緒爲主題,每個表情都刻畫得生動有趣,值得造訪。

公園中生氣小男孩銅像刻畫得栩栩如生

孟克博物館
Munch Museum

推薦指數 ★★★

http www.munchmuseet.no / ✉ Edvard Munchs Plass 1, 0194 Oslo / ◷ 每季和國定假日的開放時間不同，詳情請查詢官網 / $ 成人180 NOK，18～25歲100 NOK，17歲以下免費，持奧斯陸卡免費。每週三18:00～21:00免費入場，門票直接在博物館領取 / ➡ **1.**在City的Jernbanetorget搭乘往Kværnerbyen方向的54路公車(每15分鐘一班)或搭乘往Mortensrud方向的74路公車(每8分鐘一班)至Bjørvika站下車，步行約4分鐘。**2.**在City的Dronningens gate搭乘往Ljabru方向的13號線路面電車(每10分鐘一班)或在City的Jernbanetorget Station搭往Ljabru方向的19號線路面電車(每10分鐘一班)至Bjørvika站下車，步行約4分鐘

　　愛德華・孟克（Edvard Munch）對挪威藝術發展有著重要貢獻，對整個北歐和德國的藝術潮流也有深遠影響，孟克去世後，無條件地將他所有的作品贈予奧斯陸市，於是在1963年成立了博物館，收藏孟克所創作的1,100幅繪畫、4,500張素描和18,000件印刷作品。

　　2021年10月孟克美術館新址全新開幕，坐落於挪威奧斯陸海濱，建築有13層樓高，外觀簡潔通透，已成為奧斯陸的新地標，設有餐廳、咖啡館、露台，頂樓是景觀餐廳，能飽覽城市及峽灣的壯麗景色。

歷史博物館
Historical Museum

推薦指數 ★★★

http www.historiskmuseum.no/english / ✉ Frederiks gate 2, 0164 Oslo / ◷ 全年開放但時間按假期有不同調整，出發前請先上網查詢 / $ 成人140 NOK，學生證和60歲以上100 NOK，17歲以下免費，持奧斯陸卡免費。網路不售門票，可在博物館商店購買 / ➡ **1.**在City的Jernbanetorget station搭往Majorstuen方向的11號線路面電車(每10分鐘一班)至Nationaltheatret站下車，步行約4分鐘。**2.**在City的Storgata搭往Rikshospitalet方向的17或18號線(每5分鐘一班)路面電車至Tullinløkka站下車，步行約2分鐘

　　擁有挪威最大的考古和民族誌收藏，從石器時代、維京時代、中世紀一直到近代。展覽也經常探討包括有關權力、暴力和壓迫的故事，以及文化遺產在歷史中的地位，並且針對文化遺產存在各種面向的問題有深入的思辨，例如歐洲殖民時強行帶著滿載其他民族文化遺產的船隻回國的問題，其中貝南青銅器就是一個例子。

新國家博物館
The National Museum

推薦指數 ★★★

http www.nasjonalmuseet.no/enh / ✉ Brynjulf Bulls plass 3, 0250 Oslo / ◷ 週一休息，週二、三10:00～20:00，週四～日10:00～17:00）；全年開放但時間按假期有不同調整，出發前請先上網查詢 / $ 成人200 NOK，18～25 120 NOK，18歲以下免費，持奧斯陸卡免費 / ➡ **1.**在City的Jernbanetorget station搭乘往Majorstuen方向的12號線路面電車，至Aker brygge站下車即達。**2.**在City的Jernbanetorget搭往Fornebu方向的81號公車至Dokkveien站下車，步行約3分鐘

　　是北歐最大的藝術博物館，多功能複合空間除了收藏品展示廳、3樓具代表性意義的寬敞壯觀的展覽光廳（Light room）之外，還有餐廳、休息室、圖書館、兒童親子區域等。展示挪威的視覺藝術、建築、設計和工藝作品，並可欣賞到國際多位藝術家的經典作品，比如孟克的最早版本作品、時裝設計師彼得・鄧達斯和雷蒙娜・薩羅・米塞斯的作品、建築師斯維勒・費恩的作品。

Finland

芬蘭

來芬蘭必做的事！

造訪聖誕老人的故鄉

乘坐哈士奇雪橇奔馳於白色森林中

逛逛廣場市集把玩可愛的北歐藝品

搭乘渡輪暢遊波羅的海之間城市

參訪極具設計感的阿莫斯瑞克斯博物館

去岩石教堂體會與大自然合而為一的建築經典

去老農貿市場品嚐傳統芬蘭料理

採購嚕嚕米周邊商品

在老字號的Fazer咖啡店喝熱巧克力（圖片提供／Fazer）

搭渡輪前往海上要塞芬蘭堡遊覽

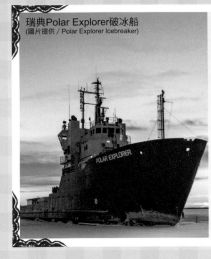

瑞典Polar Explorer破冰船
(圖片提供 / Polar Explorer Icebreaker)

主題玩樂
破冰船

破冰船是一種獨特的船隻,與其他的船不同的是,破冰船具有特別的設計來加固船身,以承受冰塊所帶來的壓力。船的形狀如同斧頭,能夠在結冰的水域裡切割冰層,讓船隻可以航行,也擁有強大的推動力,能把在海上漂浮的冰塊推開。當聽著巨大的鋼板船身和厚厚的冰層相撞時發出的轟隆巨響,再看著冰層被劈開的那一瞬間,視覺和聽覺效果都無比震撼。

最早之前整個北歐只有一家老字號Sampo破冰船公司在營運,它位於芬蘭境內的Kemi市。2015年開始瑞典也有一家Polar Explorer破冰船開始營業,兩家的碼頭相隔80公里,後者價格較爲便宜,但距離較遠。兩家的內容行程差不多,都會包含船內導覽、影片觀看、用餐、冰上飄浮和頒發航行證書作為紀念,也都有提供從羅瓦涅米來回接送的服務。各家網站上有詳細的價格和出船時間,也會根據不同月分時節推出優惠,請關注官網。

Sampo破冰船

http www.visitfinland.com/article/the-mighty-sampo
http www.experience365.fi/icebreakersampo

芬蘭境內雄偉的北極破冰船桑普號(Sampo)是由超過3,500噸重的鋼材打造的大船,自1960年代開始服役,在結冰的芬蘭海域上奮勇航行已經有25年的歷史,直到1987年退役以後,才停靠在芬蘭北部港口城市Kemi作爲觀光用途使用。

Polar Explorer破冰船

http www.icebreaker.fi

Polar Explorer破冰船於1976年在德國建成,船長78米,寬14米,高22米,並擁有7個甲板層。它可以航行在至少5米深的水域裡。這艘船曾負責從挪威航行到巴西來回拖曳大型駁船。它也被用作爲北冰洋石油鑽機的錨,以及運送物資,例如水和食物等,給在石油鑽機上工作的船員。

破冰船航行在冰上開啟一條路
(圖片提供 / Polar Explorer Icebreaker)

穿著保暖又浮力極強的飄浮衣享受冰上漂浮
(圖片提供 / Polar Explorer Icebreaker)

破冰船之旅(圖片提供 / Polar Explorer Icebreaker)

北極圈：羅瓦涅米

羅瓦涅米(Rovaniemi)是芬蘭北部拉普蘭地區的首府，也是世界上唯一設在北極圈(Arctic Circle)上的省會，全市大約有6萬3千名居民。它在第二次世界大戰期間幾乎完全被摧毀，但今日的羅瓦涅米以聖誕老人家鄉而舉世聞名，並且也是觀看北極光的好所在。這裡有聖誕老人村、哈士奇和馴鹿雪橇活動、北極博物館和世界第二北的麥當勞。羅瓦涅米與別的城市相反，越到冬季越是旺季！所以無論是訂房或是訂火車票請盡早安排。

聖誕老人村
Santa Claus Village

推薦指數 ★★★★★

http 聖誕村santaclausvillage.info／火車www.vr.fi／$ 進入聖誕老人村免費。其他各項活動請參考官網報價／➡ 從赫爾辛基出發可以選擇搭乘國內航空或是火車(過夜)前往

02

聖誕老人村坐落在拉普蘭地區羅瓦涅米以北8公里處。村內有許多木造的可愛建築和各種與聖誕節相關的裝飾，同時設有聖誕老人樂園(Santa Park)、度假村(Santa Claus Holiday Village)、紀念品店、全球矚目的聖誕老人辦公室、聖誕老人郵局和聖誕屋(Christmas House)，遊客可免費進入屋內和聖誕老人面對面的交談、合影，但不能自行拍照，需要購買由官方拍攝的照片。在聖誕老人郵局可以寄一封蓋有特製郵戳的聖誕明信片，還可以指訂日期寄送。村內的工作人員都身穿聖誕服裝，將這裡營造出充滿歡樂的聖誕氛圍。

到此一遊的證明除了與聖誕老人照相外，也別忘了在入口處與跨越北極圈北緯66.5°線拍照，若是冬季因積雪蓋住了北緯線，也可進入室內遊客服務中心附近，找尋到另一條室內的北緯66.5°線喔！有興趣的人還可以在遊客服務中心內，購買北極圈證書以及付費在護照上蓋上北極圈印章。

01

01聖誕老人村內的木造建築／02聖誕老人辦公室寄信專區

哈士奇雪橇之旅｜馴鹿雪橇之旅

聖誕老人村內可以報名體驗哈士奇和馴鹿雪橇之旅，在雪白的童話森林中坐著雪橇奔馳，真的是非常夢幻的體驗，附近有幾家可以選擇比價，依造路途長短收費不同，冬季時分請務必全副武裝從頭到腳備好保暖衣物。

http huskypark.fi、bearhillhusky.com

景點放大鏡

01

02

03　04

01馴鹿雪橇與沙米人 / 02指導員正在解釋如何駕馭哈士奇雪橇 / 03在被白雪覆蓋的森林中奔馳猶如闖進童話世界 / 04有機會不妨體驗一下聖誕老人駕馴鹿雪橇的滋味

北極博物館
Arktikum

推薦指數 ★★★★★

http www.arktikum.fi / ✉ Pohjoisranta 4, 96200 Rovaniemi, Finland / 🕐 1/1～11/30週二～日10:00～18:00，週一休息；12/1～12/31週一～日10:00～18:00(週四～20:00) / 💲 成人€18，學生證和老年€11，7～15歲€5，家庭票2位成人+2位(1位7～15歲+1位7歲以下)€40，7歲以下免費 / ➡ 從羅瓦涅米火車站徒步約30分鐘 / ℹ 2024/4/01～12/05裝修期間照常開放，將提供票價優惠，詳請查詢官網

北極博物館是一個科學中心和博物館的結合，讓遊客近距離體驗北極的自然、文化和歷史。博物館建築物頂端是一個長174公尺、寬30公尺的玻璃通道，大面積的採光設計，展示房間都在地下，反應了「在氣候嚴酷的北極，植物和動物只有在地下才能繼續生存」的概念。

科學中心內有展出北極地區的自然環境、因紐特人的狩獵習俗，以及工業化和現代化對極地環境造成的影響。博物館內則關注在文化遺產和風情民俗。

01

02

03

01北極博物館外觀 / 02北極博物館展場 / 03北極圈境內都有機會看到極光(以上圖片提供 / Arktikum)

赫爾辛基
市區重點行程

赫爾辛基擁有絕佳的地理位置，位於芬蘭國土的南端，是坐船前往俄羅斯聖彼得堡、波羅的海三小國，以及瑞典斯德哥爾摩的轉運站。赫爾辛基市區內的景點集中，遊玩起來非常輕鬆，有設計感十足的教堂、每天都有的廣場市集、具有年代感的老農貿市場和現代美術館等打卡景點，即使只在市區旅遊依然行程豐沛。

赫爾辛基主教堂
Helsinki Cathedral & Senate Square
推薦指數 ★★★★★

http www.helsingintuomiokirkko.fi/en / ✉ Unioninkatu 29, 00170 Helsinki / 🕐 冬季(9/1～5/31)週一～六09:00～18:00，週日11:00～18:00；夏季(6/1～8/31)週一～四09:00～17:00，週五09:00～14:00(週一～五晚上18:00～21:00可免費入場) / 💲 冬季成人門票€5，以自願式在教堂大廳支付；夏季成人門票€8，在大教堂的售票處購票 / ➡ 自赫爾辛基中央車站步行約800公尺；自赫爾辛基大學地鐵站步行約500公尺

　　赫爾辛基主教堂因為它雪白的外表又俗稱白教堂，它是赫爾辛基指標性建築。這座教堂最初是獻給俄國沙皇尼古拉一世的，因而直到1917年芬蘭獨立之前名為「聖尼古拉教堂」。主教堂有一個綠色的大圓頂，周圍是四個小圓頂，上方有12位聖徒的雕像。每到重要節日，在主教堂前的參議院廣場都有盛大的集會或者遊行。

岩石教堂
Temppeliaukio Church (Rock Church)
推薦指數 ★★★★★

http www.temppeliaukionkirkko.fi/en / ✉ Lutherinkatu 3, 00100 Helsinki / 🕐 開放時間每週更新一次，出發前請先上網查詢 / 💲 成人€8，18歲以下免費。持赫爾辛基卡免費 / ➡ 1.在中央車站的Lasipalatsi搭乘1號線(往Käpylä via Töölö方向)或10號線(往Pikku Huopalahti via Töölö方向)的路面電車(每3分鐘一班)，也可在Rautatieasema搭往Messukeskus via Kamppi方向的2號線路面電車(每10分鐘一班)至Sampogatan站下車，步行約3分鐘。2.搭地鐵到Kamppi站下車，步行約9分鐘

　　岩石教堂修建於一個巨大的岩石中，將岩石挖開後於上方修建了玻璃頂棚，以自然採光為主。而教堂的外牆就是岩石本身，加上圓頂的設計讓音響效果極佳，因此這裡經常用來舉辦音樂會。教堂內部設計簡單大氣，祭壇和風琴都完全融合於這自然的建材當中。

01赫爾辛基主教堂外觀 / 02主教堂前的參議院廣場

圓形的岩石教堂內部

靜默禮拜堂
Kamppi Chapel

推薦指數
★★★★★

🔗 www.kampinkappeli.fi / ✉ Simonkatu 7, 00100 Helsinki / 🕐 週一～五10:00～17:00，週六、日暫不開放 / 💲 免費 / ➡ 中央火車站徒步約500公尺

　　靜默禮拜堂位於熱鬧的市區地段，與FORUM大型購物中心僅隔一條街。它在2010年獲得國際建築獎，並於2012年2月揭幕，禮拜堂從裡到外都是木質建材一致的北歐風格，室內空間不算大，但卻非常挑高，頂上有一圈光源，營造出莊嚴神聖的氛圍。這裡只用於靜默禮拜，並不舉辦任何教會儀式或活動。禮拜堂中需要保持絕對的安靜，這兒是鬧區中一個沉澱自己的寧靜角落。

從外觀完全看不出是教堂的禮拜堂

烏斯佩斯基大教堂
Uspenski Cathedral

推薦指數
★★★★

🔗 www.hos.fi/en / ✉ Kanavakatu 1, 00160 Helsinki / 🕐 週一休息，週二～五09:30～16:00，週六10:00～15:00，週日12:00～15:00 / 💲 免費 / ➡ 路面電車4、5號線至Tove Janssonin Puisto站下車，步行約2分鐘

　　由俄國建築師設計興建於1862～1868年的一座東正教堂，這也是北歐境內最大的東正教堂。教堂位於卡塔亞諾卡半島的山坡上，可以俯瞰赫爾辛基市區景象。教堂外觀由紅磚堆砌而成，頂部是綠色的圓頂與金色十字架的設計，這13座十字架代表著耶穌和祂的12門徒。在教堂背面，有紀念俄國沙皇亞歷山大二世的牌匾，他正是興建教堂時的芬蘭統治者。

芬蘭國家博物館
National Museum of Finland

推薦指數
★★★★★

🔗 www.kansallismuseo.fi/en / ✉ Mannerheimintie 34, 00100 Helsinki / ➡ 路面電車4、10號線至Kansallismuseo站下 / ℹ 目前因整修和擴建工程而關閉中，預計於2027年春季重新開放。閉館期間，可在官網上虛擬體驗所有基本展覽

　　芬蘭國家博物館坐落在一棟於1910年落成的北歐民族浪漫主義建築，博物館連地下共有4層，館內展示非常豐富多元，包含了歷史文物、宗教展品、民俗展示品、民生用品和芬蘭近代發展介紹。另外地下1樓還有錢幣、兵器、徽章和金銀器等展示。

芬蘭國家博物館外觀與館內展物

阿莫斯瑞克斯美術館
Amos Rex
推薦指數 ★★★★★

http www.amosrex.fi/en / ✉ Mannerheimintie 22-24, 00100 Helsinki / 🕐 週一、三、四、五11:00～20:00，週六～日11:00～17:00，週二休館 / 💲 成人€20，優待票(退休人士)€15，學生票(30歲以下)€5，18歲以下免費。持赫爾辛基卡免費 / ➡ 從中央火車站徒步550公尺

這座建築被BBC評選為「2018年歐洲最具創新性的新建築空間」，它隱身在2,170平方米的地下，地面上只露出造型奇特的圓形天窗。美術館於2018年8月30日正式開幕，美術館的前身是阿莫斯·安德森美術館(Amos Anderson Art Museum)，始建於1965年，設於阿莫斯·安德森的故居內。後來因為館內大量的收藏需要更大的空間，於是選定了玻璃宮廣場進行搬遷。這裡是建築藝術以及美術的饗宴。

01從地面上觀看到的阿莫斯瑞克斯美術館外觀 / **02**美術館位於地下別有洞天 / **03**館內展示的奇幻燈光秀

基亞斯瑪當代藝術博物館
Museum of Contemporary Art Kiasma
推薦指數 ★★★

http www.kiasma.fi/en / ✉ Mannerheiminaukio 2, 00100 Helsink / 🕐 週二～五10:00～20:30，週六10:00～18:00，週日10:00～17:00，週一休館 / 💲 成人€22(網上購票€20)，優待票(學生證、退休人士、18～24歲)€12，12歲以下免費。每月第一個週五免費。持赫爾辛基卡免費 / ➡ 從中央火車站徒步600公尺

博物館收藏恰如其名，專門收藏當代藝術作品，可欣賞到自1970年代至今的許多藝術傑作，大多出自芬蘭與其鄰近國家的當代藝術家之手，包括裝置藝術、實驗作品、數位作品、畫作等各類型的作品，適合喜歡創意與腦力激盪的藝術愛好者。

01基亞斯瑪當代藝術博物館外觀 / **02**館內空間設計極具現代感

赫爾辛基設計博物館
Design Museum Helsinki
推薦指數 ★★★★

http www.designmuseum.fi / ✉ Korkeavuorenkatu 23, 00130 Helsinki / 🕐 不同季節開放時間不同，詳情請查詢官網 / 💲 成人€20，64歲以上、持學生證€12(每月的最後一個星期二學生免費)，18歲以下免費。持赫爾辛基卡免費 / ➡ 路面電車10號線至Johanneskyrkan站下

這是由舊校舍改建的設計博物館，成立於1873

年，專門展示芬蘭國內外有關設計的展覽品，展示包括工業設計、時裝和平面設計。博物館共有地上兩層與地下一層，館內用年代區分來展示每段時光的經典設計，讓人一邊遊逛一邊進入跨時代設計的時光隧道中。館內也會不定時進行特展。

設計博物館內擺放了許多經典的家具和生活用品

阿黛濃美術館
Ateneum Art Museum

推薦指數
★★★★

http www.ateneum.fi/en / ✉ Kaivokatu 2, 00100 Helsinki / 🕐 週二和週五10:00～20:00，週六～日10:00～17:00，週一休館 / 💲 成人€22(線上購票€20)，優待票€12(學生證、退休人士、18～24歲)，18歲以下免費。持赫爾辛基卡免費。學生及25歲以下特別節目免費入場日，可先上網查詢 / ➡ 從中央車站徒步約160公尺

阿黛濃美術館是芬蘭最古老的美術館，這座著名的博物館已經有一百多年的歷史，它擁有芬蘭最大規模的古典藝術收藏品，包括18世紀中期至20世紀中期的藝術作品，其中不乏國寶級的珍

藏，例如：塞尚、夏加爾、高更、梵谷、戈雅、蒙克、羅丹這些世界藝術史上大師級的作品，都是令阿黛濃引以為豪的珍藏。

老農貿市場
Old Market Hall

推薦指數
★★★★

🕐 Eteläranta, 00130 Helsinki / ✉ 週一～六08:00～18:00，週日休館 / ➡ 從中央車站Kauppatori搭2號線路面電車(每12分鐘一班)至Eteläranta站下車即達

這棟美麗的磚紅色建築是由芬蘭建築師Gunnar Nyström設計，從1889年開始營業，是赫爾辛基最古老的食品市場。雖說是市場但是沒有任何臭味和腥味，市場內一整排井然有序的店鋪，顛覆了一般人對市場的想像，木頭裝飾的隔間更是呈現滿滿的復古風味，市場1樓有新鮮蔬果、海產、麵包店、咖啡廳、著名的魚湯店等，2樓則是衣服類居多。

01老農貿市場外觀 / 02市場內木頭裝飾的隔間

西貝流士公園
Sibelius Park & Sibelius Monument

推薦指數
★★★

✉ Mechelininkatu, 00250 Helsinki / 🕐 全天候開放 / ➡ 從中央車站Rautatieasema搭2號線（往Messukeskus via Kamppi方向）的路面電車或從Lasipalatsi搭1號線（往Käpylä via Töölö方向）的路面電車至Töölöntori站下車，再步行600公尺（約8分鐘）抵達

建於1937年，爲了紀念《芬蘭頌》（Finlandia）的芬蘭愛國音樂家西貝流士（Jean Sibelius）的80歲生日，而將公園改名爲「西貝流士公園」（Sibelius Park），還在公園內擺放了西貝流士雕像及紀念碑（Sibelius Monument）。紀念碑是由高8.5公尺不同直徑的600多個鋼管組合而成，重量24噸，近距離欣賞非常壯觀。著名的Cafe Regatta咖啡館也在不遠處，逛完公園不妨去喝杯咖啡。

01紀念碑鋼管 / 02公園內擺放了西貝流士雕像及紀念碑

芬蘭堡 Suomenlinna
Sea Fortress Island

世界遺產

推薦指數
★★★★★

🌐 www.suomenlinna.fi/en、渡輪、水上巴士網站：www.suomenlinna.fi/en/visitor/how-to-get-there / ➡ 可從赫爾辛基集市廣場旁的碼頭乘坐HSL渡輪前往芬蘭堡，船程大約20分鐘，全年都有渡輪；另一個選擇是水上巴士，但僅在5～9月夏季營運。持赫爾辛基卡可免費搭渡輪 / ℹ 下船後建議去旅客諮詢中心拿地圖，地圖會標示最經典的芬蘭堡藍色參觀路線，全程約1.5公里

芬蘭堡始建於1748年，是由6座小島聯合而成的海上要塞，當時的芬蘭還屬於瑞典王國，爲了抵禦俄國人的侵略，芬蘭堡在奧古斯丁・厄倫斯瓦德（Augustin Ehrensvärd）的負責下開始建設，這裡還保留了舊時的堡壘城牆。

但在1808年芬蘭戰爭後，芬蘭堡便歸於俄國統治。在俄國統治的110年間，這裡一直都是俄國的海軍基地，19世紀後期這裡是俄軍的防線，直到1918年後重回芬蘭管轄。這座碉堡當時命名爲瑞典堡，芬蘭政府接管後才更名爲芬蘭堡，目前這些島上約有900位居民。要塞設施和駐軍建築物已經被改建爲住宅，藝術家和手工藝人的工作室以及會議室和宴會廳，餐廳和博物館等。島上有多家餐廳和一家啤酒廠。

芬蘭堡上有6座博物館：芬蘭堡博物館（Suomenlinn\ Museum）、厄倫斯瓦德博物館（Ehrensvärd Museum）、玩具博物館（Toy Museum）、維斯科潛艇（Vesikko）、軍事博物館（Military Museum）及海關博物館（Customs Museum）。持赫爾辛基卡可免費進入5座博物館，其中不包含海關博物館（Customs Museum）。

玩樂篇

城市旅遊卡

北歐無論是交通還是門票的消費都很高,所以強烈建議到各大城市旅遊,都要買張當地出的旅遊卡(哥本哈根卡、斯德哥爾摩卡、奧斯陸卡、赫爾辛基卡),又可針對自己安排的行程,選擇購買不同的使用天數。除了瑞典之外,通常旅遊卡都包含了機場到市區的交通費用,和可免費搭乘市區的大眾交通工具。當然也包含了景點門票的費用(大約80%的博物館、皇宮等持卡都免費),少部分沒有包在卡中的景點也享有折扣。

所以,有了旅遊卡就可將喜愛的景點一網打盡,實在是最划算的選擇。要注意的是,有些卡在網路上買比現場買來的優惠,所以如果確定要買,建議可以在網上先買好,然後指定到機場或市區的i(遊客中心)取卡即可。

斯德哥爾摩旅遊卡
My Stockholm Pass

如果你的行程有多個需要付費參觀的景點,建議購買通行卡和SL交通卡合併使用,會更加划算且方便,並且可以節省不少現場排隊購買門票的時間。

斯德哥爾摩通行卡(Go City)

斯德哥爾摩通行卡是暢遊斯德哥爾摩景點最新的APP通票,可免費參觀超過40個知名觀光景點。通行卡以線上購買為主,有1、2、3、4、5日可選擇。可預先在官網線上購買,並在手機下載APP使用。在使用第一個景點之前,通行卡都不會啟動,未啟動的通行卡自購買日起2年內有效。

http www.gocity.com/en/stockholm

類別	成人	兒童(6～19歲)
1天	969	309
2天	1,309	479
3天	1,579	589
4天	1,869	689
5天	2,029	779

＊價錢單位為瑞典克朗(SEK)。5歲以下孩童大部分景點免費
＊以上資料時有異動,依官方最新公告為準

SL交通卡

SL交通卡可在車站售票處或代理售票的Pressbyrån、7-11購買實體的交通卡,卡片費用20 SEK;也可直接用手機下載SL APP購買,當購買完成後APP裡會有QRcode,只要在上公車時對著綠色的機器掃碼就可以了。

http www.sl.se/en/in-english

類別	成人	兒童(6~19歲)
24小時旅行卡	175	110
72小時旅行卡	350	220

＊價錢單位為瑞典克朗(SEK)。5歲以下孩童大部分景點免費
＊以上資料時有異動,依官方最新公告為準

奧斯陸旅遊卡 *Oslo Card*

奧斯陸旅遊卡可以在中央火車站外的遊客中心購買,或許多飯店和青年旅館也有代售。網路上購買奧斯陸旅遊卡,不提供寄送服務,需列印出網路購買憑證到中央車站旁的奧斯陸遊客中心提領。遊客中心開放時間週一～六09:00～16:00,週日10:00～16:00。

http www.visitoslo.com/en/activities-and-attractions/oslo-pass

旅遊卡類別	成人票價	兒童票價 (6~17歲)	敬老票價 (67歲以上)
24小時	520	260	415
48小時	720	380	605
72小時	895	450	720

＊價錢單位為挪威克朗(NOK)
＊購買學生者可享有20%的折扣,但年齡必須在30歲以下,出示附有照片的學生證ID卡到奧斯陸遊客中心購買
＊購買成人票的72小時旅遊卡可免費搭乘MINI CRUISE一次
＊以上資料時有異動,出發前請再次確認

哥本哈根旅遊卡 *Copenhagen Card*

哥本哈根旅遊卡可以在機場3航廈、市區遊客服務中心、Tivoli樂園辦公室、中央車站購買,或網路上預購。網路預購成功後,可以選擇用E-mail發卡片(無實卡)或通過電子郵件接收憑證,再拿著憑證去上述的指定地方換領實卡。

如果你希望旅遊卡直接寄送到國外地址,那你至少需要提前4週在網路上購買好,而且必須加付郵費60 DKK。

http copenhagencard.com

旅遊卡類別	成人票價	兒童票價(12~15歲)
24小時	495	249
48小時	679	369
72小時	839	449
96小時	979	529
120小時	1,099	589

＊價錢單位為丹麥克朗(DKK)
＊持1張成人票的成人,可以最多攜帶2個不超過9歲的孩童,免費入場和搭乘大眾交通工具
＊以上資料時有異動,依官方最新公告為準

♥ 貼心 小提醒

網路填寫資料時,請把握時間

為了保障網路購物安全性,旅遊卡網路訂票填寫個人基本資料和信用卡等資訊的時間為10分鐘,若填寫時間超過10分鐘,則系統無法繼續完成訂票手續。必須再次進入購票程序重新開始購買。

赫爾辛基旅遊卡 *Helsinki Card*

赫爾辛基卡有分3種類型,分別是赫爾辛基移動卡(Helsinki Mobile Card)、赫爾辛基城市卡(Helsinki CITY Card)和赫爾辛基區域卡(Helsinki RE-

GION Card)。只有移動卡沒有包含市區大眾交通工具，其他城市卡和區域卡皆包含赫爾辛基市區大眾交通工具，區域卡包含的範圍更廣，可來回機場和在其他城市使用。旅遊卡也有3種長度可選擇，分別是1天、2天、3天。

旅遊卡包含免費進入28個赫爾辛基重點景點，免費搭乘觀光巴士（4～10月間），免費搭乘運河遊船（5～9月）和1本赫爾辛基市區指南書。

旅遊卡可在網路上訂購後到機場或指定地點領取，你可打印出訂單確認憑證，或將訂單確認憑證儲存至手機上，於換卡處出示免費換實體卡

片。亦可選擇免費將旅遊卡下載至手機中。選擇歐盟間寄送需付郵資€8～12，選擇寄往歐盟外其他國家需付郵資€18。

http 赫爾辛基旅遊卡領取地點和時間請參考此網址：
www.helsinkicard.com/view/collection-point

旅遊卡類別	移動卡	城市卡	區域卡
1天 成人 / 兒童	€46 / €23	€56 / €28	€61 / €31
2天 成人 / 兒童	€56 / €28	€67 / €34	€72 / €36
3天 成人 / 兒童	€66 / €33	€82 / €41	€87 / €44

＊兒童赫爾辛基卡適用於7～16歲的兒童。7歲以下的兒童可免費搭乘赫爾辛基公共交通工具
＊以上資料時有異動，出發前請再次確認

北歐跨國行程規畫建議

北歐旅遊可依照個人時間的長短來量身打造專屬行程，以下用4種不同天數的案例，供規畫行程時參考。建議在規畫行程時先確定想從北歐的哪個國家做國際線的進出，譬如：丹麥進瑞典出、挪威進丹麥出或同一國家進出等，再來細部規畫行程中間的景點，以確保旅行路線的暢通。

北歐10日精華遊

DAY 1
台北→丹麥哥本哈根
✈ 桃園國際機場出發隔日抵達哥本哈根Kastrup機場

DAY 2
丹麥哥本哈根
新國王廣場、新港
設計博物館
阿瑪連皇宮
小美人魚雕像

DAY 3
丹麥哥本哈根
玫瑰宮Strøget行人步行街、市政廳廣場、Tivoli樂園
✈ 哥本哈根→斯德哥爾摩

DAY 4
瑞典斯德哥爾摩
舊城區
皇宮
市政廳
瓦薩戰艦博物館

DAY 5
瑞典斯德哥爾摩
Skansen島
北歐博物館
✈ 斯德哥爾摩→貝爾根

DAY 6
挪威貝爾根
Ulriken纜車上山觀景
漢薩博物館、魚市場
老貝爾根博物館
哈孔城堡

DAY 7
挪威縮影行程：松恩峽灣
弗拉姆(Flam)、Naeroyfjord峽灣、古特拉根(Gudvangen)、瓦思(Voss)、奧斯陸(Oslo)
縮影行程套票：貝爾根→松恩峽灣→奧斯陸

DAY 8
挪威奧斯陸
維京博物館
挪威民俗博物館
極圈探險博物館
Aker Brygge海港區

DAY 9
挪威奧斯陸
孟克博物館
維格蘭雕塑公園
✈ 挪威奧斯陸→台灣

DAY 10
抵達台北
✈ 台灣桃園國際機場

圖例
✈ 搭飛機
🚂 搭火車
🚢 搭郵輪

北歐15日精選行程

DAY 1
台北→瑞典斯德哥爾摩

✈ 桃園國際機場出發
隔日抵達斯德哥爾摩Arlanda機場

DAY 2
瑞典斯德哥爾摩
舊城區
皇宮
瓦薩戰艦博物館

DAY 3
瑞典斯德哥爾摩
Skansen島
北歐博物館

DAY 4
瑞典斯德哥爾摩
市政廳、遊船
皇后島宮

🚄 斯德哥爾摩→哥本哈根

DAY 8
丹麥哥本哈根近郊
斐德烈堡
克倫堡

DAY 7
丹麥哥本哈根
克里斯提安堡
國立博物館
國立美術館

DAY 6
丹麥哥本哈根
玫瑰宮
Strøget行人步行街
市政廳廣場
Tivoli樂園

DAY 5
丹麥哥本哈根
新國王廣場、新港
設計博物館
阿瑪連皇宮
小美人魚雕像

DAY 9
丹麥哥本哈根
北歐最大室內商場Field's購物

🚢 DFDS郵輪16:45開船
翌日09:45抵奧斯陸

DAY 10
挪威奧斯陸
維京博物館
挪威民俗博物館
極圈探險博物館
Aker Brygge海港區

DAY 11
挪威貝爾根
Ulriken纜車上山觀景、漢薩博物館、魚市場、老貝爾根博物館、哈孔城堡

✈ 奧斯陸→貝爾根

DAY 12
松恩峽灣
弗拉姆鐵路
弗拉姆小鎮(Flam)

縮影行程套票：
貝爾根→弗拉姆小鎮

DAY 15
抵達台北

✈ 台灣桃園國際機場

DAY 14
挪威奧斯陸
孟克博物館
維格蘭雕塑公園

✈ 挪威奧斯陸→台灣

DAY 13
挪威縮影行程：松恩峽灣
弗拉姆小鎮(Flam)健行、Naeroyfjord峽灣、古特拉根Gudvangen、沃思(Voss)、奧斯陸(Oslo)

縮影行程套票：松恩峽灣→奧斯陸

北歐20日深度旅行

DAY 1
台北→挪威奧斯陸

✈ 桃園國際機場出發
隔日抵達奧斯陸Gardermoen機場

DAY 2
挪威奧斯陸
孟克博物館
維格蘭雕塑公園
Aker Brygge海港區

DAY 3
挪威奧斯陸
維京挪威博物館
挪威民俗博物館
極圈探險博物館

DAY 4
挪威貝爾根
Ulriken纜車上山觀景、漢薩博物館、魚市場、老貝爾根博物館、哈孔城堡

✈ 奧斯陸→貝爾根

DAY 7
挪威奧勒森
市區巡禮、觀景台

✈ 奧斯陸→奧勒森

DAY 6
松恩峽灣
弗拉姆小鎮(Flam)健行、Naeroyfjord峽灣、古特拉根(Gudvangen)、瓦思(Voss)、奧斯陸(Oslo)

縮影行程套票：松恩峽灣→奧斯陸

DAY 5
挪威縮影行程：松恩峽灣
弗拉姆鐵路
弗拉姆小鎮(Flam)

縮影行程套票：貝爾根→弗拉姆小鎮

DAY 8
挪威奧勒森搭船
蓋倫格峽灣(Geiranger Fjord)遊輪來回

✈ 奧勒森→哥本哈根

DAY 9
丹麥哥本哈根
新國王廣場、新港
設計博物館
阿瑪連皇宮
小美人魚雕像

DAY 10
丹麥哥本哈根
玫瑰宮
Strøget行人步行街
市府廳廣場
Tivoli樂園

DAY 11
丹麥哥本哈根
克里斯提安堡
國立博物館
國立美術館

DAY 15
丹麥比隆
樂高樂園 Leogland

🚆 比隆→哥本哈根

DAY 14
丹麥阿胡斯
阿胡斯美術館
老城區露天博物館

🚆 烏丹斯→阿胡斯

DAY 13
丹麥歐丹斯
安徒生博物館
安徒生兒時故居
大教堂、安徒生紀念公園

🚆 哥本哈根→烏丹斯

DAY 12
丹麥哥本哈根
斐德烈堡
克倫堡

DAY 16
瑞典斯德哥爾摩
舊城區
皇宮
諾貝爾博物館

✈ 哥本哈根→斯德哥爾摩

DAY 17
瑞典斯德哥爾摩
瓦薩戰艦博物館
北歐博物館
Gallerian百貨
NK百貨

DAY 18
瑞典斯德哥爾摩近郊
皇后島宮
Skansen島

DAY 19、20
瑞典斯德哥爾摩→
抵達台北

✈ 台灣桃園國際機場

北歐25日全覽之旅 DAY 1～DAY 17與「20日深度旅行」行程相同。

DAY 18
瑞典斯德哥爾摩
皇后島宮
Skansen島

🚢 斯德哥爾摩→赫爾辛基

DAY 19
赫爾辛基
西貝流士公園、岩石教堂
芬蘭國家博物館
阿莫斯瑞克斯美術館
靜默禮拜堂

DAY 20
赫爾辛基
阿黛濃美術館、赫爾辛基主教堂、烏斯佩斯基大教堂、老農貿市場、赫爾辛基設計博物館

DAY 21
赫爾辛基
芬蘭堡

🚆 赫爾辛基→羅瓦涅米

DAY 24、25
赫爾辛基→
抵達台北

✈ 台灣桃園國際機場

DAY 23
羅瓦涅米
破冰船

🚆 羅瓦涅米→赫爾辛基

DAY 22
羅瓦涅米
聖誕老人村
哈士奇雪橇之旅
馴鹿雪橇之旅
北極博物館

指指點點北歐語

常用單字／會話	丹麥語	瑞典語	挪威語	芬蘭語
語音導覽	Lydguide	Ljudguide	Lydguide	Ääniopas
拍照	Tage billede	Ta bilder	Ta bilder	Ota valokuvia
學生票	Studiebillet	Studentbiljett	Studentbillett	Opiskelijalippu
兒童票	Børnebillett	Barnbiljett	Barnebillett	Lasten liput
成人票	Voksenbillet	Vuxenbiljett	Voksenbillett	Aikuisten lippu
出口／入口	Udgang / Indgang	Utgång / Ingång	Utgang / Inngang	Uloskäynnin/Sisäänkäynti
門票多少錢？	Hvor meget koster billetter?	Hur mycket kostar biljetterna?	Hvor mye koster billettene?	Paljonko liput maksavat?
我在哪裡？	Hvor er jeg?	Var är jag?	Hvor er jeg?	Missä olen?

通訊與應變篇
Communication &
Emergencies

在北歐上網、寄信、遇到緊急狀況

北歐的無線網路非常發達，幾乎所有的住宿都含有免費的無線網路，所以在北歐旅遊只要有智慧型手機或是手提電腦，無論走到哪裡都能即時的與家人朋友聯絡。北歐地區治安良好，若重要物品遺失或在異國他鄉發生水土不服等身體欠安的狀況，本章針對這些狀況提出建議方針，讓你出國玩得更放心。

打電話

北歐 4 個國家都已全面不設置公共電話。

從台灣打電話到北歐

國際冠碼+北歐各國國碼+電話號碼

撥打方法	國際冠碼+	北歐各國國碼+	區域號碼+	電話號碼
打電話到丹麥	002、009等	45	-	座機或手機號碼(都8碼)
打電話到瑞典	002、009等	46	座機區碼(1～3碼) Stockholm：8 Gothenburg：31 Malmö：40	座機號碼(5～8碼) 手機號碼(9碼)
打電話到挪威	002、009等	47	-	座機或手機號碼(都是8碼)
打電話到芬蘭	002、009等	358	9	座機或手機7～9碼

從北歐打電話回台灣

國際冠碼+台灣國碼+區域號碼+電話號碼

撥打方法	國際冠碼+	台灣國碼+	區域號碼+	電話號碼
打台灣室內電話	00	886	區碼去掉冠碼0	電話號碼
打台灣手機	00	886	-	手機號碼(去掉冠碼0)

在北歐打當地電話

撥打方法	國際冠碼+	國碼+	區域號碼+			電話號碼
用台灣手機門號 打當地電話	-	丹麥 +45 瑞典 +46 挪威 +47 芬蘭 +358	座機區碼 Stockholm：8 Gothenburg：31 Malmö：40	Helsinki：9 Turku：2 Rovaniemi：16		電話號碼
用座機 打當地電話	-	-	座機區碼 Stockholm：8 Gothenburg：31 Malmö：40	Helsinki：9 Turku：2 Rovaniemi：16		電話號碼

上網 Free Wi-Fi

lame: COPENHAGEN
Password: openforyou

在北歐旅遊，維持 3C 用品的電量很重要。

北歐無線上網的提供很普遍，幾乎90%的住宿都提供免費無線上網。此外遊客中心、大型商城、遊輪、餐廳、咖啡廳等地方，許多都有提供免費Wi-Fi的服務。所以來北歐旅遊一定必帶智慧型手機或小型筆電，要聯絡家人或查詢資料都很方便。由於網路在北歐如此普及，所以相對來說網咖變得很少，大部分集中在中央火車站附近。網咖除了上網還有提供拍快照、影印、護貝、掃描、撥打國際電話等多樣服務。

丹麥： 哥本哈根中央火車站正門口出來右前方100公尺處的網咖。

挪威： 奧斯陸中央火車站的網咖，上網15分鐘20NOK，A4黑白影印一張5NOK。

挪威： 奧斯陸市區Storgata街頭上的網咖。

飯店上網

在櫃檯辦理Check-in入住手續時，先告知要使用Wi-Fi無線網路，飯店櫃檯會提供網路ID和密碼。有些飯店的無線網路有時效限制，一組密碼只能使用24小時之類的，過了時間需再去要另一組密碼，入住前先向櫃檯問清楚相關資訊。飯店網路的連線速度都較快捷。

郵輪上網

郵輪上的Wi-Fi無線網路有區域的限制，一般房間內是不提供的，需要到接待大廳等公眾區域才能使用。不過郵輪上的無線網路不需要拿密碼，但是連線速度稍慢。

遊客中心上網

哥本哈根的遊客中心有提供免費上網服務，一旁還設有2台專門查詢旅遊資訊的電腦。

大型購物中心上網

有些大型購物中心有提供無線網路，可以到櫃檯詢問，或找找是否有出現Free Wi-Fi的字樣。這裡上網一般不需要密碼，但是碰上假日人多的時候，上網速度會變得很慢，盡量在平日或白天上班時間使用，比較不需考驗耐心！

郵寄

北歐 4 個國家的郵政工作天各有些許差異，請查詢官方最新公告為準。

從北歐寄明信片或普通信件回台灣，大約需要6～10個工作天，包裹大約6～14天左右。需要注意的是，從台灣郵寄包裹到北歐很有可能被課稅，尤其以丹麥最為嚴格，近些年瑞典的嚴格程度也隨之跟進。

郵寄明信片／普通信件資費表

	價格 Max.50g	價格 Max.100g	價格 Max.250g	價格 Max.500g
丹麥	-	36 DKK	72 DKK	96 DKK
瑞典	36 SEK	54 SEK	100 SEK	130 SEK
	價格 Max.20g	價格 Max.50g	價格 Max.100g	價格 Max.350g
挪威	37 NOK	46 NOK	58 NOK	88 NOK
芬蘭	€2.3	€3.7	€5.3	€9.2

郵寄包裹資費表

	價格(5KG)	價格(10KG)	價格(20KG)
丹麥	564 DKK	917 DKK	1,799 DKK
瑞典	1,255 SEK	1,370 SEK	1,615 SEK
挪威	666 NOK	976 NOK	1,596 NOK
芬蘭	€99.9	€199.9	€299.9(限15KG)

※以上資料時有異動，依官方最新公告為準

丹麥郵政／郵筒

http www.postdanmark.dk

瑞典郵政／郵筒

http www.posten.se
　左邊黃色郵筒是國際及國內郵件投遞，右邊藍色郵筒則是國內郵件投遞。

挪威郵政／郵筒

http www.posten.no/en
　左邊紅色郵筒是國際及長途郵件投遞，右邊黃色郵筒則是國內郵件投遞。

芬蘭郵政／郵筒

http www.posti.fi

通訊應變篇

物品遺失

北歐 4 個國家的郵政工作天各有些許差異，請查詢官方最新公告為準。

信用卡遺失

Emergencies

出國之前務必記下信用卡發卡銀行的24小時緊急聯絡電話和信用卡卡號，以便信用卡不慎在旅途中遺失時得以立即致電台灣銀行掛失，將盜刷風險減至最小。除了原發卡銀行外，也可致電信用卡所屬的全球緊急聯絡中心掛失，並協辦海外臨時信用卡等事宜。

信用卡全球緊急聯絡電話

VISA全球緊急聯絡電話

全球免費電話：0080-1-444-123
丹麥：80883399　　瑞典：020795675
挪威：80011570　　芬蘭：0800 11 0057
撥通後，請準備好以下信息：
　(1)你的發卡銀行或機構的名稱
　(2)信用卡發卡國家
　(3)VISA卡的類型
　(4)信用卡上的16位數字

MasterCard萬事達卡全球緊急聯絡電話

全球免費電話：+1-636-722-7111
丹麥：80016098　　瑞典：020791324
挪威：80012697　　芬蘭：0800 115 6234

＊以上資料時有異動，依官方最新公告為準

行家祕技　內急怎麼辦

北歐4國的中央車站、百貨公司、購物中心等公共廁所，大都要求刷卡支付清潔費才可進入使用，費用介於05～20克朗之間。雖然也還有少部分的公共廁所是免費的，但卻不是處處可見。所以盡量把握在博物館、各景區或餐廳有免費廁所時，多加利用。

護照遺失
Emergencies

如果在旅遊期間護照不慎遺失，可以先到當地警察局報案，取得報案證明後立即向當地的台灣辦事處聯絡。辦事處會協助辦理補發護照，或開立回國證明書，這樣就可以平安回國後再申請護照補發。

駐北歐台灣辦事處看這裡

駐丹麥台灣辦事處
🌐 www.roc-taiwan.org/dk/index.html
@ tro.cph@get2net.dk
✉ Amaliegade 3, 2F,1256 Copenhagen K, Denmark
📞 +45-33935152
📠 +45-33932235
🕐 受理領務申請案件時間：週一～五09:00～15:00
ℹ 急難救助：行動電話 +45-20760466
　　　　　　丹麥境內直撥 20760466

駐瑞典及挪威台灣辦事處
🌐 www.taiwanembassy.org/se/index.html
@ taipei.mission@tmis.se
✉ Wenner-Gren Center, 18tr, Sveavägen 166, 113 46 Stockholm, Sweden
📞 +46-8-7288513
　 緊急連絡電話：+46-706755089
📠 +46-8-315748
🕐 受理領務申請案件時間：週一～五09:00～15:00

駐芬蘭台灣辦事處
🌐 www.roc-taiwan.org/fi
✉ Aleksanterinkatu 17, 4th Floor, 00100 Helsinki, Finland
📞 358-9-68293800
　 緊急連絡電話：358-(0)40-5455429
🕐 領務受理時間：週一～五09:00～12:00
　　13:00～15:00

＊以上資料時有異動，依官方最新公告為準

物品遺失
Emergencies

北歐失物招領處看這裡

丹麥哥本哈根失物招領
✉ Politigården 1567 København V
📞 +45-38748822
🕐 電話查詢時間：週一～五09:00～14:00

瑞典斯德哥爾摩警局失物招領
✉ Klarabergsviadukten 49, Stockholm
📞 +46 77 114 14 00
🕐 電話查詢時間：週一、二、四09:00～16:00

瑞典SJ國鐵失物招領
🌐 www.sl.se/en/eng-info/contact/lost-property
✉ Klara Östra Kyrkogata 6, 111 52 Stockholm
📞 +46 8 600 10 00
🕐 電話查詢時間：週一11:00～19:00，週二～五10:00～18:00，週六10:00～16:00

挪威奧斯陸警局失物招領
🌐 www.politiet.no/oslo
✉ Grønlandsleiret 44, 0190 Oslo
📞 +47-22669050
🕐 週一～五08:00～15:45

挪威奧斯陸大眾交通工具失物招領
🌐 www.ruter.no/fa-hjelp/hittegods
@ hittegods@ktpas.no
✉ Nationaltheatret St., 0010 Oslo(Nationaltheatret 地鐵站)，位於西行地鐵線入口服務處的正下方
📞 +47-22085361
🕐 週一～五08:00～18:00

挪威機場失物招領
🌐 www.missingx.com (可上此網點選遺失物品的位置和日期，就會有所有失物招領的描述和照片)
✉ 入境大廳東邊盡頭處
🕐 每天05:00～24:00

芬蘭失物招領台
✉ Narinkka 3 Helsinki (Kamppi中心的1樓，位於Narinkkator的拐角處)
📞 +358 (0) 600 04401
🕐 週一～六10:00～19:00，週日12:00～18:00

生病、受傷

北歐的藥局稱為Apotek，可以在街頭看到藥局的招牌。

北歐絕大部分的藥物需經由醫師開立處方簽後才可拿藥，所以一般只能買到類似止痛藥或外傷藥膏的基本成藥。

北歐藥局標誌

藥局、醫療服務看這裡

丹麥

24小時藥局Steno Apotek
✉ Vesterbrogade 6C, 1620 Copenhagen V
☎ +45-33148266

緊急醫療服務
☎ +45-7013-0041
🕐 16:00～20:00

私人醫生
☎ +45-60754070
🕐 08:00～24:00，60分鐘內抵達
💲 1,800～3,200DKK起

牙科服務(平日只限夜間急診)
✉ Tandlægevagten, Oslo Plads 14,
2100 Copenhagen
☎ +45-70250041
🕐 平日20:00～21:30，週六、日10:00～
12:00；20:00～21:30

醫院緊急急診(24H)
☎ 請打1813緊急救援

● **Frederikssund Hospital**
✉ Frederikssundsvej 30, 3600 Frederikssund
☎ +45-48295000

● **Amager Hospital**
✉ Italiensvej 1, 2300 Copenhagen S.
☎ +45-38628282

● **Frederiksberg Hospital**
✉ Nordre Fasanvej 57, 2000 Frederiksberg
☎ +45-38163816

● **Bispebjerg Hospital**
✉ Bispebjerg Bakke 23, 2400 Copenhagen NV.
☎ +45-38635000

瑞典

醫療援助(急診室)
✉ Apelbergsgatan 48, Stockholm
☎ 緊急急診(24H)請打1177緊急救援

挪威

救護車和醫療救援：113
市政緊急醫療服務：22932293
藥房(Apotek)電話：23358100
牙科服務：22673000

芬蘭

救護車、急難、火警、警察：112
警察：10022
全國免費急診電話：116、117

＊以上資料時有異動，依官方最新公告為準

救命小紙條 你可將下表影印，以英文填寫，並妥善保管隨身攜帶

個人緊急聯絡卡
Personal Emergency Contact Information

姓名Name：

國籍Nationality：

出生年分(西元)Year of Birth：

性別Gender：　　　　　　　　血型Blood Type：

護照號碼Passport No：

台灣地址Home Add：(英文地址，填寫退稅單時需要)

緊急聯絡人Emergency Contact (1)：

聯絡電話Tel：

緊急聯絡人Emergency Contact (2)：

聯絡電話Tel：

信用卡號碼：

國內／海外掛失電話：

信用卡號碼：

國內／海外掛失電話：

旅行支票號碼：

國內／海外掛失電話：

航空公司國內聯絡電話：

海外聯絡電話：

投宿旅館Hotel (1)：

旅館電話Tel：

投宿旅館Hotel (2)：

旅館電話Tel：

其他備註：

緊急救命電話

緊急電話：112 (北歐四國皆是)
駐丹麥台灣辦事處緊急聯絡電話：+45-2076-0466
駐瑞典、挪威台灣辦事處緊急聯絡電話：
　+46-70-6755089(瑞典境內直撥070-6755089)
駐芬蘭台灣辦事處緊急聯絡電話：+358-40-5455429
旅外國人急難救助服務專線：0800-085-095
旅外國人急難救助全球免付費專線(瑞典)：00-800-0885-0885

瑞典市中心警察局
✉ Kungsholmsgatan 43, Stockholm.
☎ +46 77 114 14 00
☎ 警察局(遺失物品&報案)電話：11414

挪威駕駛者緊急服務
☎ KNA挪威皇家汽車俱樂部：21604900
☎ NAF挪威汽車協會：08505(24小時緊急電話)